Espaço Europeu de Justiça

Espaço Europeu de Justiça

COMPETÊNCIA JUDICIÁRIA E RECONHECIMENTO E EXECUÇÃO DE DECISÕES EM MATÉRIA CIVIL E COMERCIAL

REGULAMENTO (UE) Nº 1215/2012 DO PARLAMENTO EUROPEU
E DO CONSELHO, DE 12 DE DEZEMBRO DE 2012,
APLICÁVEL A PARTIR DE 10 DE JANEIRO DE 2015

Alterado pelo Regulamento (UE) nº 542/2014, de 15 de maio de 2014

ANOTAÇÃO E COMENTÁRIO

Orlando Guedes da Costa
Advogado

2015

ALMEDINA

ESPAÇO EUROPEU DE JUSTIÇA
Competência Judiciária e Reconhecimento
e Execução de Decisões em Matéria Civil e Comercial
AUTOR
Orlando Guedes da Costa
EDITOR
EDIÇÕES ALMEDINA, S.A.
Rua Fernandes Tomás, nºs 76, 78 e 80
3000-167 Coimbra
Tel.: 239 851 904 · Fax: 239 851 901
www.almedina.net · editora@almedina.net
DESIGN DE CAPA
FBA.
PRÉ-IMPRESSÃO
EDIÇÕES ALMEDINA, S.A.
IMPRESSÃO E ACABAMENTO

Agosto, 2015
DEPÓSITO LEGAL
397067/15

Apesar do cuidado e rigor colocados na elaboração da presente obra, devem os diplomas legais dela constantes ser sempre objecto de confirmação com as publicações oficiais.

ALMEDINA | GRUPOALMEDINA

BIBLIOTECA NACIONAL DE PORTUGAL – CATALOGAÇÃO NA PUBLICAÇÃO
ESPAÇO EUROPEU DE JUSTIÇA
Espaço europeu de justiça : competência judiciária e reconhecimento e execução de decisões em matéria civil e comercial / anot. Orlando Guedes da Costa. – (Legislação anotada)
ISBN 978-972-40-6021-7
I – COSTA, Orlando Guedes
CDU 34(4-67UE)

INTRODUÇÃO

1 – Da convenção de Bruxelas de 1968 ao Regulamento (UE) nº 1215/2012

O Tratado sobre o Funcionamento da União Europeia (TFUE), no seu título V, com a epígrafe ***o espaço de liberdade, segurança e justiça***, e, mais precisamente, nas disposições gerais do capítulo 1 deste título, prescreve que "a União facilita o acesso à justiça, nomeadamente através do princípio do reconhecimento mútuo das decisões judiciais e extrajudiciais em matéria civil" (artigo 67º – nº 4).

E volta ao tema, no capítulo 3, **cooperação judiciária em matéria civil**, sob o artigo 82º, nºs 1 e 2 – a), c) e e), onde estabelece que a União desenvolve uma cooperação judiciária nas matérias civis com incidência transfronteiriça, assente no princípio do reconhecimento mútuo das decisões judiciais e extrajudiciais, cooperação que pode incluir a adoção de medidas de aproximação das disposições legislativas e regulamentares dos Estados-Membros, e que o Parlamento Europeu e o Conselho, deliberando de acordo com o processo legislativo ordinário, adotam, nomeadamente quando tal seja necessário para o bom funcionamento do mercado interno, medidas destinadas a assegurar o reconhecimento mútuo entre os Estados-Membros das decisões judiciais e extrajudiciais e a respetiva execução, a compatibilidade das normas aplicáveis nos Estados-Membros em matéria de conflitos de leis e de jurisdição e o acesso efetivo à justiça.

Por sua vez o Tratado da União Europeia (TUE) dispõe, no seu artigo 19º – nº 3 – b), que o Tribunal de Justiça da União Europeia decide, nos termos do disposto nos Tratados, a título prejudicial, a pedido dos órgãos jurisdicionais nacionais, sobre a interpretação do direito da União.

E o artigo 267º do TFUE prescreve que o Tribunal da União Europeia é competente para decidir, a título prejudicial, sobre a interpretação dos Tratados e sobre a validade e a interpretação dos atos adotados pelas instituições, órgãos ou organismos da União; sempre que uma questão desta natureza seja suscitada perante qualquer órgão nacional de um dos Estados-Membros, esse órgão pode, se considerar que uma decisão sobre essa questão é necessária ao julgamento da causa, pedir ao Tribunal que sobre ela se pronuncie e, sendo a questão suscitada em processo pendente perante um órgão jurisdicional nacional cujas decisões não sejam suscetíveis de recurso judicial previsto no direito interno, esse órgão é obrigado a submeter a questão ao Tribunal.

Esta obrigatoriedade de submeter a questão ao Tribunal de Justiça bem justifica o recente acórdão do Tribunal de Justiça da União Europeia (Quinta Secção) de 17.11.2014, no processo C-112/13, em caso de apreciação da conformidade de uma lei nacional quer com o direito da União quer com a Constituição nacional:

> "O direito da União, nomeadamente o artigo 267º TFUE, deve ser interpretado no sentido de que se opõe a uma legislação nacional como a que está em causa no processo principal[1] segundo a qual os tribunais comuns que decidem em sede de recurso ou em última instância devem, quando considerem que uma lei nacional viola o artigo 47º da Carta dos Direitos Fundamentais da União Europeia, submeter ao Tribunal Constitucional um pedido de revogação da lei com força obrigatória geral em vez de se limitarem a não a aplicar ao caso concreto, desde que o caráter prioritário desse procedimento tenha como consequência impedir, quer antes da apresentação desse pedido ao órgão jurisdicional nacional competente para exercer a fiscalização da constitucionalidade das leis, quer, sendo caso disso, depois da decisão desse órgão jurisdicional sobre o referido pedido, os tribunais comuns de exercerem a sua faculdade ou cumprirem a sua obrigação de submeter ao Tribunal de Justiça questões prejudiciais. Em contrapartida, o direito da União, nomeadamente o artigo 267º TFUE deve ser interpretado no sentido de que não se opõe a essa regulamentação nacional, desde que os referidos tribunais comuns possam:
>
> – em qualquer momento do processo que considerem adequado, mesmo depois de concluído o procedimento incidental de fiscalização geral das leis, submeter ao Tribunal de Justiça qualquer questão prejudicial que entendam necessária,
> – adotar qualquer medida necessária, a fim de assegurar a tutela jurisdicional provisória dos direitos conferidos pela ordem jurídica da União, e
> – não aplicar, concluído esse procedimento incidental, a disposição legislativa nacional em causa, se a considerarem contrária ao direito da União.

[1] Processo relativamente ao qual foi proferido este acórdão sobre questão prejudicial, em que a legislação em causa é a austríaca.

Cabe ao órgão jurisdicional de reenvio verificar se a legislação nacional pode ser interpretada em conformidade com estas exigências do direito da União".

É exclusiva a competência do Tribunal de Justiça da União Europeia para a decisão de questões prejudiciais, porquanto, embora o artigo 256º – nº 3 do TFUE disponha que o Tribunal Geral é competente para conhecer das questões prejudiciais, submetidas por força do artigo 267º, em matérias específicas determinadas pelo seu Estatuto, este não foi adotado para tomar em consideração a disposição do artigo 256º – nº 3.

E constitui jurisprudência uniforme do Tribunal de Justiça que a disposição do artigo 267º TFUE institui um processo de cooperação direta entre o Tribunal de Justiça e as jurisdições nacionais, processo no decurso do qual as partes em causa, bem como os Governos dos Estados-Membros e a Comissão, são apenas convidados a apresentar observações no quadro jurídico traçado pela jurisdição de reenvio, competindo, assim, apenas às jurisdições nacionais decidir do princípio e do objeto duma intervenção eventual do Tribunal de Justiça.

Constitui também jurisprudência constante que, se o pedido de decisão prejudicial não for formulado por uma jurisdição nacional, no quadro de um litígio pendente, o Tribunal de Justiça é manifestamente incompetente para conhecer dele e, nos termos do artigo 53º, parágrafo segundo, do Regulamento de Processo do Tribunal de Justiça, este pode, a todo o tempo, ouvido o advogado – geral, decidir por Despacho motivado, sem prosseguir o processo.

Foi longo o percurso até se chegar a estas disposições dos Tratados.

Em 27 de setembro de 1968, os então seis Estados-Membros originários das Comunidades Europeias (Alemanha Federal, Bélgica, França, Holanda, Itália e Luxemburgo) celebraram, no âmbito do artigo 220º, quarto travessão, do Tratado de Roma, de 25 de Março de 1957, que instituiu a Comunidade Económica Europeia, a Convenção de Bruxelas relativa à competência judiciária e à execução de decisões em matéria civil e comercial, que foi depois alterada pelas convenções de adesão a essa Convenção de novos Estados-Membros.

A previsão do artigo 222º do Tratado de Roma era a de que os Estados contratantes promoverão a simplificação das formalidades destinadas ao reconhecimento e à execução das decisões judiciais, mas este âmbito foi alargado pela Convenção de Bruxelas, que não se cingiu a tal âmbito, às chamadas normas de competência indireta, dos artigos 25º a 49º, relativas ao reconhecimento e à execução das decisões judiciais num Estado diferente daquele em que foram proferidas, e antes o estendeu à competência judiciária em geral, incluindo normas que definem a competência dos tribunais dos Estados comunitários, as normas de competência direta dos artigos 2º a 18º, acrescentando-lhes ainda normas referentes à execução de atos autênticos e transações judiciais (artigos 50º e 51º), ao domicílio e à sede das partes (artigos 52º e 53º), a disposições transitórias (artigos 54º e 54º – A), a relações com outras Convenções (artigos 55º a 59º) e a disposições finais (artigos 61º a 68º) e esclarecendo ainda muitos aspetos da Convenção num **Protocolo** anexo à Convenção e parte integrante dela (artigo 65º).

Além disso, a Convenção foi acompanhada de uma **Declaração Comum**, onde os Estados contratantes se comprometem a estudar os problemas surgidos com a sua interpretação e a promover as soluções adequadas a evitar conflitos positivos e negativos de competência, aludindo desde logo à possibilidade de atribuir competência em determinadas matérias ao Tribunal de Justiça das Comunidades Europeias, o que veio a concretizar-se, menos de três anos depois, pelo **Protocolo Relativo à Interpretação pelo Tribunal de Justiça da Convenção, de 27 de setembro de 1968, Relativa à Competência Judiciária e à execução de Decisões em Matéria Civil e Comercial**, concluído no Luxemburgo em 3 de junho de 1971.

Este Protocolo segue o modelo do regime estabelecido no artigo 177º do Tratado de Roma para a interpretação, a título prejudicial, pelo Tribunal de Justiça das disposições do Tratado e de outros instrumentos comunitários.

Confere competência ao Tribunal de Justiça para interpretar a Convenção de Bruxelas, o Protocolo em anexo e o próprio Protocolo Relativo à Interpretação e ainda as várias Convenções de Adesão, pois o artigo 63º, primeiro parágrafo, previa que qualquer novo Estado comunitário assumirá a obrigação de aceitar a versão vigente da Convenção de Bruxelas como base das negociações necessárias para assegurar a execução do disposto no artigo 222º do Tratado de Roma nas relações entre os Estados contratantes e o novo Estado aderente.

Este protocolo assegura a uniformidade de aplicação da Convenção de Bruxelas, mediante as regras de interpretação que constam do Protocolo, de tal modo que, se não existissem, não seria possível o reenvio para o Tribunal de Justiça, uma vez que a Convenção de Bruxelas é um tratado internacional e não um ato adotado pelas instituições comunitárias e, por isso, não é enquadrável em nenhuma das situações previstas pelo artigo 177º do Tratado de Roma, embora o seu espaço de vigência seja o espaço comunitário e encontre o seu fundamento programático no artigo 220º do Tratado de Roma.

Nos termos do nono considerando do Regulamento nº 1215/2012, a Convenção de Bruxelas de 1968 deverá continuar a aplicar-se aos territórios dos Estados-Membros que são abrangidos pelo âmbito de aplicação territorial dessa convenção e que estão excluídos do presente regulamento por força do artigo 355º do TFUE.

Em 16 de setembro de 1988, os então Estados-Membros das Comunidades Europeias e alguns Estados da EFTA (European Free Trade Association – Associação Europeia de Comércio Livre) celebraram a Convenção de Lugano, que é paralela à Convenção de Bruxelas e que se tornou aplicável à Polónia em 1 de Fevereiro de 2000.

Em 22 de dezembro de 2000, o Conselho adotou o Regulamento (CE) nº 44/2001, que substituiu a Convenção de Bruxelas nas relações entre os Estados-Membros, com exceção da Dinamarca, a qual celebrou um acordo com a Comunidade, ao abrigo da decisão 2006/325/CE do Conselho, acordo que assegurou a aplicação na Dinamarca do disposto no Regulamento nº 44/2001.

A Convenção de Lugano foi revista pela Convenção assinada em Lugano em 3 de outubro de 2007 entre a Comunidade, a Dinamarca, a Islândia, a Noruega e a Suíça.

Em 21.4.2009, a Comissão adotou um relatório sobre a aplicação do Regulamento nº 44/2001 do Conselho, que concluiu que, embora fosse satisfatória a aplicação do Regulamento, seria desejável aplicar melhor algumas das suas disposições, facilitar mais a livre circulação de decisões e continuar o acesso à justiça, para o que, sendo necessário efetuar muitas alterações ao Regulamento, deveria o mesmo ser reformulado.

E assim nasceu o Regulamento (UE) nº 1215/2012 do Parlamento Europeu e do Conselho, de 12 de dezembro de 2012, que será plenamente aplicável em 10 de janeiro de 2015 e que urge comentar e anotar, principalmente com a jurisprudência contida em muitos acórdãos do Tribunal de Justiça da União Europeia e do Supremo Tribunal de Justiça de Portugal sobre a interpretação das disposições que lhe correspondiam no Regulamento 44/2001 do Conselho e na Convenção de Bruxelas.

Na verdade, segundo jurisprudência constante no domínio do Regulamento nº 44/2001, na medida em que o Regulamento substituiu, nas relações entre os Estados-Membros, a Convenção de Bruxelas, a interpretação fornecida pelo Tribunal de Justiça, no que respeita às disposições desta Convenção, é igualmente válida para as do Regulamento, quando as disposições destes instrumentos possam ser qualificadas de equivalentes.

A mesma jurisprudência irá valer certamente para o Regulamento nº 1215/2012, relativamente ao Regulamento nº 44/2012, que ele substitui, e relativamente à Convenção de Bruxelas.

Ao Tribunal de Justiça, no âmbito de um processo prejudicial, não compete pronunciar-se sobre questões de facto nem aplicar o direito da União ao caso concreto do processo principal onde se suscitou a questão da interpretação dos Tratados ou atos adotados pelas instituições, órgãos ou organismos da União, o que tudo é da competência do juiz nacional, que continua a ser o centro do espaço europeu da justiça, apenas competindo ao Tribunal de Justiça interpretar o direito da União e pronunciar-se sobre a sua validade, embora tenha de dar uma resposta útil e vinculativa, no âmbito da sua competência, para a solução do litígio no processo principal pelo juiz nacional a quem cabe tirar as consequências do decidido pelo Tribunal de Justiça, tendo de afastar eventualmente a aplicação da regra nacional em questão no processo prejudicial.

A decisão de pedir ao Tribunal de Justiça uma decisão a título prejudicial só cabe a um órgão jurisdicional nacional, qualidade que é interpretada pelo Tribunal de Justiça como um conceito autónomo do direito da União, atendendo a fatores, como a origem legal desse órgão, o seu caráter permanente, o caráter obrigatório da sua jurisdição, a natureza contraditória do processo, a aplicação, por esse órgão, de normas jurídicas e a sua independência.

Para declarar a invalidade de um ato adotado por uma instituição, órgão ou organismo da União é sempre obrigatório o reenvio de apreciação da validade.

Mas nem sempre um órgão jurisdicional cujas decisões não sejam suscetíveis de recurso é obrigado a submeter um pedido de decisão prejudicial ao Tribunal de Justiça: este pedido não se justifica quando já exista jurisprudência e não se suscite nenhuma dúvida quanto à possibilidade de aplicar essa jurisprudência ao caso concreto e seja inequívoco o modo correto de interpretar a norma jurídica em causa.

É esta mais uma razão para, em comentário e anotação ao Regulamento nº 1215/2012, divulgar a jurisprudência contida em muitos acórdãos do Tribunal de Justiça sobre a interpretação das disposições que lhe correspondiam no Regulamento nº 44/2001 do Conselho e na Convenção de Bruxelas.

Foi esse o trabalho que nos propusemos, com o propósito de servir os Advogados e Juízes que, nos Estados-membros da União Europeia, diariamente contribuem para o bom funcionamento do mercado interno, aplicando as normas destinadas a unificar as regras de conflitos de jurisdição em matéria civil e comercial contidas no Regulamento (UE) nº 1215/2012 sobre competência judiciária e reconhecimento e execução de decisões em tais matérias.

No seu âmbito de aplicação específico, o Regulamento nº 1215/2012, prevalece perante as normas reguladoras da competência internacional previstas, no direito português, pelos artigos 63º, 64º, 65º e 978º do Código do Processo Civil, artigos que expressamente ressalvam a prevalência das normas da União Europeia. E porque o destino predominante dos cidadãos portugueses para o estrangeiro é o espaço da União Europeia, donde também provém a maior parte do nosso turismo, e ainda porque é também nesse espaço que se estabelecem as nossas relações comerciais, é o Regulamento a principal fonte de regulamentação da competência internacional dos tribunais portugueses, nesse seu âmbito específico.

2 – Âmbito de aplicação do Regulamento nº 1215/2012

O âmbito de aplicação do Regulamento, na regulamentação da competência internacional dos tribunais dos Estados-Membros, está limitado, como o da Convenção de Bruxelas e o do Regulamento nº 44/2001, ao conceito de matéria civil e comercial, independentemente da natureza da jurisdição, mas não abrange, nomeadamente, as matérias fiscais, aduaneiras ou administrativas, nem a responsabilidade do Estado por atos ou omissões no exercício da autoridade do Estado (*"acta jure imperii"*) – artigo 1º – nº 1.

Note-se, porém, que os contratos administrativos em que as correspondentes ações tenham por objeto efeitos ou consequências civis emergentes desses contratos, sobretudo quando o seu objeto equivaler ao de um contrato privado ou forem celebrados entre particulares, e as ações relativas à responsabilidade extracontratual do Estado e demais entidades públicas cujo regime foi aprovado em anexo à Lei nº 67/2007, de 31 de dezembro, não estão excluídas do âmbito do Regulamento, não obstante serem da competência dos tribunais administrativos, pois o conceito de natureza civil ou comercial é independente da natureza da jurisdição.

Estão excecionadas também as questões sobre o estado e a capacidade jurídica das pessoas singulares ou sobre os regimes de bens do casamento ou sobre relações que, de acordo com a lei que lhes é aplicável, produzem efeitos comparáveis ao casamento; as falências, concordatas e processos análogos; a segurança social; a arbitragem; as obrigações de alimentos decorrentes de uma relação familiar, parentesco, casamento ou afinidade; os testamentos e sucessões, incluindo as obrigações de alimentos resultantes do óbito – artigo 1º – nº 2.

Para determinar o conceito de matéria civil e comercial, importa analisar os elementos que caracterizam a natureza das relações jurídicas entre as partes no litígio ou o objeto deste, a fim de extremar o que é matéria civil ou comercial e o que o não é.

E deve recordar-se que, segundo jurisprudência constante no domínio do Regulamento nº 44/2001 e da Convenção de Bruxelas, para garantir, na medida do possível, a igualdade e a uniformidade dos direitos e das obrigações que decorrem do Regulamento nº 1215/2012 para os Estados-Membros e as pessoas interessadas, não se deve interpretar o conceito de matéria "civil e comercial" como uma simples remissão para o direito interno de qualquer dos Estados em questão, alguns dos quais pertencem ao sistema continental e outros ao sistema anglo-saxónico, antes devendo ser considerado um conceito autónomo que tem de ser interpretado por referência, por um lado, aos objetivos e ao sistema do Regulamento e, por outro, aos princípios gerais resultantes das ordens jurídicas nacionais no seu conjunto.

De resto, a interpretação de todos os conceitos do Regulamento deve ser autónoma ou independente de qualquer direito nacional, só assim não sucedendo quando o próprio Regulamento remete para o direito interno, como no caso do artigo 1º – nº 2 – a), quanto ao conceito de relações que, de acordo com a lei que lhes é aplicável, produzem efeitos comparáveis ao casamento; no caso do artigo 6º – nº 1, onde se prevê que, se o requerido não tiver domicílio num Estado-Membro, a competência dos tribunais de cada Estado-Membro é regida pela lei desse Estado-Membro; no caso de pedido de indemnização cível em processo penal a que se refere o artigo 7º – 3); no caso, referido no artigo 13º nº 1, de chamamento do segurador à ação intentada pelo lesado contra o segurado, desde que a lei do respetivo tribunal o permita; no caso, previsto no artigo 13º -nº 3, de ação intentada pelo lesado contra o segurador, se o direito aplicável a essa ação direta previr o incidente do chamamento do tomador do seguro ou o segurado; no caso, previsto no artigo 45º – nº 1 a), de o reconhecimento de uma decisão ser contrário à ordem pública do Estado-Membro requerido; no caso do artigo 62º – nº 1 que prescreve que, para determinar se uma parte tem domicílio no Estado-Membro a cujos tribunais é submetida a questão, o juiz aplica a sua lei interna; e noutros casos como os dos artigos 15º – 3), 19º- nº3, 30º – nº 2; e 35º. Noutros casos, o Regulamento manda aplicar o direito internacional privado do Estado do foro: artigo 63º – nº 3. Noutros casos ainda, manda aplicar o direito do Estado-Membro de origem: artigos 32º – nº 2 – b) – ii) e 58º – nº 2. E noutros casos, finalmente, o Regulamento manda aplicar o direito de um outro Estado-Membro: artigo 62º – nº 2.

O âmbito de aplicação do Regulamento nº 1215/2012 pressupõe a existência de um elemento de estraneidade ou de incidência transfronteiriça ou transnacional numa relação jurídica para que seja aplicável o Regulamento.

Todavia, o caráter internacional da relação jurídica não tem de necessariamente decorrer da implicação de diversos Estados contratantes, devido ao mérito da questão ou ao domicílio respetivo das partes no litígio. A implicação de um Estado contratante e de um Estado terceiro em virtude, por exemplo, do domicílio do demandante e de um demandado no primeiro Estado e da localização dos factos controvertidos no segundo, também é suscetível de conferir natureza internacional à relação jurídica em causa.

São três os princípios fundamentais quanto ao âmbito subjetivo de aplicação do Regulamento nº 1215/2012:

- Quando o requerido tem domicílio ou sede num Estado-Membro, deve, em regra, ser demandado nos tribunais desse Estado – artigo 4º;
- As pessoas domiciliadas num Estado-Membro, sem prejuízo de poderem ser demandadas nos tribunais do seu domicílio, só podem ser demanda-

das nos tribunais de outro Estado-Membro nos termos das competências especiais enunciadas nas secções 2 a 7 do capítulo II – artigo 5º e artigos 7º a 26º;

- Se o requerido não tiver domicílio num Estado-Membro, a competência dos tribunais de cada Estado-Membro é regida pela lei desse Estado-Membro, sem prejuízo dos artigos 18º -nº 1 (contratos de consumo), 21º – nº 2 (contratos de trabalho), 24º (competências exclusivas) e 25º (extensão de competência) – artigo 6º.

Para além da competência direta (Capítulo I – artigos 1º a 35º), e da indireta (Capítulo II – artigos 36º a 66º) dos tribunais dos Estados-Membros constante do Regulamento nº 1215/2012, interessaria ainda uma referência introdutória aos instrumentos autênticos e transações judiciais (Capítulo IV – artigos 58º a 60º), às disposições gerais (Capítulo V – artigos 61º a 65º), às disposições transitórias (Capítulo VI – artigo 66º), à relação com outros instrumentos (Capítulo VII – artigos 67º a 73º) e às disposições finais (Capítulo VIII – artigos 74º a 81º).

Reservamo-nos, porém, para as notas e comentários a cada uma das disposições do Regulamento, notas e comentários que se baseiam, sobretudo, nos acórdãos do Tribunal de Justiça da União Europeia[2] e do Supremo Tribunal de Justiça[3], na maioria dos quais se espelha um saber que dispensa notas introdutórias a cada conjunto das disposições deste importantíssimo instrumento de direito da União Europeia, cujos considerandos trigésimo oitavo e trigésimo nono, quanto aos princípios que enformam o Regulamento e quanto ao respeito pelos princípios da subsidiariedade e da proporcionalidade consagrados no artigo 5º do TUE, são os seguintes:

> (38) O presente regulamento respeita os direitos fundamentais e observa os princípios consagrados na Carta dos Direitos Fundamentais da União Europeia, sobretudo o direito à ação e a um tribunal imparcial, previsto no artigo 47º da Carta.
>
> (39) Atendendo a que o objetivo do presente regulamento não pode ser suficientemente alcançado pelos Estados-Membros e pode ser mais bem alcançado a nível da União, a União pode adotar medidas em conformidade com o princípio da subsidiariedade, consagrado no artigo 5º do Tratado da União Europeia (TUE). Em conformidade com o princípio da proporciona-

[2] Acessíveis em http://eur-lex.europa.eu/homepage.html?locale=pt, indicando o ano e o número do processo nos respetivos retângulos e assinalando, através de um clique, no respetivo círculo, que se trata de "Processo do Tribunal de Justiça da UE", antes de clicar em "Pesquisar".

[3] Acessíveis em www.dgsi.pt.

lidade, consagrado no mesmo artigo, o presente regulamento não excede o necessário para alcançar aquele objetivo.

Aos considerandos do Regulamento demos também a devida relevância na anotação e comentário dos seus artigos, pois tais considerandos muito ajudam à interpretação das suas disposições, à maneira do que acontece com alguns bem elaborados preâmbulos dos Decretos-lei na nossa legislação interna, só sendo de desejar que o mesmo venha a acontecer um dia com as Leis, quando se criar, no âmbito da Assembleia da República, um corpo de técnicos que sejam *experts* nas matérias que são objeto das Leis e que muito poderão ajudar na sua feitura e na sua interpretação, em vez de serem incumbidas pessoas que muitas vezes representam interesses que as deturpam, logo à nascença, no espírito que devia informá-las.

Porto, dezembro de 2014.
O AUTOR

Regulamento (UE) nº 1215/2012 do Parlamento Europeu e do Conselho, de 12 de dezembro de 2012

relativo à competência judiciária, ao reconhecimento e à execução de decisões em matéria civil e comercial

O PARLAMENTO EUROPEU E O CONSELHO DA UNIÃO EUROPEIA,

Tendo em conta o Tratado sobre o Funcionamento da União Europeia, nomeadamente o artigo 67º, nº 4, e o artigo 81º, nº 2, alíneas a), c) e e),

Tendo em conta a proposta da Comissão Europeia,

Após transmissão do projeto de ato legislativo aos parlamentos nacionais,

Tendo em conta o parecer do Comité Económico e Social Europeu,

Deliberando de acordo com o processo legislativo ordinário,

Considerando o seguinte:

(1) Em 21 de abril de 2009, a Comissão adotou um relatório sobre a aplicação do Regulamento (CE) nº 44/2001 do Conselho, de 22 de dezembro de 2000, relativo à competência judiciária, ao reconhecimento e à execução de decisões em matéria civil e comercial. O relatório concluía que, em geral, a aplicação daquele regulamento é satisfatória, mas que seria desejável aplicar melhor algumas das suas disposições, facilitar mais a livre circulação de decisões e continuar a reforçar o acesso à justiça. Dada a necessidade de efetuar uma série de alterações ao referido regulamento, deverá o mesmo, por razões de clareza, ser reformulado.

(2) O Conselho Europeu, reunido em Bruxelas em 10 e 11 de dezembro de 2009, adotou um novo programa plurianual, intitulado "Programa de Estocolmo – Uma Europa aberta e segura que sirva e proteja os cidadãos". No Programa de Estocolmo, o Conselho Europeu considerou que o processo de abolição de todas as medidas intermédias (o *exequatur*) deverá continuar durante o

período abrangido por aquele Programa. Ao mesmo tempo, a abolição do *exequatur* deve também ser acompanhada de uma série de salvaguardas.

(3) A União atribuiu-se como objetivo manter e desenvolver um espaço de liberdade, de segurança e de justiça, nomeadamente facilitando o acesso à justiça, em especial através do princípio do reconhecimento mútuo de decisões judiciais e extrajudiciais em matéria civil. A fim de criar gradualmente esse espaço, a União deve adotar medidas no domínio da cooperação judiciária em matéria civil que tenham incidência transfronteiriça, nomeadamente quando tal seja necessário para o bom funcionamento do mercado interno.

(4) Certas disparidades das regras nacionais em matéria de competência judiciária e de reconhecimento de decisões judiciais dificultam o bom funcionamento do mercado interno. São indispensáveis disposições destinadas a unificar as regras de conflito de jurisdição em matéria civil e comercial e a fim de garantir o reconhecimento e a execução rápidos e simples das decisões proferidas num dado Estado-Membro.

(5) Tais disposições inserem-se no domínio da cooperação judiciária em matéria civil, na aceção do artigo 81º do Tratado sobre o Funcionamento da União Europeia (TFUE).

(6) Para alcançar o objetivo da livre circulação das decisões em matéria civil e comercial, é necessário e adequado que as regras relativas à competência judiciária, ao reconhecimento e à execução das decisões sejam determinadas por um instrumento legal da União vinculativo e diretamente aplicável.

(7) Os então Estados-Membros das Comunidades Europeias celebraram, em 27 de setembro de 1968, no âmbito do artigo 220º, quarto travessão, do Tratado que institui a Comunidade Económica Europeia, a Convenção de Bruxelas relativa à competência judiciária e à execução de decisões em matéria civil e comercial, que foi subsequentemente alterada pelas convenções de adesão a essa convenção de novos Estados-Membros (a "Convenção de Bruxelas de 1968"). Em 16 de setembro de 1988, os então Estados-Membros das Comunidades Europeias e alguns Estados da EFTA celebraram a Convenção de Lugano relativa à competência judiciária e à execução de decisões em matéria civil e comercial (a "Convenção de Lugano de 1988"), que é paralela à Convenção de Bruxelas de 1968. A Convenção de Lugano de 1988 tornou-se aplicável à Polónia em 1 de fevereiro de 2000.

(8) Em 22 de dezembro de 2000, o Conselho adotou o Regulamento (CE) nº 44/2001, que substitui a Convenção de Bruxelas de 1968, no que se refere aos territórios dos Estados-Membros abrangidos pelo TFUE, nas rela-

ções entre os Estados-Membros, com exceção da Dinamarca. Pela Decisão 2006/325/CE do Conselho, a Comunidade celebrou um acordo com a Dinamarca que assegura a aplicação do disposto no Regulamento (CE) nº 44/2001 neste país. A Convenção de Lugano de 1988 foi revista pela Convenção sobre a competência judiciária, o reconhecimento e a execução de decisões em matéria civil e comercial, assinada em Lugano em 30 de outubro de 2007 entre a Comunidade, a Dinamarca, a Islândia, a Noruega e a Suíça (a "Convenção de Lugano de 2007").

(9) A Convenção de Bruxelas de 1968 deverá continuar a aplicar-se aos territórios dos Estados-Membros que são abrangidos pelo âmbito de aplicação territorial dessa convenção e que estão excluídos do presente regulamento por força do artigo 355º do TFUE.

(10) O âmbito de aplicação material do presente regulamento deverá incluir o essencial da matéria civil e comercial, com exceção de certas matérias bem definidas, em particular as obrigações de alimentos, que deverão ser excluídas do âmbito de aplicação do presente regulamento na sequência da adoção do Regulamento (CE) nº 4/2009 do Conselho, de 18 de dezembro de 2008, relativo à competência, à lei aplicável, ao reconhecimento e à execução das decisões e à cooperação em matéria de obrigações alimentares.

(11) Para efeitos do presente regulamento, os tribunais dos Estados-Membros incluem os tribunais comuns a vários Estados-Membros, como o Tribunal de Justiça do Benelux quando exerce a sua competência sobre matérias abrangidas pelo presente regulamento. Por conseguinte, as decisões proferidas por esses tribunais devem ser reconhecidas e executadas nos termos do presente regulamento.

(12) O presente regulamento não deverá aplicar-se à arbitragem. Nada no presente regulamento deverá impedir que os tribunais de um Estado-Membro, caso lhes seja submetida uma ação numa matéria para a qual as partes celebraram um acordo de arbitragem, remetam as partes para a arbitragem, suspendam ou encerrem o processo ou examinem se a convenção de arbitragem é nula, ineficaz ou insuscetível de aplicação nos termos da lei nacional.

As decisões proferidas pelos tribunais dos Estados-Membros que determinam se uma convenção de arbitragem é nula, ineficaz ou insuscetível de aplicação não deverão estar sujeitas às regras de reconhecimento e execução estabelecidas no presente regulamento, independentemente de o tribunal ter decidido destes aspetos a título principal ou incidental.

Por outro lado, se um tribunal de um Estado-Membro, exercendo a sua competência por força do presente regulamento ou da lei nacional, determinar que uma convenção de arbitragem é nula, ineficaz ou insuscetível de aplicação, tal não deverá impedir que a decisão do tribunal quanto ao mérito da questão seja reconhecida ou, consoante o caso, executada nos termos do presente regulamento. Tal não deverá prejudicar a competência dos tribunais dos Estados-Membros para decidirem do reconhecimento e execução de sentenças arbitrais de acordo com a Convenção sobre o Reconhecimento e a Execução de Decisões Arbitrais Estrangeiras, celebrada em Nova Iorque em 10 de junho de 1958 (a "Convenção de Nova Iorque de 1958"), que prevalece sobre o presente regulamento.

O presente regulamento não deverá aplicar-se a ações ou processos conexos relativos, nomeadamente, à criação de um tribunal arbitral, aos poderes dos árbitros, à condução do processo arbitral ou a quaisquer outros aspetos desse processo, nem a ações ou decisões em matéria de anulação, revisão, recurso, reconhecimento ou execução de sentenças arbitrais.

(13) Deverá haver uma ligação entre os processos a que o presente regulamento se aplica e o território dos Estados-Membros. Devem, portanto, aplicar-se, em princípio, as regras comuns em matéria de competência sempre que o requerido esteja domiciliado num Estado-Membro.

(14) Um requerido não domiciliado num Estado-Membro deve, em geral, ficar sujeito às regras de competência judiciária aplicáveis no território do Estado-Membro do tribunal a que a questão foi submetida.

Todavia, a fim de assegurar a proteção de consumidores e trabalhadores, salvaguardar a competência dos tribunais dos Estados-Membros em situações em relação às quais têm competência exclusiva e respeitar a autonomia das partes, algumas normas de competência constantes do presente regulamento aplicam-se independentemente do domicílio do requerido.

(15) As regras de competência devem apresentar um elevado grau de certeza jurídica e fundar-se no princípio de que em geral a competência tem por base o domicílio do requerido. Os tribunais deverão estar sempre disponíveis nesta base, exceto nalgumas situações bem definidas em que a matéria em litígio ou a autonomia das partes justificam um critério de conexão diferente. No respeitante às pessoas coletivas, o domicílio deve ser definido de forma autónoma, de modo a aumentar a transparência das regras comuns e evitar os conflitos de jurisdição.

(16) O foro do domicílio do requerido deve ser completado pelos foros alternativos permitidos em razão do vínculo estreito entre a jurisdição e o litígio ou com vista a facilitar uma boa administração da justiça. A existência de vínculo estreito deverá assegurar a certeza jurídica e evitar a possibilidade de

o requerido ser demandado no tribunal de um Estado-Membro que não seria razoavelmente previsível para ele. Este elemento é especialmente importante nos litígios relativos a obrigações extracontratuais decorrentes de violações da privacidade e de direitos de personalidade, incluindo a difamação.

(17) O proprietário de objetos culturais na aceção do artigo 1º, nº 1, da Diretiva 93/7/CEE do Conselho, de 15 de março de 1993, relativa à restituição de bens culturais que tenham saído ilicitamente do território de um Estado-Membro deverá estar habilitado, nos termos do presente regulamento, a intentar uma ação cível visando a recuperação, fundada no direito de propriedade, de um objeto cultural no tribunal do local onde esteja situado o objeto na data em que o tribunal for demandado. Tais processos não prejudicam os processos intentados ao abrigo da Diretiva 93/7/CEE.

(18) No respeitante aos contratos de seguro, de consumo e de trabalho, é conveniente proteger a parte mais fraca por meio de regras de competência mais favoráveis aos seus interesses do que a regra geral.

(19) A autonomia das partes num contrato que não seja de seguro, de consumo ou de trabalho quanto à escolha do tribunal competente, no caso de apenas ser permitida uma autonomia limitada de escolha do tribunal, deverá ser respeitada sem prejuízo das competências exclusivas definidas pelo presente regulamento.

(20) A questão de saber se o pacto atributivo de jurisdição a favor de um tribunal ou dos tribunais de um Estado-Membro é nulo quanto à sua validade substantiva deverá ser decidida segundo a lei do Estado-Membro do tribunal ou tribunais designados no pacto, incluindo as regras de conflitos de leis desse Estado-Membro.

(21) O funcionamento harmonioso da justiça obriga a minimizar a possibilidade de intentar processos concorrentes e a evitar que sejam proferidas decisões inconciliáveis em Estados-Membros diferentes. Importa prever um mecanismo claro e eficaz para resolver os casos de litispendência e de conexão e para obviar aos problemas resultantes das divergências nacionais quanto à determinação do momento a partir do qual os processos são considerados pendentes. Para efeitos do presente regulamento, é conveniente fixar esta data de forma autónoma.

(22) Todavia, a fim de reforçar a eficácia dos acordos exclusivos de eleição do foro competente e de evitar táticas de litigação abusivas, é necessário prever uma exceção à regra geral de litispendência, a fim de lidar de forma satisfatória com uma situação particular no âmbito da qual poderão ocorrer pro-

cessos concorrentes. Trata-se da situação em que é demandado um tribunal não designado num acordo exclusivo de eleição do foro competente, e o tribunal designado é demandado subsequentemente num processo com a mesma causa de pedir e com as mesmas partes. Nesse caso, o tribunal demandado em primeiro lugar deverá ser chamado a suspender a instância logo que o tribunal designado seja demandado e até que este declare que não é competente por força do acordo exclusivo de eleição do foro competente. Isto destina-se a, numa tal situação, dar prioridade ao tribunal designado para decidir da validade do acordo e em que medida o acordo se aplica ao litígio pendente. O tribunal designado deverá poder prosseguir a ação independentemente de o tribunal não designado já ter decidido da suspensão da instância.

Esta exceção não deverá aplicar-se a situações em que as partes tenham celebrado acordos exclusivos de eleição do foro competente incompatíveis ou aos casos em que o tribunal designado num tal acordo tenha sido demandado em primeiro lugar. Nesses casos, deverá aplicar-se a regra geral de litispendência constante do presente regulamento.

(23) O presente regulamento deverá prever um mecanismo flexível que permita aos tribunais dos Estados-Membros ter em conta as ações pendentes em tribunais de países terceiros, atento sobretudo o facto de as decisões judiciais de países terceiros serem suscetíveis de ser reconhecidas e executadas num dado Estado-Membro por força da legislação desse Estado-Membro, e a correta administração da justiça.

(24) Ao ter em conta a correta administração da justiça, o tribunal do Estado-Membro em causa deverá avaliar todas as circunstâncias do caso concreto. Estas circunstâncias podem incluir os vínculos entre os factos do processo e as partes e o país terceiro em questão, a fase em que se encontra o processo no país terceiro no momento é que é intentado o processo no tribunal do Estado-Membro, e se é previsível que o tribunal do país terceiro profira a sua decisão em prazo razoável.

Essa avaliação poderá ainda incluir a ponderação da questão de saber se o tribunal do país terceiro tem competência exclusiva no caso concreto nas mesmas circunstâncias em que o tribunal de um Estado-Membro teria competência exclusiva.

(25) O conceito de medidas provisórias, incluindo medidas cautelares, deverá abranger, por exemplo, as providências cautelares para obtenção de informações ou preservação de provas a que se referem os artigos 6º e 7º da Diretiva 2004/48/CE do Parlamento Europeu e do Conselho, de 29 de abril de 2004, relativa ao respeito dos direitos de propriedade intelectual. Aquele conceito não deverá abranger medidas cuja natureza não seja cautelar, como

as medidas que ordenem a audição de testemunhas. Tal não deverá prejudicar a aplicação do Regulamento (CE) nº 1206/2001 do Conselho, de 28 de maio de 2001, relativo à cooperação entre os tribunais dos Estados-Membros no domínio da obtenção de provas em matéria civil ou comercial.

(26) A confiança mútua na administração da justiça na União justifica o princípio de que as decisões proferidas num Estado-Membro sejam reconhecidas em todos os outros Estados-Membros sem necessidade de qualquer procedimento específico. Além disso, o objetivo de tornar a litigância transfronteiriça menos morosa e dispendiosa justifica a supressão da declaração de executoriedade antes da execução no Estado-Membro requerida. Assim, as decisões proferidas pelos tribunais dos Estados-Membros devem ser tratadas como se se tratasse de decisões proferidas no Estado-Membro requerido.

(27) Para efeitos da livre circulação de decisões, uma decisão proferida num Estado-Membro deverá ser reconhecida e executada em qualquer outro Estado-Membro mesmo que seja tomada em relação a uma pessoa não domiciliada num Estado-Membro.

(28) Se a decisão contiver uma medida ou injunção que não seja conhecida na lei do Estado-Membro requerido, essa medida ou injunção, incluindo qualquer direito que nela figure, deverá, na medida do possível, ser adaptada a uma medida ou injunção prevista na lei desse Estado-Membro que tenha efeitos equivalentes e vise objetivos semelhantes. Deverá caber a cada Estado-Membro determinar como e por quem tal adaptação deverá ser efetuada.

(29) A execução direta, no Estado-Membro requerido, de uma decisão proferida noutro Estado-Membro sem declaração de executoriedade não deverá comprometer o respeito pelos direitos da defesa. Assim sendo, a pessoa relativamente à qual a execução é requerida deverá poder requerer a recusa de reconhecimento ou de execução de uma decisão se considerar que se verifica um dos fundamentos de recusa do reconhecimento. Entre estes fundamentos deverá figurar o facto de a pessoa não ter podido assegurar a sua defesa caso a decisão tenha sido proferida à revelia numa ação cível ligada a um procedimento penal. Deverão igualmente incluir-se os fundamentos que poderiam ser invocados com base num acordo entre o Estado-Membro requerido e um Estado terceiro celebrado ao abrigo do artigo 59º da Convenção de Bruxelas de 1968.

(30) A parte que conteste a execução de uma decisão proferida noutro Estado-Membro deverá, na medida do possível, e de acordo com o sistema jurídico do Estado-Membro requerido, poder invocar no mesmo processo, além

dos fundamentos de recusa previstos no presente regulamento, também os fundamentos de recusa previstos na lei nacional e dentro dos prazos estabelecidos nessa lei.

No entanto, o reconhecimento de uma decisão só deverá ser recusado se se verificarem um ou mais dos fundamentos de recusa previstos no presente regulamento.

(31) Em caso de contestação à execução de uma decisão, os tribunais do Estado-Membro requerido deverão poder, durante todo o processo relativo à contestação, incluindo um eventual recurso, permitir a execução, embora restringindo-a ou impondo a constituição de uma garantia.

(32) A fim de informar da execução de uma decisão proferida noutro Estado-Membro a pessoa contra a qual tal execução é requerida, a certidão passada ao abrigo do presente regulamento, se necessário acompanhada da decisão, deverá ser notificada a essa pessoa em tempo razoável antes da primeira medida de execução. Neste contexto, deverá entender-se por primeira medida de execução a primeira medida de execução após aquela notificação.

(33) Se medidas provisórias, incluindo medidas cautelares, forem decididas por um tribunal competente para conhecer do mérito da causa, a sua livre circulação deverá ser garantida nos termos do presente regulamento. Todavia, as medidas provisórias, incluindo as medidas cautelares, impostas por esse tribunal sem que o requerido seja notificado para comparecer não deverão ser reconhecidas ou executadas nos termos do presente regulamento, a menos que a decisão que contém a medida seja notificada ao requerido antes da execução. Tal não deverá obstar ao reconhecimento e execução dessas medidas ao abrigo da lei nacional. Se medidas provisórias, incluindo medidas cautelares, forem decididas por um tribunal de um Estado-Membro que não seja competente para conhecer do mérito da causa, os seus efeitos deverão confinar-se, nos termos do presente regulamento, ao território desse Estado-Membro.

(34) Para assegurar a continuidade entre a Convenção de Bruxelas de 1968, o Regulamento (CE) nº 44/2001 e o presente regulamento, há que prever disposições transitórias. A mesma continuidade deverá ser assegurada no que diz respeito à interpretação, pelo Tribunal de Justiça da União Europeia, da Convenção de Bruxelas de 1968 e dos regulamentos que a substituem.

(35) O respeito pelos compromissos internacionais subscritos pelos Estados-Membros implica que o presente regulamento não prejudique as convenções em que são parte os Estados-Membros e que incidam sobre matérias específicas.

(36) Sem prejuízo das obrigações dos Estados-Membros decorrentes dos Tratados, o presente regulamento não deverá prejudicar a aplicação de convenções e acordos bilaterais entre Estados-Membros e países terceiros celebrados antes da data de entrada em vigor do Regulamento (CE) nº 44/2001 que abrangem matérias regidas pelo presente regulamento.

(37) A fim de garantir que as certidões a usar no quadro do reconhecimento ou da execução de decisões, os instrumentos autênticos e as transações judiciais concluídas ao abrigo do presente regulamento sejam atualizados, o poder de adotar atos nos termos do artigo 290º do TFUE deverá ser delegado na Comissão no que diz respeito às alterações aos Anexos I e II do presente regulamento. É particularmente importante que a Comissão proceda às consultas adequadas durante os trabalhos preparatórios, inclusive a nível de peritos. A Comissão, quando preparar e redigir atos delegados, deverá assegurar a transmissão simultânea, atempada e adequada dos documentos relevantes ao Parlamento Europeu e ao Conselho.

(38) O presente regulamento respeita os direitos fundamentais e observa os princípios consagrados na Carta dos Direitos Fundamentais da União Europeia, sobretudo o direito à ação e a um tribunal imparcial, previsto no artigo 47º da Carta.

(39) Atendendo a que o objetivo do presente regulamento não pode ser suficientemente alcançado pelos Estados-Membros e pode ser mais bem alcançado a nível da União, a União pode adotar medidas em conformidade com o princípio da subsidiariedade, consagrado no artigo 5º do Tratado da União Europeia (TUE). Em conformidade com o princípio da proporcionalidade, consagrado no mesmo artigo, o presente regulamento não excede o necessário para alcançar aquele objetivo.

(40) O Reino Unido e a Irlanda, nos termos do artigo 3º do Protocolo nº 21 relativo à posição do Reino Unido e da Irlanda, anexo ao TUE e ao então Tratado que Institui a Comunidade Europeia, participaram na adoção e aplicação do Regulamento (CE) nº 44/2001. Nos termos do artigo 3º do Protocolo nº 21 relativo à posição do Reino Unido e da Irlanda em relação ao espaço de liberdade, segurança e justiça, anexo ao TUE e ao TFUE, o Reino Unido e a Irlanda notificaram a sua intenção de participar na aprovação e na aplicação do presente regulamento.

(41) Nos termos dos artigos 1º e 2º do Protocolo nº 22 sobre a posição da Dinamarca, anexo ao TUE e ao TFUE, a Dinamarca não participa na aprovação do presente regulamento, não fica por ele vinculada nem sujeita à sua

aplicação, sem prejuízo da possibilidade de a Dinamarca aplicar as alterações ao Regulamento (CE) nº 44/2001, de acordo com o disposto no artigo 3º do Acordo de 19 de outubro de 2005 entre a Comunidade Europeia e o Reino da Dinamarca relativo à competência judiciária, ao reconhecimento e à execução de decisões em matéria civil e comercial[4].

ADOTARAM O PRESENTE REGULAMENTO:

[4] Acordo entre a União Europeia e o Reino da Dinamarca relativo à competência judiciária, ao reconhecimento e à execução de decisões em matéria civil e comercial: "Em cumprimento do disposto no artigo 3º, nº2, do Acordo, a Dinamarca notificou à Comissão, por carta de 2 de junho de 2014, a sua decisão de aplicar o Regulamento (EU) nº 542/2014. Consequentemente, o disposto no Regulamento (EU) 542/2014 aplicar-se-á às relações entre a União Europeia e a Dinamarca" (JO L 240, de 13.8.2014).
E em cumprimento do mesmo Acordo entre a União Europeia e a Dinamarca (JO L 299, de 16.11.2005) a Dinamarca tinha notificado a Comissão da sua decisão de aplicar o Regulamento nº 1215/2012 (JO L 79, de 21.3.2013).
Vide a nota de rodapé ao artigo 71º – A sobre o Regulamento nº 542/2014.

CAPÍTULO I – Âmbito de Aplicação e Definições

Artigo 1º

1. O presente regulamento aplica-se em matéria civil e comercial, independentemente da natureza da jurisdição. Não abrange, nomeadamente, as matérias fiscais, aduaneiras ou administrativas, nem a responsabilidade do Estado por atos ou omissões no exercício da autoridade do Estado ("acta jure imperii").

2. O presente regulamento não se aplica:

a) Ao estado e à capacidade jurídica das pessoas singulares ou aos regimes de bens do casamento ou de relações que, de acordo com a lei que lhes é aplicável, produzem efeitos comparáveis ao casamento;

b) Às falências, concordatas e processos análogos;

c) À segurança social;

d) À arbitragem;

e) Às obrigações de alimentos decorrentes de uma relação familiar, parentesco, casamento ou afinidade;

f) Aos testamentos e sucessões, incluindo as obrigações de alimentos resultantes do óbito.

NOTAS

Artigo 1º – nº 1

Conceito de "matéria civil e comercial"

1 – O nº 1 deste artigo corresponde ao artigo 1º – nº 1 da Convenção de Bruxelas e ao artigo 1º – nº 1 do Regulamento (CE) nº 44/2001 do Conselho, de 22.12.2000.

Indemnização por fraude ao IVA

– O acórdão do Tribunal de Justiça (Terceira Secção) de 12.9.2013, no processo C-49/12, decidiu que o conceito de matéria civil e comercial, na aceção do artigo

1º – nº 1, deve ser interpretado no sentido de que abrange uma ação na qual uma autoridade pública de um Estado-Membro reclama a pessoas singulares e coletivas estabelecidas noutro Estado-Membro uma indemnização pelos danos causados por uma associação criminosa com objetivo de fraude ao imposto sobre valor acrescentado devido no primeiro Estado-Membro.

Decisão que inclui a condenação em multa a pagar ao Estado para fazer respeitar tal decisão em matéria civil e comercial

2 – O conceito de "matéria civil e comercial" constante do artigo 1º deve ser interpretado no sentido de que o Regulamento deve ser aplicado ao reconhecimento e execução de uma decisão de um tribunal que inclui a condenação em multa para fazer respeitar uma decisão judicial em matéria civil e comercial – acórdão do Tribunal de Justiça (Grande Secção) de 18.10.2011, no processo nº C-406/09.

Reparação do prejuízo resultante de uma alegada infração ao direito da concorrência, mesmo que o Estado seja acionista maioritário ou único acionista das entidades que terão cometido violações do direito de concorrência.

3 – O artigo 1º – nº 1 do Regulamento nº 44/2001 deve ser interpretado no sentido de que uma ação que tem por objeto a reparação de prejuízos resultantes de alegadas violações do direito de concorrência da União é abrangida pelo conceito de "matéria civil e comercial" na aceção desta disposição e, por conseguinte, entra no âmbito de aplicação desse Regulamento – acórdão do Tribunal de Justiça (Terceira Secção) de 23.10.2014, no processo C-302/13.

Nos considerandos deste acórdão recorda-se que, segundo jurisprudência constante, para garantir, na medida do possível, a igualdade e a uniformidade dos direitos e das obrigações que decorrem do Regulamento nº 44/2001 para os Estados-Membros e as pessoas interessadas, não se deve interpretar o conceito de matéria "civil e comercial"como uma simples remissão para o direito interno de qualquer dos Estados em questão, antes devendo ser considerado um conceito autónomo que tem de ser interpretado por referência, por um lado, aos objetivos e ao sistema do referido Regulamento e, por outro, aos princípios gerais resultantes das ordens jurídicas nacionais no seu conjunto (acórdãos nos processos C-420/07, C-1/13 e C-387/12).

Na medida em que o Regulamento substitui, nas relações entre os Estados-Membros, a Convenção de Bruxelas, a interpretação fornecida pelo Tribunal de Justiça, no que respeita às disposições desta Convenção, é igualmente válida para as do Regulamento, quando as disposições destes instrumentos possam ser qualificadas de equivalentes (acórdãos nos processos C-49/12 e C-548/12).

O âmbito de aplicação do Regulamento está limitado, como o da Convenção de Bruxelas, ao conceito de matéria civil e comercial, para determinar o qual importa analisar os elementos que caracterizam a natureza das relações jurídicas entre as partes no litígio ou o objeto deste (acórdão no processo C-645/11).

Resulta do artigo 5º – nºs 3 e 4 do Regulamento que, em princípio, as ações de indemnização cabem na matéria civil e comercial e, por conseguinte, entram no âmbito de aplicação do Regulamento, cujo considerando sétimo recorda que importa incluir, no âmbito material do mesmo, o essencial da matéria civil e comercial, com exceção de certas matérias bem definidas, que, como exceções, e atento o objetivo do Regulamento de manter e desenvolver um espaço de liberdade, de segurança e de justiça, favorável à livre circulação das decisões, são de interpretação estrita.

O processo principal onde foi proferida a decisão prejudicial do acórdão diz respeito a uma ação que tem por objeto a reparação do prejuízo resultante de uma alegada infração ao direito da concorrência, ou seja, uma ação de responsabilidade civil extracontratual e, por isso, é de natureza civil e comercial.

É verdade que o Tribunal de Justiça considerou que, embora determinados litígios que opõem uma entidade pública a um particular possam ser abrangidos pelo conceito de matéria civil e comercial, tal não sucede quando essa entidade pública atua no exercício da sua autoridade pública, pois a manifestação de prerrogativas de autoridade pública por uma das partes no litígio exclui este da matéria civil e comercial na aceção do artigo 1º – nº 1 do Regulamento.

Relativamente às taxas de navegação aérea, o Tribunal de Justiça considerou que o controlo e a vigilância do espaço aéreo são, por natureza, atividades de autoridade pública, que requerem para a sua realização o exercício de tais prerrogativas (*vide* acórdão no processo C-364/92), mas o Tribunal de Justiça já declarou que a disponibilização de instalações aeroportuárias contra pagamento de uma taxa constitui uma atividade de natureza económica (*vide* acórdãos nos processos C-82/01 e C-288/11), pelo que tais relações jurídicas se enquadram efetivamente na matéria civil e comercial, mesmo que a determinação das taxas aeroportuárias e das respetivas reduções estejam previstas em disposições legais de aplicação geral e mesmo que o Estado seja acionista maioritário ou único acionista das entidades que terão cometido violações do direito de concorrência.

Ação do Estado por contrato de fiança destinado a garantir uma dívida aduaneira

4 – O artigo 1º – nº 1 da Convenção de Bruxelas deve ser interpretado nos seguintes termos:

- cabe no conceito de "matéria civil e comercial", na aceção do primeiro período desse artigo, uma ação através da qual um Estado contratante procura obter, através de uma pessoa de direito privado, a execução de um contrato de direito privado de fiança celebrado para permitir a outra pessoa prestar uma garantia exigida e definida por este Estado, desde que a relação jurídica entre o Estado e o fiador, tal como a configura o contrato de fiança, não corresponda ao exercício pelo Estado de poderes que saem fora da órbita das regras aplicáveis nas relações entre particulares;

- não cabe no conceito de "matérias aduaneiras", na aceção do segundo período desse artigo, uma ação através da qual um Estado contratante procura obter a execução de um contrato de fiança destinado a garantir uma dívida aduaneira, quando a relação jurídica entre o Estado e o fiador, tal como a configura esse contrato, não corresponde ao exercício pelo Estado de poderes que saem fora da órbita das regras aplicáveis nas relações entre particulares, e isto ainda que o fiador possa invocar em sua defesa fundamentos que exigem que se verifique a existência e o conteúdo da dívida aduaneira - acórdão do Tribunal de Justiça (Quinta Secção) de 15.3.2003, C-266/01.

Ação do fiador por sub-rogação legal contra um importador, devedor de direitos aduaneiros

5 - A ação intentada por força de uma sub-rogação legal contra um importador, devedor de direitos aduaneiros, pelo fiador que pagou estes direitos às autoridades aduaneiras em cumprimento de um contrato de fiança pelo qual se obrigava para com aquelas autoridades a garantir o pagamento dos direitos em questão pelo transitário, o qual tinha sido originariamente incumbido pelo devedor principal de pagar a dívida, não corresponde ao exercício de quaisquer poderes exorbitantes em relação às regras aplicáveis nas relações entre particulares e, portanto, deve ser considerada abrangida pelo conceito de "matéria civil e comercial" na aceção do artigo 1º, primeiro parágrafo, da Convenção de Bruxelas - acórdão do Tribunal de Justiça (Quinta Secção) de 5.2.2004, no processo C-265/02.

Não é matéria civil e comercial a indemnização por danos sofridos por operações de guerra

6 - O artigo 1º, primeiro parágrafo, primeiro período, da Convenção de Bruxelas deve ser interpretado no sentido de que não estão abrangidas pelo conceito de "matéria civil", na aceção desta disposição, as ações judiciais intentadas por pessoas singulares num Estado contratante contra outro Estado contratante, destinadas a obter uma indemnização pelos danos sofridos pelos sucessores das vítimas da atuação de Forças Armadas no âmbito de operações de guerra no território do primeiro Estado.

Com efeito, se as ações que se fundamentam numa manifestação de prerrogativas de autoridade pública por uma das partes no litígio, devido ao exercício, por esta última, de poderes exorbitantes em relação às regras de direito comum aplicáveis nas relações entre particulares estão excluídas do conceito de "matéria civil", por maioria de razão o mesmo sucede numa ação judicial de indemnização que tem origem nas operações efetuadas pelas Forças Armadas, dado que tais operações constituem uma das expressões típicas da soberania do Estado, nomeadamente na medida em que são objeto de uma decisão unilateral e obrigatória pelas autoridades públicas competentes e estão indissociavelmente ligadas à política estrangeira e de defesa dos Estados.

A este respeito, a questão do caráter legal ou não dos atos de autoridade pública que são o fundamento dessa ação está ligada à natureza desses atos e não à matéria em que consistem. Uma vez que se deve considerar que essa matéria, enquanto tal, não está abrangida pelo âmbito de aplicação da Convenção, o caráter ilegal desses atos não pode justificar uma interpretação diferente – acórdão do Tribunal de Justiça (Segunda Secção) de 15.2.2007, C-292/05.

Ação de regresso de um organismo público por montantes de assistência social

7 – O artigo 1º da Convenção de Bruxelas deve ser interpretado no sentido de que a noção de "matéria civil" abrange uma ação de regresso pela qual um organismo público reclama a uma pessoa de direito privado o reembolso de montantes que pagou a título de assistência social ao cônjuge divorciado e ao filho dessa pessoa, desde que o fundamento e as modalidades de exercício desta ação sejam regulados pelas regras de direito comum em matéria de obrigações de alimentos, pelo que o artigo 1º – nº 2 – 3) da referida Convenção deve ser interpretado no sentido de que não abrange tal ação. Quando a ação de regresso se baseia em disposições pelas quais o legislador conferiu ao organismo público uma prerrogativa própria, a referida ação não pode ser considerada parte da "matéria civil" – acórdão do Tribunal de Justiça (Quinta Secção) de 14.11.2002, C-271/00. *Vide* também no mesmo sentido o acórdão do Tribunal de Justiça de 15.1.2004, no processo C- 433/01.

Com efeito, no primeiro caso, a situação jurídica do organismo público em relação ao devedor de alimentos é equiparável à de um particular que, tendo pago, a qualquer título, um débito de outrem, fica subrogado nos direitos do credor original, ou à situação de quem, tendo sofrido um dano por um facto ou omissão imputável a um terceiro, exige a reparação a este último.

Em contrapartida, quando a ação de regresso se baseia em disposições pelas quais o legislador conferiu ao organismo público uma prerrogativa própria, a ação não pode ser considerada parte da "matéria civil". É esse o caso quando as disposições em causa permitem a um organismo público ignorar um acordo legalmente celebrado entre cônjuges, que produziria efeitos vinculativos entre eles e seria oponível a terceiros, e colocam assim o organismo público numa situação jurídica derrogatória do direito comum. O mesmo acontece, *a fortiori*, quando essas disposições permitem ao organismo público ignorar um acordo homologado por uma decisão de um órgão jurisdicional e que beneficia da autoridade de caso julgado ligada a esta última.

O conteúdo da noção de "segurança social", na aceção do artigo 1º – nº 2 – 3) da Convenção, abrange o âmbito de aplicação material do Regulamento nº 1408/71, tal como está definido no seu artigo 4º e tal como foi precisado pela jurisprudência do Tribunal de Justiça.

Reparação de danos numa jurisdição criminal contra o docente de uma escola pública

8 – A "matéria civil", na aceção do artigo 1º – nº 1 da Convenção de Bruxelas abrange a ação de reparação de danos proposta numa jurisdição criminal contra o docente de uma escola pública que, durante uma excursão escolar, causou prejuízo a um aluno, devido à violação culposa e ilegal de deveres de vigilância, e isto mesmo em caso de garantia por um regime de segurança social de direito público, só sendo possível o não reconhecimento da decisão pelas razões indicadas no artigo 27º – nº 2 da mesma Convenção, quando o requerido for revel a quando do processo de origem e não quando tiver comparecido e tomado posição, através de defensor que escolheu, sobre a ação pública, na audiência de discussão e julgamento, mas não sobre a ação cível, que foi igualmente objeto dos debates orais aos quais o defensor assistiu – acórdão do Tribunal de Justiça de 21.4.1993, no processo C-172/91.

Artigo 1º – nº 2 – a) – exclusão do estado e capacidade jurídica das pessoas singulares ou aos regimes de bens do casamento ou de relações que produzem efeitos comparáveis ao casamento

9 – O acórdão do Supremo Tribunal de Justiça de 25.11.2004 – Relator ARAÚJO DE BARROS – decidiu que o Regulamento nº 44/2001 não abrange as questões relativas ao estado das pessoas singulares e que as normas do Regulamento nº 1347/2000, do Conselho, de 29 de maio de 2000, apenas relativas à competência em matéria matrimonial e de regulação do poder paternal em relação aos filhos comuns do casal, não são aplicáveis à competência para a tramitação e julgamento de ações de investigação de paternidade.

Artigo 1º – nº 2 – b) e nº 1 – exclusão das falências

10 – O nº 2 – b) do artigo 1º corresponde ao nº 2 – b) do artigo 1º do Regulamento nº 44/2001 e a exclusão da aplicação de ambos os regulamentos às falências, concordatas e processos análogos deve-se ao facto de todos estarem abrangidas pelo Regulamento (CE) nº 1346/2000 do Conselho, de 29.5.2000. De acordo com o seu sexto considerando, o Regulamento nº 1346/2000 deve limitar-se às "disposições que regulam a competência em matéria de abertura de processos de insolvência e de decisões diretamente decorrentes de processos de insolvência e com eles estreitamente relacionados". O seu artigo 3º – nº 1, respeitante à competência internacional, dispõe que "os órgãos jurisdicionais do Estado-Membro em cujo território está situado o centro dos interesses principais do devedor são competentes para abrir o processo de insolvência. Presume-se, até prova em contrário, que o centro dos interesses principais das sociedades e pessoas coletivas é o local da respetiva sede estatutária". E o seu artigo 25º, referente ao reconhecimento e caráter executório de outras decisões dispõe nos seus nºs 1 e 2:

"1. As decisões relativas à tramitação e ao encerramento de um processo de insolvência proferidas por um órgão jurisdicional cuja decisão de abertura do processo seja reconhecida por força do artigo 16º bem como qualquer acordo homologado por esse órgão jurisdicional são igualmente reconhecidos sem mais formalidades. Essas decisões são executadas em conformidade com o disposto nos artigos 31º a 51º, com exceção do nº 2 do artigo 34º da Convenção de Bruxelas relativa à competência judiciária e à execução das decisões em matéria civil e comercial alterada pelas convenções relativas à adesão a essa Convenção.

O primeiro parágrafo é igualmente aplicável às decisões diretamente decorrentes do processo de insolvência e que com este se encontrem estreitamente relacionadas, mesmo que proferidas por outro órgão jurisdicional.

[...]

2. O reconhecimento e a execução de decisões que não as referidas no nº 1 regem-se pela Convenção referida no nº 1 do presente artigo, na medida em que esta for aplicável".

O artigo 1º, primeiro parágrafo, da Convenção de Bruxelas, que foi substituída pelo Regulamento nº 44/2001, dispunha que esta convenção se aplicava em matéria civil e comercial, independentemente da natureza da jurisdição. O segundo parágrafo desse mesmo artigo excluía da sua aplicação determinadas matérias, e no nº 2 "as falências, as concordatas e outros processos análogos".

Tanto o relatório de P. Jenard sobre a Convenção de 27 de Setembro de 1968 (JO 1979, C 59, p.1) como o relatório sobre a Convenção de 9 de Outubro de 1978 relativa à adesão do Reino da Dinamarca, da Irlanda e do Reino Unido da Grã-Bretanha e da Irlanda do Norte à referida Convenção bem como ao protocolo respeitante à sua interpretação pelo Tribunal de Justiça, de P. Schlosser (JO 1979, C 59, p.71) referem que a matéria excluída devia ser objeto de convenção distinta, precisando o relatório de Schlosser que era necessário delimitar os âmbitos de aplicação das duas convenções de forma a evitar qualquer lacuna e as questões de classificação.

Ora o Tribunal de Justiça delimitou o âmbito da exclusão da aplicabilidade da Convenção de Bruxelas às falências, concordatas e outros processos semelhantes no seu acórdão de 22.2.1979, no processo nº C-133/78 (Coletânea, pág. 383), onde decidiu que é necessário, para que as questões relativas a uma falência sejam excluídas do âmbito de aplicação da Convenção de Bruxelas, que resultem diretamente da falência e se insiram no âmbito estrito de liquidação de patrimónios ou de concordata judicial, tendo utilizado já os dizeres não só do sexto considerando do Regulamento 1346/2000 para delimitar o objeto deste Regulamento, mas também do artigo 3º – nº 1 e do artigo 25º – nº 1, segundo parágrafo, do mesmo Regulamento.

E no acórdão de 2 de Julho de 2009, no processo nº C-111/08, proferido já na vigência do Regulamento nº 44/2001, decidiu que, na medida em que o Regulamento substituiu a Convenção de Bruxelas, a interpretação que o Tribunal de Justiça fez desta Convenção vale também para o Regulamento quando as disposições de uma e outro possam ser consideradas equivalentes, o que se verifica no caso do artigo 1º – nº 2 – alínea b) do Regulamento e do artigo 1º, segundo parágrafo, e nº 2 da Convenção de Bruxelas, redigidos em termos idênticos, pelo que, recorrendo ao critério segundo o qual uma ação está ligada a um processo de falência quando resulta diretamente da falência e está estreitamente relacionada com um processo de liquidação de patrimónios ou de concordata judicial, o Tribunal de Justiça esclareceu que é a intensidade do nexo existente entre uma ação judicial e o processo de insolvência que é determinante para aferir se a referida exclusão é aplicável.

Assim, nem todas as ações relacionadas com processos de insolvência estão excluídas da aplicação do Regulamento nº 44/2001 e agora do Regulamento 1215/2012, pois o artigo 1º – nº 2 – b) de qualquer destes Regulamentos só excluem do seu âmbito de aplicação, uma vez que, de acordo com o sétimo considerando daquele primeiro Regulamento e com o décimo considerando do segundo, se destinam a ser aplicados ao conjunto da matéria civil e comercial, com exceção de certas matérias bem definidas, as ações diretamente decorrentes de um processo de insolvência e que com este se encontrem estreitamente relacionadas, ações que diretamente integram o âmbito de aplicação do Regulamento nº 1346/2000.

Porque a ação no processo principal, tendo em conta as suas características, não se encontrava estreitamente relacionada com o processo de insolvência, o acórdão do Tribunal de Justiça (Primeira Secção) de 19.4.2012, no processo nº C-213/10, decidiu que o artigo 1º – nº 1 deve ser interpretado no sentido de que uma ação intentada contra um terceiro por um demandante que atua com fundamento numa cessão de créditos autorizada, por um administrador judicial designado no quadro de um processo de insolvência, que tem por objeto o direito de revogação que para esse administrador decorre da lei aplicável a esse processo, se inclui no conceito de matéria civil e comercial na aceção dessa disposição. O litígio no processo principal era o seguinte: entre Fevereiro e Junho de 2001, uma sociedade com sede na Alemanha pagou, embora estivesse insolvente, um débito a uma sociedade com sede na Lituânia; em Janeiro de 2005, foi instaurado processo de insolvência à sociedade com sede na Alemanha, cujo único credor seria uma sociedade com sede na Letónia, e, por contrato de agosto de 2007, o administrador da insolvência cedeu a esta sociedade com sede na Letónia a totalidade dos créditos da insolvente sobre terceiros, incluindo o direito de exigir à sociedade com sede na Lituânia a restituição das quantias que esta recebera da insolvente entre fevereiro e junho de 2001, cessão que foi autorizada sem que o administrador da insolvência tivesse prestado quaisquer garantias quanto ao conteúdo dos créditos, ao respetivo montante ou à sua exequibilidade, tanto juridicamente como de facto, não sendo a cessionária obrigada a proceder à cobrança dos créditos, mas, no caso de o fazer, foi acordado que entregaria ao administrador 33% do produto obtido.

Ação para pagamento de uma dívida proposta pelo administrador da insolvência e ação proposta contra um administrador da insolvência tendo por fundamento uma cláusula de reserva de propriedade

11 – O artigo 1º – nº 1 do Regulamento nº 44/2001 deve ser interpretado no sentido de que se integra no conceito de matéria civil e comercial, na aceção desta disposição, a ação para pagamento de uma dívida proposta pelo administrador da insolvência, designado no âmbito de um processo de insolvência de uma empresa instaurado num Estado-Membro e dirigida contra o beneficiário desses serviços, estabelecido noutro Estado-Membro; o artigo 71º do mesmo Regulamento deve ser interpretado no sentido de que, na hipótese de um litígio se integrar no âmbito de aplicação tanto deste Regulamento como da Convenção Relativa ao Contrato de Transporte de Mercadorias por Estrada, assinada em Genebra em 19.5.1956 e alterada pelo Protocolo assinado em Genebra em 5.7.1978, um Estado-Membro pode, em conformidade com o artigo 71º do mesmo Regulamento, aplicar as regras de competência judiciária previstas pelo artigo 31º – nº 1 desta Convenção – acórdão do Tribunal de Justiça (Primeira Secção) de 4.9.2014 (C-157/13).

Nos considerandos deste acórdão recorda-se que o Tribunal de Justiça salientou que, tal como indica o sétimo considerando do Regulamento nº 44/2001, a intenção do legislador da União foi de adotar uma conceção ampla do conceito de "matéria civil e comercial" constante do artigo 1º – nº 1 deste Regulamento e, consequentemente um amplo âmbito de aplicação deste último. Em contrapartida, o âmbito de aplicação do Regulamento nº 1346/2000, em conformidade com o seu sexto considerando, não deve ser objeto de uma interpretação ampla (C- 292/08) e, aplicando estes princípios, o Tribunal de Justiça julgou que apenas as ações diretamente decorrentes de um processo de insolvência e que com este se encontrem estreitamente relacionadas estão excluídas do âmbito de aplicação do Regulamento nº 44/2001. Consequentemente, apenas estas ações entram no âmbito de aplicação do Regulamento nº 1346/2000.

Quanto à aplicação desta distinção, o Tribunal de Justiça julgou que a ação para a cobertura do passivo, que, em direito francês, pode ser proposta pelo administrador de insolvência contra os administradores da sociedade, de forma a acionar a sua responsabilidade, deve ser considerada uma ação que deriva diretamente de um processo de insolvência e está estreitamente relacionada com este. Para chegar a esta conclusão, o Tribunal de Justiça baseou-se na consideração de que esta ação tem como fundamento jurídico as disposições que derrogam as regras gerais do direito civil (*vide*, no âmbito da Convenção de Bruxelas, o acórdão no processo 133/78). O Tribunal de Justiça fez uma apreciação semelhante relativamente a uma ação revogatória que, no direito alemão, pode ser proposta pelo administrador da insolvência de forma a impugnar atos praticados antes da abertura do processo de insolvência e que sejam prejudiciais para os credores. O Tribunal de Justiça salientou que, neste contexto, a ação tinha por fundamento as normas nacionais relativas ao processo de insolvência (acórdão no processo C-339/07).

Ao invés, o Tribunal de Justiça julgou que uma ação proposta tendo por fundamento uma cláusula de reserva de propriedade contra um administrador da insolvência apenas apresenta um nexo que não é suficientemente direto nem suficientemente estreito com um processo de insolvência, dado que a questão de direito levantada numa tal ação é independente da abertura de um processo de insolvência (acórdão no processo C-292/08). Da mesma forma, a ação intentada por um demandante, tendo por base uma cessão de crédito consentida por um administrador de insolvência e relativa ao direito de revogação reconhecido a este último pelo direito alemão em matéria de falência, foi considerada como não se encontrando estreitamente relacionada com o processo de insolvência. O tribunal de Justiça salientou, a este respeito, que o exercício pelo cessionário do direito que adquiriu obedecia a regras diferentes das aplicáveis no âmbito de um processo de insolvência (acórdão no processo C-213/10 citado na nota anterior).

Ação de vendedor com cláusula de reserva de propriedade contra um comprador em situação de falência

12 – A exceção prevista no artigo 1º – nº 2 – b) do Regulamento nº 44/2001, conjugado com o artigo 7º – nº 1 do Regulamento nº 1346/2000, deve ser interpretada, tendo em conta as disposições do artigo – 4º – nº 2 – b) deste Regulamento, no sentido de que não se aplica a uma ação de um vendedor intentada ao abrigo de uma cláusula de reserva de propriedade contra um comprador em situação de falência, quando o bem objeto dessa cláusula se encontra no Estado-Membro de abertura do processo de insolvência no momento da abertura desse processo contra o referido comprador; a intensidade do nexo existente entre essa ação judicial e o processo de insolvência é determinante para aferir se a exclusão em causa é aplicável e, uma vez que visa unicamente garantir a aplicação da cláusula de reserva de propriedade, esse nexo não é suficientemente direto nem suficientemente estreito para excluir a aplicação do Regulamento nº 44/2001, pelo que essa ação é uma ação autónoma, cujo fundamento não se encontra no direito dos processos de insolvência e não exige a abertura desse tipo de processo nem a intervenção de um administrador de insolvência, apesar de o administrador de insolvência ser parte no litígio – acórdão do Tribunal de Justiça (Primeira Secção) de 10.9.2009, no processo C-292/08.

Artigo 1º – nº 2 – c) – exclusão da segurança social

13 – *Vide* o acórdão do Tribunal de Justiça (Quinta Secção) de 14.11.2002, C-271/00, referido na nota 7.

Artigo 1º – nº 2 – d) – exclusão da arbitragem

14 – A arbitragem está excluída do âmbito de aplicação do Regulamento 1215/2012 pelo seu artigo 1º – nº 2 – d). O décimo segundo considerando do Regulamento diz o seguinte:

(12) O presente regulamento não deverá aplicar-se à arbitragem. Nada no presente regulamento deverá impedir que os tribunais de um Estado-Membro, caso lhes seja submetida uma ação numa matéria para a qual as partes celebraram um acordo de arbitragem, remetam as partes para a arbitragem, suspendam ou encerrem o processo ou examinem se a convenção de arbitragem é nula, ineficaz ou insuscetível de aplicação nos termos da lei nacional.

As decisões proferidas pelos tribunais dos Estados-Membros que determinam se uma convenção de arbitragem é nula, ineficaz ou insuscetível de aplicação não deverão estar sujeitas às regras de reconhecimento e execução estabelecidas no presente regulamento, independentemente de o tribunal ter decidido destes aspetos a título principal ou incidental.

Por outro lado, se um tribunal de um Estado-Membro, exercendo a sua competência por força do presente regulamento ou da lei nacional, determinar que uma convenção de arbitragem é nula, ineficaz ou insuscetível de aplicação, tal não deverá impedir que a decisão do tribunal quanto ao mérito da questão seja reconhecida ou, consoante o caso, executada nos termos do presente regulamento. Tal não deverá prejudicar a competência dos tribunais dos Estados-Membros para decidirem do reconhecimento e execução de sentenças arbitrais de acordo com a Convenção sobre o Reconhecimento e a Execução de Decisões Arbitrais Estrangeiras, celebrada em Nova Iorque em 10 de junho de 1958 (a "Convenção de Nova Iorque de 1958"), que prevalece sobre o presente regulamento.

O presente regulamento não deverá aplicar-se a ações ou processos conexos relativos, nomeadamente, à criação de um tribunal arbitral, aos poderes dos árbitros, à condução do processo arbitral ou a quaisquer outros aspetos desse processo, nem a ações ou decisões em matéria de anulação, revisão, recurso, reconhecimento ou execução de sentenças arbitrais.

- Mas, como resulta deste considerando, a exclusão das arbitragens não impede a relevância das convenções de arbitragem.
- *Vide* o artigo 73º – nº 2 do qual resulta o primado da Convenção de Nova Iorque sobre este Regulamento em matéria de reconhecimento de decisões arbitrais, como se diz neste considerando.
- Segundo a primeira parte do terceiro parágrafo deste considerando, uma decisão que considerou que uma convenção de arbitragem é nula, ineficaz ou inaplicável e que, por isso, se pronunciou sobre o mérito da causa deve ser reconhecida ou executada noutro Estado-Membro, mas pode deixar de o ser se neste outro Estado-Membro tiver sido proferida uma decisão que considera a convenção de arbitragem válida, eficaz e aplicável (artigo 45º – nº 1 – c)-); ou se no Estado requerido puder ser reconhecida, nos termos, por exemplo, da Con-

venção de Nova Iorque, uma decisão que considera aquela convenção válida, eficaz e aplicável, como, de resto, se prevê na segunda parte daquele parágrafo.

Nesta matéria o Regulamento afasta-se da orientação do acórdão do Tribunal de Justiça de 10.2.2009, no processo C-185/07, orientação pela qual, apesar de o Regulamento nº 44/2001 não ser aplicável à arbitragem, nada impedia que o tribunal competente procedesse ao controle incidental da validade da cláusula de arbitragem, para decidir da sua própria competência, não podendo nenhum outro tribunal proceder ao mesmo controle.

Artigo 1º – nº 2 – e) – exclusão das obrigações de alimentos

15 – Na sequência da adoção do Regulamento (CE) nº 4/2009 do Conselho, de 18.12.2008, estão excluídas da aplicação do Regulamento nº 1215/2012 as obrigações de alimentos decorrentes de uma relação familiar, parentesco, casamento ou afinidade, por força do seu artigo 1º – nº 2 – e), sem disposição correspondente no Regulamento nº 44/2001. Diz o décimo considerando:

> (10) O âmbito de aplicação material do presente regulamento deverá incluir o essencial da matéria civil e comercial, com exceção de certas matérias bem definidas, em particular as obrigações de alimentos, que deverão ser excluídas do âmbito de aplicação do presente regulamento na sequência da adoção do Regulamento (CE) nº 4/2009 do Conselho, de 18 de dezembro de 2008, relativo à competência, à lei aplicável, ao reconhecimento e à execução das decisões e à cooperação em matéria de obrigações alimentares.

Não estão, porém, excluídas do âmbito de aplicação do Regulamento nº 1215/2012 outras obrigações de alimentos.

16 – *Vide* o acórdão do Tribunal de Justiça (Quinta Secção) de 14.11.2002, C-271/00, referido na nota 7.

Artigo 2º

Para efeitos do presente regulamento entende-se por:

a) "Decisão", qualquer decisão proferida por um tribunal de um Estado-Membro, independentemente da designação que lhe for dada, tal como acórdão, sentença, despacho judicial ou mandado de execução, bem como as decisões de fixação do montante das custas do processo pela secretaria do tribunal.

Para efeitos do capítulo III, o termo "decisão" abrange as medidas provisórias, incluindo as medidas cautelares, decididas por um tribunal que, por força do presente regulamento, é competente para conhecer do mérito da causa. Não abrange as medidas provisórias, incluindo as medidas cautelares, impostas por esse tribunal sem que o requerido seja notificado para comparecer a menos que a decisão que contém a medida seja notificada ao requerido antes da execução;

b) "Transação judicial", uma transação aprovada por um tribunal de um Estado-Membro ou celebrada perante o tribunal de um Estado-Membro no decurso do processo;

c) "Instrumento autêntico", um documento exarado ou registado como instrumento autêntico no Estado-Membro de origem e cuja autenticidade:

i) se relacione com a assinatura e o conteúdo do instrumento, e

ii) tenha sido confirmada por uma autoridade pública ou outra autoridade habilitada para esse efeito;

d) "Estado-Membro de origem", o Estado-Membro em que, consoante o caso, a decisão tenha sido proferida, a transação judicial aprovada ou celebrada ou o instrumento autêntico formalmente exarado ou registado;

e) "Estado-Membro requerido", o Estado-Membro em que é invocado o reconhecimento da decisão ou em que é requerida a execução da decisão, da transação judicial ou do instrumento autêntico;

f) "Tribunal de origem", o tribunal que tiver proferido a decisão cujo reconhecimento é invocado ou, se for o caso, cuja execução é requerida.

NOTAS

- É do seguinte teor o undécimo considerando deste Regulamento:

(11) Para efeitos do presente regulamento, os tribunais dos Estados-Membros incluem os tribunais comuns a vários Estados-Membros, como o Tribunal de Justiça do Benelux quando exerce a sua competência sobre matérias abrangidas pelo presente regulamento. Por conseguinte, as decisões proferidas por esses tribunais devem ser reconhecidas e executadas nos termos do presente regulamento.

- O Regulamento nº 1215/2012 foi alterado pelo Regulamento nº 542/2014, de 15 de maio de 2014,cujos considerandos transcreveremos em nota ao artigo 71º – A e que se destinou a regular as relações com o Acordo relativo ao Tribunal Unificado de Patentes ("Acordo relativo ao TPU") e com o Tratado do Tribunal de Justiça do Benelux, como tribunais na aceção deste Regulamento, ao qual foram aditados por aquele Regulamento nº 542/2014 os artigos 71º – A, 71º – B, 71º – C e 71º – D, dispondo o artigo 71º – A que, para efeitos do presente Regulamento, um tribunal comum a vários Estados-Membros, como aqueles dois tribunais, é considerado um tribunal de um Estado-Membro quando, nos termos do seu ato constitutivo, esse tribunal comum exerce a sua competência em matérias abrangidas pelo âmbito do presente Regulamento.

1 – O artigo 2º – a) corresponde ao artigo 25º da Convenção de Bruxelas e ao artigo 32º do Regulamento nº 44/2001.

– O acórdão do Tribunal de Justiça (Terceira Secção) de 15.11.2012, no processo C-456/11, decidiu que o artigo 32º do Regulamento nº 44/2001, a que corresponde o artigo 2º -a) do Regulamento nº 1215/2012, deve ser interpretado no sentido de que abrange igualmente uma decisão em que o tribunal de um Estado-Membro se declara incompetente com fundamento na existência de um pacto atributivo de jurisdição[5], independente da qualificação dada a essa decisão pelo direito de outro Estado-Membro.

Nos considerandos deste acórdão salienta-se que o Tribunal de Justiça já decidiu que o artigo 25º da Convenção de Bruxelas, cuja interpretação feita pelo Tribunal de Justiça é válida também, em princípio, para a disposição correspondente do Regulamento nº 44/2001 (*vide* acórdão de 18.10.2011, C-406/09, Colet., p. I-9773), que é o artigo 32º deste Regulamento, não se limita às decisões que põem total ou parcialmente termo ao litígio, mas visa também as decisões interlocutórias ou que determinam medidas provisórias ou cautelares (acórdão de 14.10.2004, C-39/02, Colet., p. I-96/57).

2 – Quanto ao conceito de "decisão", *vide* o acórdão do Tribunal de Justiça (Sexta Secção) de 2.6.1994, no processo C-414/92, referido em nota ao artigo 45º.

3 – *Vide* o artigo 42º – nº 2 – c).

– É o seguinte o teor do considerando trigésimo terceiro do Regulamento:

(33) Se medidas provisórias, incluindo medidas cautelares, forem decididas por um tribunal competente para conhecer do mérito da causa, a sua livre circulação deverá ser garantida nos termos do presente regulamento. Todavia, as medidas provisórias, incluindo as medidas cautelares, impostas por esse tribunal sem que o requerido seja notificado para comparecer não deverão ser reconhecidas ou executadas nos termos do presente regulamento, a menos que a decisão que contém a medida seja notificada ao requerido antes da execução. Tal não deverá obstar ao reconhecimento e execução dessas medidas ao abrigo da lei nacional. Se medidas provisórias, incluindo medidas cautelares, forem decididas por um tribunal de um Estado-Membro que não seja competente para conhecer do mérito da causa, os seus efeitos deverão confinar-se, nos termos do presente regulamento, ao território desse Estado-Membro.

[5] Quanto a pactos atributivos de jurisdição, *vide* o artigo 25º – extensão de competência – deste Regulamento nº 1215/2012.

Artigo 3º

Para efeitos do presente regulamento, «tribunal» compreende as seguintes autoridades na medida em que tenham competência em matérias abrangidas pelo presente regulamento:

a) Na Hungria, em processos sumários de «injunção de pagamento» (fizetési meghagyásos eljárás), o notário (közjegyző);

b) Na Suécia, em processos sumários de «injunção de pagamento» (betalningsföreläggande) e «pedidos de assistência» (handräckning), a Autoridade de Execução (Kronofogdemyndigheten).

NOTAS

Quanto ao conceito de tribunal, *vide* notas ao artigo 2º, na parte respetiva.

CAPÍTULO II – Competência

SECÇÃO 1 – Disposições gerais

Artigo 4º

1. Sem prejuízo do disposto no presente regulamento, as pessoas domiciliadas num Estado-Membro devem ser demandadas, independentemente da sua nacionalidade, nos tribunais desse Estado-Membro.

2. As pessoas que não possuam a nacionalidade do Estado-Membro em que estão domiciliadas ficam sujeitas, nesse Estado-Membro, às regras de competência aplicáveis aos nacionais.

NOTAS

Corresponde ao artigo 2º do Regulamento nº 44/2001 e ao artigo 2º da Convenção de Bruxelas.

Artigo 4º – nº 1 – A regra geral da competência: o domicílio do demandado

1 – O artigo 63º precisa:

1. Para efeitos do presente regulamento, uma sociedade ou outra pessoa coletiva ou associação de pessoas singulares ou coletivas tem domicílio no lugar em que tiver:

a) A sua sede social;

b) A sua administração central; ou

c) O seu estabelecimento principal.

2. No que respeita à Irlanda, a Chipre e ao Reino Unido, «sede social» significa registered office ou, se este não existir, place of incorporation (lugar de constituição) ou, se este não existir, o lugar sob cuja lei ocorreu a formation (formação).

3. Para determinar se um trust tem domicílio no Estado-Membro a cujos tribunais tenha sido submetida a questão, o juiz aplica as normas do seu direito internacional privado.

- O artigo 62º – nº 1 dispõe que, para determinar se uma parte tem domicílio no Estado-Membro a cujos tribunais é submetida a questão, o juiz aplica a sua lei interna.

Assim, é pelo critério do artigo 88º do Código Civil que o tribunal português determina se a parte tem domicílio em Portugal, isto é, a parte considera-se domiciliada em Portugal, se aqui tiver a sua residência habitual.

Note-se que o mesmo artigo 62º – nº 2 estabelece que, se a parte não tiver domicílio no Estado-Membro a cujos tribunais foi submetida a questão, o juiz, para determinar se a parte tem domicílio noutro Estado-Membro aplica a lei desse Estado-Membro.

- O nº 1 do artigo 348º do Código Civil dispõe que "àquele que invocar direito consuetudinário, local ou estrangeiro, compete fazer a prova da sua existência e conteúdo; mas o tribunal deve procurar, oficiosamente, obter o respetivo conhecimento"e o nº 2 que "o conhecimento oficioso incumbe também ao tribunal, sempre que este tenha de decidir com base no direito consuetudinário, local ou estrangeiro, e nenhuma das partes o tenha invocado, ou a parte contrária tenha reconhecido a sua existência e conteúdo ou não haja deduzido oposição".

2 – Quanto à regra geral de a competência ter por base o domicílio do demandado (artigo 4º – nº 1), que, para as pessoas coletivas deve ser estabelecido de forma autónoma das várias legislações nacionais, só podendo os domiciliados num Estado-Membro serem demandados nos tribunais de outro Estado-Membro, nos termos das regras enunciadas nas secções 2 a 7 do capítulo II (artigo 5º – nº 1) e, no caso de um requerido não domiciliado num Estado-Membro, ficar sujeito às regras de competência judiciária aplicáveis no território do Estado-Membro a que a questão foi submetida (artigo 6º – nº 1), são os seguintes os considerandos décimo terceiro, décimo quarto e décimo quinto:

> (13) Deverá haver uma ligação entre os processos a que o presente regulamento se aplica e o território dos Estados-Membros. Devem, portanto, aplicar-se, em princípio, as regras comuns em matéria de competência sempre que o requerido esteja domiciliado num Estado-Membro.
>
> (14) Um requerido não domiciliado num Estado-Membro deve, em geral, ficar sujeito às regras de competência judiciária aplicáveis no território do Estado-Membro do tribunal a que a questão foi submetida.

Todavia, a fim de assegurar a proteção de consumidores e trabalhadores, salvaguardar a competência dos tribunais dos Estados-Membros em situações em relação às quais têm competência exclusiva e respeitar a autonomia das partes, algumas normas de competência constantes do presente regulamento aplicam-se independentemente do domicílio do requerido.

(15) As regras de competência devem apresentar um elevado grau de certeza jurídica e fundar-se no princípio de que em geral a competência tem por base o domicílio do requerido. Os tribunais deverão estar sempre disponíveis nesta base, exceto nalgumas situações bem definidas em que a matéria em litígio ou a autonomia das partes justificam um critério de conexão diferente. No respeitante às pessoas coletivas, o domicílio deve ser definido de forma autónoma, de modo a aumentar a transparência das regras comuns e evitar os conflitos de jurisdição.

A competência do tribunal do domicílio do requerente como excecional em matéria de seguros e de contratos de consumo

3 – É o seguinte o sumário do acórdão do Tribunal de Justiça (Sexta Secção) de 13.7.2000, C-412/98:

O título II da Convenção de Bruxelas aplica-se, em princípio, quando ao requerido tem o seu domicílio ou a sua sede no território de um Estado contratante, mesmo que o requerente esteja domiciliado num país terceiro. Só assim não sucede nos casos excecionais em que uma disposição expressa da Convenção prevê que a aplicação da regra da competência que enuncia depende da localização do domicílio do requerente no território de um Estado contratante. Assim sucede quando o requerente faz uso da opção que lhe é facultada pelos artigos 5º – nº 2, 8º, primeiro parágrafo, ponto 2, e 14º, primeiro parágrafo, da Convenção, na única hipótese em que o domicílio do requerido não está situado num Estado contratante;

As regras de competência especiais em matéria de seguros que constam dos artigos 7º a 12º – A da Convenção não abrangem os litígios entre ressegurado e ressegurador no âmbito de um contrato de resseguro. Com efeito, ao oferecer ao segurado uma gama de competências mais vasta do que a de que dispõe o segurador e ao excluir toda e qualquer possibilidade de uma cláusula de extensão de competência em benefício deste último, tais regras foram inspiradas por uma preocupação de proteção do segurado que, na maior parte dos casos, é confrontado com um contrato predeterminado cujas cláusulas não são negociáveis e constitui a pessoa economicamente mais fraca. Ora nenhuma proteção especial se justifica nas relações entre um ressegurado e o seu ressegurador, uma vez que as duas partes no contrato de resseguro são profissionais, não se podendo presumir que algum deles se encontre em posição de fraqueza em relação ao seu contratante;

Embora as regras de competência especiais em matéria de seguro constantes dos artigos 7º a 12º – A da Convenção não visem os litígios entre ressegurado e ressegurador no âmbito de um contrato de resseguro, têm, em contrapartida, plena aplicação quando, em virtude da regulamentação de um Estado contratante, o tomador do seguro, o segurado ou o beneficiário de um contrato de seguro dispõem da faculdade de se dirigirem diretamente a um eventual ressegurador para fazerem valer contra este os seus direitos resultantes do referido contrato. Com efeito, em tal hipótese, o requerente encontra-se em posição de fraqueza em relação ao ressegurador profissional, de modo que o objetivo de proteção especial inerente aos artigos 7º e seguintes da Convenção justifica a aplicação de regras específicas que eles prevêem.

Artigo 4º – nº 2: a irrelevância da nacionalidade

4 – O disposto no nº 2 do artigo 4º está de acordo com a livre circulação de pessoas que é assegurada na União e que implica a abolição de toda e qualquer descriminação em razão da nacionalidade, compreendendo, sem prejuízo de limitações justificadas por razões de ordem pública, segurança pública e saúde pública, o direito de se deslocarem livremente no território dos Estados-Membros – artigos 45º, 49º, 54º e 56º do TFUE – mas a aplicação do critério do domicílio do demandado mantém-se, mesmo que o demandado nem sequer seja nacional de um Estado-Membro.

Interpretação autónoma, de acordo com o sistema e objetivos

5 – De acordo com jurisprudência constante do Tribunal de Justiça, as disposições da Convenção de Bruxelas e do Regulamento nº 44/2001 devem ser interpretadas autonomamente das várias legislações nacionais e até autonomamente das disposições de outros Regulamentos, tomando por referência o seu sistema e os seus objetivos, de forma que, em caso nenhum, a desejada coerência entre várias disposições pode conduzir a dar às disposições do Regulamento nº 44/2001 uma interpretação estranha ao seu sistema e aos seus objetivos – *vide*, por exemplo, os acórdãos de 16.7.2009, no processo C-189/08, de 3.10.2013, no processo C-170/12, e de 16.1.2014, no processo C-45/13.

Natureza imperativa da regra do artigo 4º – nº 1, exceto nos casos expressamente previstos no Regulamento

6 – A Convenção de Bruxelas de 1968 opõe-se a que um órgão jurisdicional de um Estado contratante decline a competência que lhe é conferida pelo artigo 2º da referida Convenção por considerar que um órgão jurisdicional de um Estado não contratante é um foro mais adequado para conhecer do litígio em causa, mesmo que a questão da competência de um órgão jurisdicional de outro Estado contratante não se coloque ou que esse litígio não tenha qualquer nexo com outro Estado contratante – acórdão do Tribunal de Justiça (Grande Secção) de 1.3.2005, C-281/02.

O caso deste acórdão era este: um cidadão britânico, residente no Reino Unido, instaurou uma ação no Reino Unido por ter sido vítima de acidente quando se encontrava de férias na Jamaica, onde, ao mergulhar no mar, num local onde a água chegava à cintura, embateu num banco de areia submerso e sofreu uma fratura da quinta vértebra cervical que o deixou tetraplégico e onde outro cidadão britânico também residente no Reino Unido possuía uma moradia de férias que deu de arrendamento ao sinistrado, prevendo o contrato que a moradia teria acesso a uma praia privada, que seria razoavelmente segura ou isenta de perigos ocultos, ação que foi instaurada também contra várias sociedades da Jamaica.

Nos considerandos deste acórdão salienta-se que é verdade que a aplicação das regras da própria Convenção de Bruxelas, como resulta do relatório sobre a referida Convenção apresentado por P. Jenard (JO 1979, C59, pp. 1,8) exige a existência de um elemento de estraneidade.

Todavia, para efeitos de aplicação do artigo 2º da Convenção de Bruxelas, o caráter internacional da relação jurídica em causa não tem de necessariamente decorrer da implicação de diversos Estados contratantes, devido ao mérito da questão ou ao domicílio respetivo das partes no litígio. A implicação de um Estado contratante e de um Estado terceiro em virtude, por exemplo, do domicílio do demandante e de um demandado no primeiro Estado e da localização dos factos controvertidos no segundo, também é suscetível de conferir natureza internacional à relação jurídica em causa.

E a Convenção de Bruxelas opõe-se a que um órgão jurisdicional de um Estado contratante decline a competência que retira do artigo 2º da Convenção de Bruxelas ao abrigo da exceção do *forum non conveniens*, pois o artigo 2º tem natureza imperativa e, como resulta dos seus próprios termos, só em casos expressamente previstos na referida Convenção é possível derrogar a regra de princípio que enuncia (*vide* acórdãos de 9.12.2003, C-116/12, e de 27.4.2004, C-159/02). Ora é certo que os autores da Convenção não previram uma exceção decorrente da teoria do *forum non conveniens*, embora a questão tenha sido debatida quando da elaboração da Convenção de 9 de Outubro de 1978 relativa à adesão da Dinamarca, da Irlanda e do Reino Unido, como resulta do relatório sobre a referida convenção apresentado por P. Schlosser (JO 1990, C189, pág. 184, nºs 77 e 78).

O respeito do princípio da segurança jurídica, que constitui um dos objetivos da Convenção de Bruxelas (*vide* acórdãos de 28.9.1999, C-447/97 e de 19.2.2002, C-256/00) não ficaria plenamente garantido se fosse possível permitir a um órgão jurisdicional competente, ao abrigo da referida convenção, aplicar a exceção do *forum non conveniens*.

Artigo 5º

1. As pessoas domiciliadas num Estado-Membro só podem ser demandadas nos tribunais de outro Estado-Membro nos termos das regras enunciadas nas secções 2 a 7 do presente capítulo.

2. Em especial, as regras de competência nacionais notificadas pelos Estados-Membros à Comissão nos termos do artigo 76º, nº 1, alínea a), não se aplicam às pessoas a que se refere o nº 1.

NOTAS

- É do seguinte teor o considerando décimo sexto deste Regulamento :

(16) O foro do domicílio do requerido deve ser completado pelos foros alternativos permitidos em razão do vínculo estreito entre a jurisdição e o litígio ou com vista a facilitar uma boa administração da justiça. A existência de vínculo estreito deverá assegurar a certeza jurídica e evitar a possibilidade de o requerido ser demandado no tribunal de um Estado-Membro que não seria razoavelmente previsível para ele. Este elemento é especialmente importante nos litígios relativos a obrigações extracontratuais decorrentes de violações da privacidade e de direitos de personalidade, incluindo a difamação.

- O artigo 5º corresponde ao artigo 3º da Convenção de Bruxelas, que dispunha que as pessoas domiciliadas no território de um Estado contratante só podem ser demandadas perante os tribunais de um outro Estado contratante por força das regras enunciadas nas secções II a VI do Título II, secções que previam as competências especiais e concorrentes, pois do artigo 3º resultava que a competência do tribunal do domicílio do requerido era eletiva ou alternativa, uma vez que o requerente podia escolher entre instaurar a ação neste tribunal ou num dos que são definidos através dos fatores de conexão consagrados nas secções II a VI do Título II.

Artigo 5º - nº 1

1 – As pessoas domiciliadas num Estado-Membro, sejam ou não nacionais desse Estado, só podem ser demandadas nos tribunais doutro Estado naquelas situações bem definidas em que a matéria em litígio ou a autonomia das partes justificam um critério de conexão diferente do domicílio, como se diz no décimo quinto considerando do Regulamento em anotação.

Artigo 5º - nº 2

2 – Nos termos do artigo 76º – nº 1 – a), 2, 3, 4 e 5, os Estados-Membros notificam à Comissão as regras de competência nacionais, estabelecendo a Comissão as respetivas listas, que são publicadas e divulgadas ao público e cuja alteração pode ser requerida à Comissão.

E as informações referidas no artigo 76º foram publicadas no JO C 4 de 9.1.2015, p. 2-14, constando da **Lista 1** as regras de competência nacionais mencionadas nos artigos 5º – nº 2 e 6º – nº 2 do Regulamento que, em Portugal, são as seguintes: artigo 63º – nº 1 do Código de Processo Civil, na medida em que prevê a competência extraterritorial dos tribunais, nomeadamente do tribunal da sede da sucursal, agência, filial, delegação ou representação (se localizada em Portugal), se for pedida a citação da administração principal (se localizada em território estrangeiro) e artigo 10º do Código de Processo do Trabalho, na medida em que prevê a competência extraterritorial dos tribunais, nomeadamente do tribunal da residência do autor nas ações relativas ao contrato de trabalho instauradas pelo trabalhador contra o empregador

E, nos termos deste nº 2 do artigo 5º, as regras de competência nacionais, por força deste nº 2 do artigo 5º, não são aplicáveis às pessoas domiciliadas num Estado-Membro, que só poderão ser demandadas nos tribunais doutro Estado-Membro nos termos das regras estabelecidas nas secções 2 a 7 do capítulo II.

Interpretação estrita das normas das secções 2 a 7 do Capítulo II

3 – O sistema de atribuição de competências comuns previstas pelas disposições que figuram no Capítulo II do Regulamento nº 44/2001 baseia-se na regra geral enunciada no artigo 2º nº 1, segundo a qual as pessoas domiciliadas no território de um Estado-Membro devem ser demandadas perante os órgãos jurisdicionais desse Estado, independentemente da sua nacionalidade. Só por derrogação da regra geral da competência dos órgãos jurisdicionais do domicílio do demandado é que as disposições do Capítulo II, secção 2 a 7, do Regulamento nº 44/2001 prevêem regras especiais, que devem ser interpretadas estritamente, não permitindo uma interpretação que vá para além das hipóteses contempladas pelo referido Regulamento – acórdãos de 18.7.2013, no processo C- 147/12, e de 16.1.2014, no processo C- 45/13, citado na nota 5 ao artigo 4º.

Artigo 6º

1. Se o requerido não tiver domicílio num Estado-Membro, a competência dos tribunais de cada Estado-Membro é, sem prejuízo do artigo 18º, nº 1, do artigo 21º, nº 2, e dos artigos 24º e 25º, regida pela lei desse Estado-Membro.

2. Qualquer pessoa com domicílio num Estado-Membro pode, independentemente da sua nacionalidade, invocar contra um requerido que não tenha domicílio nesse Estado-Membro as regras de competência que nele estejam em vigor, nomeadamente as notificadas pelos Estados-Membros à Comissão nos termos do artigo 76º, nº 1, alínea a), do mesmo modo que os nacionais desse Estado-Membro.

NOTAS

- Corresponde ao artigo 4º da Convenção de Bruxelas.
- As disposições do Regulamento prevalecem sobre o direito interno dos Estados-Membros e constitui uma regulamentação especial em relação às regras

sobre a competência internacional e reconhecimento de sentenças vigentes em cada um dos Estados-Membros, que são as aplicáveis quando o requerido esteja domiciliado fora da União Europeia e delas pode resultar a atribuição de competência aos tribunais de Estados terceiros, não se aplicando então o Regulamento. Já assim acontecia na vigência da Convenção de Bruxelas, que, por isso, não tinha aplicação universal, ao contrário do que acontecia, por exemplo, com a Convenção sobre a Lei Aplicável às Obrigações Contratuais, onde se prevê, no artigo 2º, que a lei designada nos termos das suas normas é aplicável, ainda que seja a lei de um Estado não contratante desta Convenção.

- Das disposições combinadas deste artigo 6º com os artigos 36º e 39º resulta que os tribunais dos Estados-Membros não podem recusar o reconhecimento e a execução, nos termos do capítulo III do Regulamento, das decisões proferidas noutros Estados-Membros contra pessoas domiciliadas fora da União Europeia ao abrigo de regras nacionais que consagrem a sua competência, regras que, assim, o Regulamento acolhe em sede de reconhecimento e execução de decisões proferidas pelos tribunais de outros Estados-Membros, o que, parecendo à primeira vista incompatível com os objetivos gerais do Regulamento, não poderia deixar de ser acolhido no Regulamento, sob pena de o devedor domiciliado fora da União Europeia poder subtrair os seus bens à execução através da sua transferência para um Estado-Membro diferente do Estado-Membro onde foi proferida a decisão.

Contudo, o artigo 72º dispõe que o Regulamento não prejudica os acordos por meio dos quais os Estados-Membros se comprometeram, antes da entrada em vigor do Regulamento nº 44/2001, nos termos do artigo 59º da Convenção de Bruxelas de 1968, a não reconhecer decisões proferidas, nomeadamente noutro Estado contratante da referida Convenção, contra requeridos com domicílio ou residência habitual num Estado terceiro, se, nos casos previstos no artigo 4º da Convenção, a decisão só puder fundar-se numa competência referida no artigo 3º, segundo parágrafo, da referida Convenção.

Este segundo parágrafo do artigo 3º previa, por exemplo, que em Portugal, contra as pessoas domiciliadas noutro Estado contratante não podia ser invocada, designadamente a disposição do artigo 65º – A, alínea c), que atribuía competência exclusiva aos tribunais portugueses para as ações relativas a direitos reais e pessoais de gozo sobre bens imóveis sitos em território português, disposição a que corresponde hoje, no atual Código de Processo Civil, o artigo 63º – a), com uma redação que está de acordo com a competência exclusiva consagrada no artigo 24º – 1) do Regulamento, como não podia ser invocado o disposto no artigo 11º do então vigente Código do Processo de Trabalho, a que corresponde o artigo 10º do atual.

Assim se a competência do tribunal do Estado-Membro que proferiu a decisão se basear não apenas numa das regras de competência referidas no artigo 3º, segundo parágrafo, mas também noutras do seu direito interno, a recusa do reconhecimento e da execução não é admissível.

A faculdade conferida aos Estados contratantes pelo artigo 59º da Convenção de Bruxelas só foi utilizada em 1977 pela Alemanha numa convenção celebrada com a Noruega, convenção que foi substituída pela Convenção de Lugano; pelo Reino Unido numa convenção com o Canadá em 1984 e com a Austrália em 1990; e pela Dinamarca em 1977, em convenção com a Finlândia, a Islândia, a Noruega e a Suécia, mas com a entrada em vigor da Convenção de Lugano, a derrogação das competências exorbitantes dela constante passou a beneficiar também as pessoas domiciliadas no território desses países.

Artigo 6º – nº 1
Regras no caso de um requerido não domiciliado num Estado-Membro

1 – A primeira parte do décimo quarto considerando deste Regulamento esclarece que:

> "Um requerido não domiciliado num Estado-Membro deve, em geral, ficar sujeito às regras de competência judiciária aplicáveis no território do Estado-Membro do tribunal a que a questão foi submetida.

2 – Mas a regra geral do artigo 6º – nº 1 quanto a um requerido não domiciliado num Estado-Membro que fica sujeito às regras de competência judiciária aplicáveis no território do Estado-Membro do tribunal a que a questão foi submetida não prejudica o disposto no artigo 18º – nº 1, sobre contratos de consumo, no artigo 21º – nº 2, sobre contratos individuais de trabalho, no artigo 24º, sobre direitos reais e de arrendamento sobre imóveis, sociedades, inscrições em registos públicos, patentes, marcas, desenhos e outros direitos análogos sujeitos a depósito ou a registo e execução de decisões, e no artigo 25º, sobre pactos atributivos de jurisdição.

Artigo 6º – nº 2

3 – Qualquer pessoa domiciliada num Estado-Membro, seja nacional ou não desse Estado, pode invocar contra um requerido que não tenha domicílio nesse Estado-Membro as regras de competência que nele estejam em vigor, nomeadamente as notificadas pelos Estados-Membros à Comissão nos termos do artigo 76º, nº 1, alínea a), do mesmo modo que os nacionais desse Estado-Membro. *Vide*, sobre este ponto, a nota 4 ao artigo 4º e a nota 2 ao artigo 5º, esta última designadamente na parte em que refere que as informações referidas no artigo 76º foram publicadas no JO C 4 de 9.1.2015, p. 2-14, constando da **Lista 1** as regras de competência nacionais mencionadas nos artigos 5º – nº 2 e 6º – nº 2 do Regulamento que, em Portugal, são as seguintes: artigo 63º – nº 1 do Código de Processo Civil, na medida em que prevê a competência

extraterritorial dos tribunais, nomeadamente do tribunal da sede da sucursal, agência, filial, delegação ou representação (se localizada em Portugal), se for pedida a citação da administração principal (se localizada em território estrangeiro) e artigo 10º do Código de Processo do Trabalho, na medida em que prevê a competência extraterritorial dos tribunais, nomeadamente do tribunal da residência do autor nas ações relativas ao contrato de trabalho instauradas pelo trabalhador contra o empregador.

O artigo 6º - nº 1 não se opõe à aplicação do artigo 7º - nº 2 a uma ação de indemnização pela exploração de um sítio Internet contra um demandado que é provavelmente cidadão da União, mas cujo paradeiro não é conhecido

4 - O artigo 6º corresponde ao artigo 4º do Regulamento nº 44/2001, onde dispunha que, "1. se o requerido não tiver domicílio no território de um Estado-Membro, a competência será regulada em cada Estado-Membro pela lei desse Estado-Membro, sem prejuízo da aplicação do disposto nos artigos 22º e 23º" e "2. Qualquer pessoa, independentemente da sua nacionalidade, com domicílio no território de um Estado-Membro, pode, tal como os nacionais, invocar contra esse requerido as regras que estejam em vigor nesse Estado-membro e nomeadamente as previstas no anexo I" (a este anexo corresponde o artigo 76º - nº 1 - a) do Regulamento nº 1215/2012).

E o acórdão do Tribunal de Justiça (Primeira Secção) de 15.3.2012, no processo nº C-292/10, decidiu que, em circunstâncias como as do processo principal com referência ao qual foi proferida a decisão prejudicial deste acórdão, o artigo 4º - nº 1 do Regulamento nº 44/2001 deve ser interpretado no sentido de que não se opõe à aplicação do artigo 5º - nº 3 a uma ação de indemnização devido à exploração de um sítio Internet contra um demandado que é provavelmente cidadão da União, mas cujo paradeiro não é conhecido, se o órgão jurisdicional ao qual o processo foi submetido dispuser de indícios de prova que lhe permitam concluir que o referido demandado está efetivamente domiciliado fora do território da União Europeia.

Mais decidiu que o direito da União deve ser interpretado no sentido de que não se opõe a que seja proferida uma decisão à revelia contra um demandado que, na impossibilidade de ser localizado, foi citado para o ato que determinou o início da instância por via edital nos termos do direito nacional, desde que o órgão jurisdicional ao qual foi submetido o processo se assegure previamente de que foram efetuadas todas as averiguações exigidas pelos princípios da diligência e da boa fé para encontrar esse demandado.

Decidiu ainda que o direito da União deve ser interpretado no sentido de que se opõe à certificação, como Título Executivo Europeu, na aceção do Regulamento (CE) nº 805/2004 do Parlamento Europeu e do Conselho, de 21 de Abril de 2004, que cria o título executivo europeu para créditos não contestados, de uma decisão proferida à revelia contra um demandado cujo domicílio não é conhecido.

Decidiu finalmente que o artigo 3º – nºs 1 e 2 da Diretiva 2000/31/CE do Parlamento Europeu e do Conselho, de 8 de Junho de 2000, relativa a certos aspetos legais da sociedade de informação, em especial do comércio eletrónico, no mercado interno ("Diretiva sobre comércio eletrónico") não se aplica numa situação na qual o lugar do estabelecimento do prestador de serviços da sociedade de informação não é conhecido, dado que a aplicação desta disposição está dependente da identificação do Estado-Membro em cujo território o prestador em causa está efetivamente estabelecido.

SECÇÃO 2 – Competências especiais

Artigo 7º

As pessoas domiciliadas num Estado-Membro podem ser demandadas noutro Estado-Membro:

1) a) Em matéria contratual, perante o tribunal do lugar onde foi ou deva ser cumprida a obrigação em questão;

b) Para efeitos da presente disposição e salvo convenção em contrário, o lugar de cumprimento da obrigação em questão será:

- no caso da venda de bens, o lugar num Estado-Membro onde, nos termos do contrato, os bens foram ou devam ser entregues,
- no caso da prestação de serviços, o lugar num Estado-Membro onde, nos termos do contrato, os serviços foram ou devam ser prestados;

c) Se não se aplicar a alínea b), será aplicável a alínea a);

2) Em matéria extracontratual, perante o tribunal do lugar onde ocorreu ou poderá ocorrer o facto danoso;

3) Se se tratar de ação de indemnização ou de ação de restituição fundadas em infração penal, perante o tribunal em que foi intentada a ação pública, na medida em que, de acordo com a sua lei, esse tribunal possa conhecer da ação cível;

4) Se se tratar de ação cível, fundada no direito de propriedade, destinada à recuperação de um objeto cultural na aceção do artigo 1º, nº 1, da Diretiva 93/7/CEE, intentada pela pessoa que reclama o direito de recuperar um tal objeto, no tribunal do lugar em que esteja situado o objeto no momento em que o tribunal for demandado;

5) Se se tratar de um litígio relativo à exploração de uma sucursal, de uma agência ou de qualquer outro estabelecimento, perante o tribunal do lugar em que tal sucursal, agência ou estabelecimento se encontram;

6) Se se tratar de um litígio contra um fundador, trustee ou beneficiário de um trust constituído, quer nos termos da lei, quer por escrito ou por acordo verbal confirmado por escrito, nos tribunais do Estado-Membro onde o trust tem o seu domicílio;

7) Se se tratar de um litígio relativo a reclamação sobre remuneração devida por assistência ou salvamento de que tenha beneficiado uma carga ou um frete, perante o tribunal em cuja jurisdição essa carga ou frete:

a) Tenha sido arrestado para garantir esse pagamento; ou

b) Poderia ter sido arrestado, para esse efeito, se não tivesse sido prestada caução ou outra garantia, desde que a presente disposição só se aplique caso se alegue que o requerido tem direito sobre a carga ou frete ou que tinha tal direito no momento daquela assistência ou salvamento.

NOTAS

- É o seguinte o considerando décimo sexto deste Regulamento:

(16) O foro do domicílio do requerido deve ser completado pelos foros alternativos permitidos em razão do vínculo estreito entre a jurisdição e o litígio ou com vista a facilitar uma boa administração da justiça. A existência de vínculo estreito deverá assegurar a certeza jurídica e evitar a possibilidade de o requerido ser demandado no tribunal de um Estado-Membro que não seria razoavelmente previsível para ele. Este elemento é especialmente importante nos litígios relativos a obrigações extracontratuais decorrentes de violações da privacidade e de direitos de personalidade, incluindo a difamação.

- As competências especiais deste artigo caraterizam-se, sobretudo, por designarem diretamente a jurisdição competente e por consagrarem competências alternativas ou eletivas, isto é, por conferirem ao autor a faculdade de optar entre os tribunais designados pelos critérios deste preceito e os do Estado-Membro do domicílio do demandado.

Artigo 7º - 1) - a) e b)
Matéria contratual (que não o é no sentido deste artigo)

1 - O artigo 7º - 1) - a), b) e c) corresponde ao artigo 5º - nº 1 - a), b) e c) do Regulamento nº 44/2001 e o artigo 7º -nº 1 - a) ao artigo 5º - 1) - parte - da Convenção de Bruxelas.

- O acórdão do Tribunal de Justiça (Sétima Secção) de 17.10.2013, no processo C-519/12, decidiu que não pode entender-se como "matéria contratual" no sentido do artigo 5º - nº 1 - a) do Regulamento nº 44/2001 um litígio, como o do processo principal com referência ao qual foi proferida a decisão prejudicial deste acórdão, em que a legislação nacional impõe que uma pessoa responda pelas dívidas de uma sociedade que controla quando essa pessoa não cumpriu as obrigações de declaração na sequência do controlo dessa sociedade.

Interpretação autónoma do conceito de "matéria contratual"

2 – O Tribunal de Justiça declarou que o conceito de matéria contratual na aceção do artigo 5º – 1) da Convenção de Bruxelas de que o Regulamento nº 44/2001 mantém inalterado o essencial, deve ser interpretado de uma forma autónoma – acórdão de 17.6.1992, no processo C-26/91, Colet., p. I-3967, e jurisprudência nele citada; e acórdão de 7.2.2013, no processo C-543/10.

Fiança contratada pelo transitário não autorizado pelo devedor principal

3 – O artigo 5º – 1) da Convenção de Bruxelas deve ser interpretado no sentido de que a noção de "matéria contratual" não compreende a obrigação cujo cumprimento o fiador, que, por força de um contrato de garantia celebrado com o transitário, pagou os direitos aduaneiros, pede em juízo, em sub-rogação da administração fiscal e em via de regresso contra o terceiro devedor, proprietário da mercadoria importada, se este último, que não é parte do contrato de fiança celebrado pelo transitário, não tiver autorizado a celebração do referido contrato – acórdão do Tribunal de Justiça (Quinta Secção) de 5.2.2004, no processo C-265/02.

Este acórdão é referido na nota 5 ao artigo 1º, quanto ao conceito de matéria civil e comercial na aceção daquele artigo.

Indeterminação do lugar de cumprimento da obrigação de *non facere*

4 – A regra de competência especial em matéria contratual enunciada no artigo 5º – 1) da Convenção de Bruxelas não se aplica num caso em que o lugar de cumprimento da obrigação que serve de fundamento à ação judicial não pode ser determinado, em virtude de a obrigação contratual controvertida consistir num compromisso de não fazer que não inclui qualquer limitação geográfica e que se carateriza, portanto, por uma multiplicidade dos locais onde foi ou devia ser cumprida; nesse caso, a competência só pode ser determinada por aplicação do critério geral de competência previsto no artigo 2º -nº 1 da referida Convenção – acórdão do Tribunal de Justiça de 19.2.2002, no processo C-256/00.

Determinação do lugar de cumprimento

5 – Se a obrigação já foi cumprida, mesmo que defeituosamente, é competente o tribunal do lugar do cumprimento de facto, como decorre da própria letra da disposição do artigo 7º – 1) – a).

Determinação do lugar do cumprimento da obrigação e não do contrato

6 – Para efeito de determinação do lugar de cumprimento na aceção do artigo 5º – 1) da Convenção de Bruxelas a obrigação a tomar em consideração, no litígio relativo a uma ação de cobrança de honorários intentada por um arquiteto encarregado de fazer um projeto para a construção de casas é a obrigação contratual que, concretamente, serve de base à ação judicial – acórdão do Tribunal de 15.1.1987, no processo 266/85.

– Há alguma controvérsia quanto à determinação da obrigação relevante para efeitos da fixação do órgão jurisdicional competente. "A obrigação contratual que, concretamente, serve de base à ação judicial" ou, nos termos de anterior acórdão do Tribunal de Justiça, "a obrigação que serve de fundamento ao pedido" permitem concluir que, no sistema do Regulamento nº 1215/2012 não há propriamente um foro contratual, mas sim um foro de cada obrigação considerada, o que pode conduzir ao fracionamento da competência jurisdicional, quando do mesmo contrato decorra uma pluralidade de obrigações cujo cumprimento seja devido em diferentes lugares, e gera perplexidade quando o objeto principal da ação é a própria existência ou validade do contrato.

Por outro lado, esta solução não permite conjugar na mesma ordem jurídica o órgão jurisdicional competente com o direito aplicável ao contrato, uma vez que em matéria de conflitos de leis é o lugar do domicílio da parte vinculada ao cumprimento da obrigação caraterística do contrato que tendencialmente é o preferido pelas legislações e dos tratados internacionais como fator de conexão decisivo, na falta de escolha pelas partes do direito aplicável. Embora o Tribunal de Justiça tenha rejeitado este critério para efeitos de determinação do órgão jurisdicional competente, pela sua suscetibilidade de criar incertezas, admitiu que, quando do mesmo contrato decorram várias obrigações, deve atender-se à obrigação principal.

– A determinação do lugar do cumprimento da obrigação deve ser feita em conformidade com o direito material que regula a obrigação em litígio de acordo com as normas de conflito da jurisdição a que foi submetido, mesmo quando essas regras remetem para a aplicação ao contrato de disposições como as da lei uniforme sobre a compra e venda internacional de coisas móveis corpóreas anexa à Convenção da Haia de 1 de julho de 1964 ou as disposições da Convenção das Nações Unidas sobre os contratos de compra e venda de mercadorias celebrada em Viena em 11.4.1980.
– Se as partes tiverem escolhido o lugar de cumprimento da obrigação, é competente o tribunal desse lugar, desde que a lei reguladora do contrato reconheça essa escolha como válida, independentemente da observância dos requisitos de forma exigidos para os pactos atributivos de competência do artigo 25º, que a escolha do lugar de cumprimento de uma obrigação não é.
– O acórdão do Supremo Tribunal de Justiça de 3.3.2005 – Relator SALVADOR DA COSTA – decidiu que o artigo 5º – nº 1 – b) do Regulamento nº 44/2001 não consagra presunção simples e elidível e abrange, salvo convenção em contrário, qualquer obrigação emergente do contrato de compra e venda, designadamente a do pagamento da contrapartida monetária do contrato e não apenas a da

entrega da coisa que constitui o seu objeto mediato, sendo os tribunais portugueses internacionalmente incompetentes para conhecer da ação de condenação em que uma sociedade portuguesa pede a uma sociedade espanhola o pagamento do preço relativo a um contrato de compra e venda de coisas que deviam ser entregues em Espanha.

Mais decidiu que a implementação do reenvio prejudicial para o Tribunal de Justiça da União Europeia pressupõe a sua necessidade para o julgamento da causa objetivamente constatada pelos órgãos jurisdicionais dos Estados-Membros.

Esta última decisão está de acordo com o artigo 267º do TFUE.

- O acórdão do Supremo Tribunal de Justiça de 11.5.2006 – Relator Bettencourt de Faria – decidiu que, tratando-se de compras e vendas em que o comprador é uma sociedade sediada em Portugal e o vendedor uma sociedade sediada em Itália e os bens objeto dos negócios foram enviados para Portugal, destinando-se a serem utilizados aqui, é irrelevante a questão de não estar provado qualquer acordo das partes sobre o local de cumprimento, porque não é deste que se trata, mas sim do local ou do Estado-Membro que era o destino final dos bens e quanto a isto existe acordo das partes.
- O contrato de compra e venda celebrado entre as partes nada refere quanto a eventual acordo relativo ao lugar de cumprimento e, assim, há que atender ao princípio geral do cumprimento das obrigações, que, no que aqui interessa, é o do lugar onde as mercadorias deveriam ser entregues; argumenta a autora que é a própria ré a informar que as mercadorias foram entregues na sede da intermediária em Portugal, mas dos articulados decorre que a mercadoria devia ser entregue na Bélgica, pela referida intermediária, sendo irrelevantes as vicissitudes do trânsito da mercadoria até chegar ao destino que foi efetivamente a sede da ré, sita na Bélgica, pelo que se verifica a arguida exceção da incompetência internacional do tribunal, sendo inaplicável o artigo 65º do CPC – acórdão do Supremo Tribunal de Justiça de 21.2.2008 – Relator Duarte Soares.
- Uma vez que, no caso concreto, autora e ré são duas sociedades, aquela com sede em Portugal e esta com sede em França, e que o fundamento do pedido consiste no incumprimento ilícito do contrato de fornecimento de mercadoria, a decisão sobre a competência internacional dos tribunais portugueses tem de ser apreciada e resolvida segundo o que se estabelece no regulamento nº 44/2001; atenta a circunstância de a ré estar domiciliada em França e ser este o local do cumprimento da obrigação, tem que se concluir pela incompetência dos tribunais portugueses – acórdão do Supremo Tribunal de Justiça de 17.9.2009 – Relator Mota Miranda.
- O acórdão do Supremo Tribunal de Justiça de 29.6.2005 – Relator Salvador da Costa – decidiu que, celebrado em Portugal um contrato de aluguer e, uma

vez que a sua prestação caraterística de entrega das coisas dadas de aluguer a duas sociedades espanholas é a obrigação que vincula uma sociedade portuguesa, não tendo as sociedades espanholas provado o lugar onde se encontravam as coisas móveis objeto mediato do contrato de aluguer ao tempo da sua celebração, não pode proceder a exceção dilatória de incompetência internacional dos tribunais portugueses.

- A jurisdição portuguesa é internacionalmente competente para apreciar o mérito da ação relativa ao invocado não pagamento do preço de uma transação entre uma empresa portuguesa e uma empresa alemã em que a entrega da mercadoria foi feita em Tondela, inexistindo convenção para que a entrega se fizesse noutro local, nos termos do artigo 5º do Regulamento nº 44/2001, sendo esse, para todos os efeitos, o lugar do cumprimento da obrigação – acórdão do Supremo Tribunal de Justiça de 7.7.2010 – Relator FERREIRA DE SOUSA.
- Tendo, num contrato de compra e venda internacional, sido clausulada como "*Forma de expedição* – CONTA E RISCO DO CLIENTE" e sendo indicado como "Local de descarga", a sede da compradora, situada em território francês, constitui aquele (local de descarga) o lugar de cumprimento da obrigação de entrega dos bens vendidos; no configurado quadro fáctico, a competência, em razão da nacionalidade, para o conhecimento da correspondente ação assiste, exclusivamente aos tribunais franceses – acórdão do Supremo Tribunal de Justiça de 4.7.2013 – Relator FERNANDES DO VALE.

Indemnização por avarias em coisas transportadas pedida não ao emitente do conhecimento de carga mas ao transportador e lugar onde ocorreu o facto danoso

7 – A ação através da qual o destinatário de mercadorias reconhecidas avariadas na sequência de um transporte marítimo e seguidamente terrestre ou o seu segurador sub-rogado nos seus direitos por o ter indemnizado reclama a reparação do seu prejuízo, fundando-se no conhecimento de carga que cobre o transporte marítimo, não à pessoa que emitiu esse documento – no seu próprio papel timbrado – mas à pessoa que o demandante considera ser o real transportador marítimo não se insere na matéria contratual, na aceção do artigo 5º – 1) da Convenção de Bruxelas, mas sim na matéria extracontratual na aceção do nº 3 do mesmo artigo e o lugar em que o destinatário de mercadorias, após a execução do transporte marítimo e seguidamente do transporte terrestre final, mais não fez do que verificar as avarias das mercadorias que lhe foram entregues não pode servir para a determinação do "lugar onde ocorreu o facto danoso" na aceção do artigo 5º – 3); o artigo 6º – 1) da mesma Convenção deve ser interpretado no sentido de que um domiciliado no território de um Estado contratante não pode ser demandado noutro Estado contratante num tribunal chamado a conhecer de um pedido dirigido contra um co-demandado domiciliado fora de qualquer Estado contratante, com o fundamento de que o litígio apresenta caráter indivisível e não apenas conexo – acórdão do Tribunal de Justiça (Terceira Secção) de 27.10.1998, no processo C-51/97.

Contrato de empreitada com fornecimento e determinação do lugar de cumprimento da obrigação de pagamento do preço

8 – O artigo 5º – 1) da Convenção de Bruxelas deve ser interpretado no sentido de que, no caso de ação de pagamento intentada pelo fornecedor contra o seu cliente resultante de um contrato de empreitada com fornecimento, o lugar de cumprimento da obrigação de pagamento do preço deve ser determinado em conformidade com o direito material que regula a obrigação em litígio de acordo com as normas de conflito da jurisdição a que foi submetido, mesmo quando essas regras remetem para a aplicação ao contrato de disposições como as da lei uniforme sobre a compra e venda internacional de coisas móveis corpóreas anexa à Convenção da Haia de 1 de julho de 1964 – acórdão do Tribunal de Justiça de 29.6.1994, no processo C-288/92.

Contrato de agência comercial autónomo e pagamento de comissões devidas

9 – Um litígio relativo à rutura abusiva de um contrato de agência comercial autónomo e ao pagamento de comissões devidas em execução desse contrato é um litígio em matéria contratual nos termos do artigo 5º – 1) da Convenção de Bruxelas – acórdão do Tribunal de Justiça (Sexta Secção) de 8.3.88, no processo C-9/87.

Contrato de concessão e lugar de prestação de serviços

10 – O acórdão do Tribunal de Justiça (Terceira Secção) de 19.12.2013, no processo C-09/12, decidiu que o artigo 2º deve ser interpretado no sentido de que, quando o demandado tem o seu domicílio num Estado-Membro diferente do da sede do tribunal chamado a conhecer da causa, se opõe à aplicação de uma regra de competência nacional (belga) como a prevista no artigo 4º da lei belga de 27 de julho de 1961 relativa à rescisão unilateral das concessões de venda exclusiva por tempo indeterminado, conforme a alteração da Lei de 13 de abril de 1971 relativa a rescisão unilateral das concessões de venda; mais decidiu que o artigo 5º – 1) – b) deve ser interpretado no sentido de que a regra de competência consagrada no segundo travessão desta disposição para litígios relativos aos contratos de prestação de serviços pode ser aplicada no caso de uma ação judicial em que um demandante estabelecido num Estado-Membro (na Bélgica, no caso *sub judice*) invoca, contra um demandado domiciliado noutro Estado-Membro (em França, onde eram entregues ao demandante as mercadorias a revender), direitos resultantes de um contrato de concessão, o que exige que o contrato que vincula as partes inclua estipulações particulares relativas à distribuição pelo concessionário, das mercadorias vendidas pelo concedente; compete ao órgão jurisdicional nacional verificar se é esse o caso no litígio que lhe foi submetido.

Exploração de um direito de propriedade intelectual

11 – O artigo 5º – 1) – b) – segundo travessão deve ser interpretado no sentido de que um contrato, mediante o qual o titular de um direito de propriedade intelectual concede ao seu contratante a faculdade de explorar tal direito em contrapartida do pagamento de uma remuneração, não é um contrato de prestação de serviços na aceção dessa disposição e que, para determinar, em aplicação do artigo 5º – nº 1 – a), do Regulamento nº 44/2001, o tribunal competente para conhecer de um pedido de pagamento da remuneração devida por força de um contrato mediante o qual o titular de um direito de propriedade intelectual concede ao seu contratante a faculdade de explorar tal direito, devem continuar a ser tidos em conta os princípios que decorrem da jurisprudência do Tribunal de Justiça relativa ao artigo 5º – nº 1 da Convenção de Bruxelas de 27 de setembro de 1968 relativa à competência judiciária e à execução de decisões em matéria civil e comercial, conforme foi alterada pela Convenção de 26 de maio de 1989 relativa à adesão do Reino da Espanha e da República Portuguesa – acórdão do Tribunal de Justiça (Quarta Secção) de 23.4.2009, no processo C-533/07.

– Este acórdão foi citado no acórdão do Supremo Tribunal de Justiça de 21.5.2009 – Relator Custódio Montes – que decidiu que o direito ao espetáculo constituído pela realização de dois jogos de futebol é um direito intelectual que pertence ao dono do espetáculo e que a transmissão televisiva desses jogos integra, por um lado, o direito intelectual transmitido – o espetáculo – e, por outro, a transmissão televisiva em si; consistindo o contrato dos autos na cedência da autora à ré do direito de transmitir para Itália os dois jogos de futebol realizados em Portugal sem dos seus termos resultar que cabia à autora colher as imagens a transmitir em Itália, esse contrato não pode integrar a alínea b) do nº 1 do artigo 5º do Regulamento nº 44/2001 porque o contrato não constitui venda de bens nem de prestação de serviços, cabendo, antes, no contexto da regra da alínea a); para saber qual o lugar do cumprimento do contrato – artigo 5º – a) do Regulamento – deve lançar-se mão do direito internacional privado, analisando o estatuto do contrato, regulando o caso a Convenção de Roma de 1980, por não ter sido escolhida pelas partes a lei aplicável; tendo a obrigação por objeto o pagamento do preço estabelecido, o lugar do cumprimento é o do domicílio do credor, que, no caso, é em Lisboa; o reenvio previsto no artigo 234º Tratado da UE[6] tem como pressuposto o facto de o juiz nacional, ao aplicar a norma comunitária convocada, ter dúvidas sobre a interpretação ou sobre a validade da concreta norma ou ato comunitário e o reenvio não se justifica quando a questão colocada seja materialmente idêntica a uma questão que já tenha sido objeto de decisão a título prejudicial num caso análogo, o que acontece no caso dos autos, como se

[6] É o TCE e o seu artigo 234º é correspondente ao artigo 267º do Tratado de Funcionamento da União Europeia (TFUE).

decidiu já nos acórdãos do TJCE que se seguem: a) acórdão de 4.3.1982 – caso EFFER: compete ao juiz nacional decidir as questões relativas ao contrato e seus elementos constitutivos, mesmo que haja litígio entre as partes sobre os termos do contrato ou mesmo sobre a sua existência; b) acórdão de 23.4.2009 – caso RABISCH: não se integra no contexto do artigo 5º – nº 1 – b) do Regulamento o contrato pelo qual o titular de um direito de propriedade intelectual concede a outrem o direito de o explorar mediante remuneração.

- Do mesmo Relator *vide* o acórdão do Supremo Tribunal de Justiça de 29.4.2010, sobre a competência do tribunal português num contrato de concessão comercial quer pela obrigação característica do contrato – promoção e distribuição – quer pelo domicílio do credor onde deve ser pago o preço.

Livrança completada pelo beneficiário domiciliado num Estado-Membro contra avalista domiciliado noutro Estado-Membro

12 – O acórdão do Tribunal de Justiça (Primeira Secção) de 14.3.2013, no processo C-419/11, decidiu que o artigo 15º – nº 1 do Regulamento nº 44/2001 deve ser interpretado no sentido de que uma pessoa singular que tem relações profissionais estreitas com uma sociedade, como um cargo de gerência ou uma participação maioritária na mesma, não pode ser considerada consumidor, na aceção desta disposição, quando avaliza uma livrança emitida para garantir as obrigações que incumbem a essa sociedade ao abrigo de um contrato relativo à concessão de um crédito e, por conseguinte, esta disposição não é aplicável para determinar o órgão jurisdicional competente para conhecer de uma ação judicial pela qual o beneficiário de uma livrança, estabelecido num Estado-membro, reivindica os direitos decorrentes dessa livrança, incompleta à data da sua assinatura e completada posteriormente pelo beneficiário, contra o avalista domiciliado noutro Estado-Membro; o artigo 5º – 1) – a) é aplicável para determinar o órgão jurisdicional de reenvio competente para conhecer dessa ação judicial.

Pluralidade de lugares de entrega e competência do tribunal do lugar da entrega principal

13 – A regra de competência especial em matéria contratual que figura no artigo 5º – 1) responde a um objetivo de proximidade e tem como fundamento a existência de um elemento de conexão estreito entre o contrato e o tribunal chamado a decidir do mesmo, podendo o autor demandar o réu no tribunal do lugar onde a obrigação que serve de fundamento ao pedido foi ou deve ser cumprida; com uma preocupação de certeza jurídica, para reforçar o objetivo principal de unificação das regras de competência judiciária, o Regulamento define autonomamente este critério de conexão no que respeita à compra e venda de bens, pois que, por força do artigo 5º – 1) – b), primeiro travessão, o lugar de cumprimento da obrigação que serve de fundamento ao pedido é o lugar num Estado-Membro onde, nos termos do contrato, os bens foram ou deviam ter sido entregues; esta disposição deve ser interpretada no sentido de que é aplicável em caso de pluralidade de lugares de entrega num mesmo Estado-Membro, pois esta disposição visa unificar as regras de conflito de jurisdições e, portanto, designar diretamente o tribunal competente sem remeter para as regras internas dos Estados-membros, ao mesmo tempo que salvaguarda os objetivos de certeza jurídica das regras de competência e de proximidade entre o litígio e o órgão jurisdicional chamado a conhecer do mesmo, prosseguidos pelo Regulamento, mas a aplicabilidade desta disposição não atribui necessariamente uma competência a todo e qualquer tribunal em cuja jurisdição territorial os bens foram ou deviam ter sido entregues, pois que, ao designar de forma autónoma como "lugar de cumprimento" o lugar onde a obrigação que carateriza o contrato deve ser cumprida, o legislador comunitário pretendeu centralizar a competência judiciária no lugar de cumprimento para os litígios relativos a todas as obrigações contratuais e determinar uma competência judiciária única para todos os pedidos baseados no contrato; dado que a competência especial prevista na referida disposição se justifica, em princípio, pela existência de um elemento de conexão especialmente estreito entre o contrato e o órgão jurisdicional chamado a decidir do mesmo com vista á organização útil do processo, em caso de pluralidade de lugares de entrega de mercadorias, é necessário, em princípio, entender por lugar de cumprimento, para efeitos da aplicação da disposição em análise, o lugar que assegura o elemento de conexão mais estreito entre o contrato e o órgão jurisdicional competente e, nesse caso, o tribunal competente para conhecer de todos os pedidos baseados no contrato de compra e venda é o tribunal em cuja jurisdição territorial se situa o lugar da entrega principal, que deve ser determinado em função de critérios económicos; na falta de critérios determinantes para definir o lugar da entrega principal, o autor pode demandar o réu no lugar da entrega da sua escolha – acórdão do Tribunal de Justiça (Quarta Secção) de 3.5.2007, no processo C-386/05.

– *Vide* o comentário atrás expendido na nota 6.

Venda à distância e lugar de entrega de bens

14 – O acórdão do Tribunal de Justiça (Quarta Secção) de 25.2.2010, no processo C-381/08, decidiu que o artigo 5º – 1) – b) do Regulamento nº 44/2001, a que corresponde este artigo 7º – 1) – b), deve ser interpretado no sentido de que os contratos cujo objeto é a entrega de bens a fabricar ou a produzir, mesmo que o comprador tenha formulado determinadas exigências relativas à obtenção, à transformação e à entrega dos bens, sem que os materiais tenham sido por este fornecidos, e mesmo que o fornecedor seja responsável pela qualidade e conformidade com o contrato da mercadoria, devem ser qualificados de "venda de bens" na aceção do artigo 5º – 1) – b), que deve ser interpretado no sentido de que, em caso de venda à distância, o lugar onde as mercadorias foram ou devam ser entregues por força do contrato deve ser determinado com fundamento nas disposições desse contrato; se for impossível determinar o lugar da entrega com esse fundamento, sem fazer referência ao direito material aplicável ao contrato, esse lugar é o da entrega material dos bens pela qual o comprador adquiriu ou devia ter adquirido o poder de dispor efetivamente desses bens no destino final da operação de venda.

15 – O artigo 5º – 1) – b), primeiro travessão, do Regulamento nº 44/2001 deve ser interpretado no sentido de que, em caso de venda à distância, o lugar onde as mercadorias foram ou deveriam ter sido entregues nos termos do contrato deve ser determinado com base nas determinações desse contrato; no âmbito da análise sobre se o lugar de entrega é determinado "nos termos do contrato", o órgão de jurisdição nacional em causa deve ter em conta todos os termos e todas as cláusulas pertinentes desse contrato que permitam designar de maneira clara esse lugar, incluindo os termos e cláusulas geralmente reconhecidos e consagrados pelos usos do comércio internacional, como os "Incoterms" ("international comercial terms"), elaborados pela Câmara de Comércio Internacional de Paris, na sua versão publicada em 2000; se for impossível determinar o lugar de entrega nesta base, sem recorrer ao direito material aplicável ao contrato, esse lugar é o do ato de entrega material das mercadorias, através do qual o comprador adquiriu ou deveria ter adquirido o poder de dispor efetivamente dessas mercadorias no destino final da operação de venda – acórdão do Tribunal de Justiça (Terceira Secção) de 9.6.2011, no processo C-87/10.

Pluralidade de serviços em diversos Estados-Membros e contrato de agência comercial

16 – O artigo 5º – 1) – b), segundo travessão, do Regulamento nº 44/2001, a que corresponde este artigo 7º – 1) – b), segundo travessão, deve ser interpretado no sentido de que esta disposição é aplicável no caso de prestação de serviços em diversos Estados-Membros, sendo competente para conhecer de todos os pedidos baseados no contrato o tribunal da jurisdição onde se encontra o lugar da prestação principal dos serviços; relativamente a um contrato de agência comercial, esse lugar é o da prestação principal dos serviços do agente, tal como decorre das disposições do contrato, ou, na falta dessas disposições, da execução efetiva do referido contrato e, na impossibilidade de o determinar nesta base, o lugar onde o agente está domiciliado – acórdão do Tribunal de Justiça (Terceira Secção) de 11.3.2010, no processo C-19/09.

– *Vide* o comentário atrás expendido na nota 6.

Transporte aéreo de pessoas de um Estado-Membro com destino a outro Estado-Membro, pedido de indemnização por cancelamento de voo e competência dos órgãos jurisdicionais dos lugares de partida e de chegada, segundo a escolha do demandante

17 – O artigo 5º – 1) – b), segundo travessão, do Regulamento nº 44/2001 deve ser interpretado no sentido de que, em caso de transporte aéreo de pessoas de um Estado-Membro com destino a outro Estado-Membro, realizado com base num contrato celebrado com uma única companhia aérea que é a transportadora operadora, o tribunal competente para conhecer de um pedido de indemnização baseado nesse contrato de transporte e no Regulamento (CE) nº 61/2004 do Parlamento Europeu e do Conselho, de 11 de fevereiro de 2004, que estabelece regras comuns para a indemnização e a assistência aos passageiros dos transportes aéreos em caso de recusa de embarque e de cancelamento ou atraso considerável dos voos e que revoga o Regulamento (CE) nº 295/91, é aquele, à escolha do requerente, em cujo foro se situa o lugar de partida ou o lugar de chegada do avião, tal como esses lugares são estipulados no referido contrato – acórdão de 9.7.2009, C-204/08.

A regra de competência especial em matéria contratual prevista no artigo 5º – 1) do Regulamento nº 44/2001 responde a um objetivo de proximidade e tem como fundamento a existência de um elemento de conexão estreito entre o contrato e o órgão jurisdicional chamado a examinar o mesmo. Em caso de pluralidade de lugares de prestações de serviços em Estados-Membros diferentes, é à luz dos objetivos de proximidade e de certeza jurídica que se deve determinar o lugar que assegura o elemento de conexão mais estreito entre o contrato e o órgão jurisdicional competente, em particular aquele onde, em virtude desse contrato, deve ser realizada a principal prestação de serviços.

Mas os serviços cuja prestação corresponde ao cumprimento das obrigações decorrentes de um contrato de transporte aéreo de pessoas são o registo assim como o embarque dos passageiros e o acolhimento destes últimos a bordo do avião no lugar de descolagem estipulado no contrato de transporte, a partida da aeronave à hora prevista, o transporte dos passageiros e das suas bagagens do lugar de partida para o lugar de chegada, o acompanhamento dos passageiros durante o voo e, finalmente, o desembarque destes, em condições de segurança, no lugar de aterragem e à hora que esse contrato fixa. Ora os únicos lugares que apresentam uma conexão direta com os referidos serviços são os de partida e de chegada do avião, entendidos como os que estão estipulados no contrato de transporte. Os transportes aéreos constituem, devido à sua própria natureza, serviços prestados, de maneira indivisível e unitária, desde o lugar de partida ao lugar de chegada do avião, de modo que não se pode distinguir, neste caso, uma parte distinta da prestação que constituiria a prestação principal, realizada num lugar preciso. Cada um desses dois lugares apresenta um nexo suficiente de proximidade com os elementos materiais do litígio que permite assegurar a conexão estreita entre o contrato e o órgão jurisdicional competente, de acordo com os objetivos de proximidade e de certeza jurídica, que são prosseguidos pela concentração da competência judiciária no lugar da prestação dos serviços, e pela determinação de uma competência judiciária única para todas as pretensões baseadas num contrato.

Nos considerandos do acórdão salienta-se que o direito alegado no caso em apreço, que se baseia no artigo 7º do Regulamento nº 261/2004, constitui um direito a indemnização fixa e uniformizada do passageiro, na sequência do cancelamento de um voo, direito que é independente da reparação de danos no quadro do artigo 19º da Convenção de Montreal (*vide* acórdão de 10.1.2006, C-344/04), sendo um e o outro desses direitos regulados por quadros normativos diferentes.

Contrato de armazenamento de mercadorias

18 – O artigo 5º – 1) – b), segundo travessão do Regulamento nº 44/2001 deve ser interpretado no sentido de que um contrato de armazenamento de mercadorias constitui um contrato de prestação de serviços na aceção desta disposição – Despacho do Tribunal de Justiça (Décima Secção) de 14.11.2013, no processo C- 469/12.

Obrigações equivalentes e decorrentes de um mesmo contrato, uma a cumprir num Estado e outra num outro Estado

19 – O artigo 5º – 1) da Convenção de Bruxelas deve ser interpretado no sentido de que o mesmo tribunal não é competente para conhecer do conjunto de uma ação fundada em duas obrigações equivalentes e decorrentes de um mesmo contrato, quando, segundo as normas de conflitos do Estado desse tribunal, estas obrigações devam ser executadas uma nesse Estado e outra num outro Estado contratante. Sendo certo que existem inconvenientes no que toca aos diversos aspetos de um mesmo litígio serem decididos por tribunais diferentes, o demandante tem sempre, em conformidade com o artigo 2º da Convenção, a faculdade de fazer o seu pedido global no tribunal do domicílio do requerido – acórdão do Tribunal de Justiça de 5.10. 1991, C-420/97.

O caso em questão era este: uma sociedade, com sede na Bélgica, era a representante comercial, nos mercados belga e neerlandês, de outra sociedade, com sede em Itália e, tendo em vão reclamado o pagamento de comissões que entendia que lhe eram devidas, considerou que tinha sido resolvido o seu contrato de representação comercial e instaurou na Bélgica uma ação a reclamar o pagamento de comissões e de uma indemnização compensatória por falta de pré-aviso na resolução do contrato, tendo o tribunal considerado que a obrigação de indemnização devia ser executada na Bélgica e a de pagamento de comissões devia ser executada na Itália, mas tendo em conta a conexão entre a obrigação de pagar uma indemnização e a de pagar as comissões, considerou-se competente para conhecer de ambos os pedidos, tendo a sociedade requerida invocado, no recurso para o órgão jurisdicional de reenvio, que não fora respeitado o artigo 22º da Convenção quanto à conexão, pois os pedidos conexos não tinham sido submetidos à apreciação de diferentes Estados contratantes.

- *Vide*, no início destas notas ao artigo 7º do Regulamento, a caraterística apontada às competências especiais desta disposição do Regulamento, caraterística que subjaz à decisão deste acórdão do Tribunal de Justiça: as competências especiais do artigo 7º são competências eletivas ou alternativas, pois pode optar-se sempre pela competência do órgão jurisdicional do domicílio do demandado.

Contrato de agência comercial

- O acórdão do Supremo Tribunal de Justiça de 20.6.2006 – Relator RIBEIRO DE ALMEIDA – decidiu que, "reportando-se a indemnização de clientela peticionada a obrigações que entroncam nos efeitos da cessação, por denúncia do contrato dito de "representação de produtos em Portugal" celebrado entre as partes não é aplicável na determinação do tribunal internacionalmente competente a cláusula contratual com o seguinte teor: "todo e qualquer litígio que possa surgir relativo à interpretação ou execução do presente contrato o litígio será transferido para a competência da Autoridade Judicial do Tribunal de Como" (Itália); com efeito, o pedido formulado não se prende com a execução do contrato ou com a sua interpretação, situações para as quais as partes convencionaram o referido pacto atributivo de jurisdição; o tribunal português é competente para apreciar o litígio, aplicando-se o Regulamento nº 44/2001.
- O acórdão do Supremo Tribunal de Justiça de 12.10.2006 – Relator SALVADOR DA COSTA – decidiu que, sendo a prestação caraterística do contrato de concessão comercial, no exercício da atividade económica do concedente e concessionário, o concessionário celebrar, na zona geográfica considerada, com clientes diversos, existentes ou a angariar, contratos de compra e venda cujo objeto mediato são os produtos por ele adquiridos ao concedente, e devendo ser cumpridas em Portugal, de harmonia com o direito substantivo aplicável, não só a obrigação de celebrar contratos de compra e venda como também a de indemnização do concessionário sedeado em Portugal, com base na cessação ilegal do contrato, por iniciativa do concedente sediado em Itália, são os tribunais portugueses internacionalmente competentes, por aplicação do disposto no artigo 5º – nº 1 – a) do Regulamento nº 44/2001, para conhecer da ação em que o concessionário, com base em responsabilidade civil contratual decorrente da denúncia ilegal do contrato de concessão comercial pelo concedente, pede a condenação deste a indemnizá-lo pelos prejuízos decorrentes do desrespeito do prazo de aviso prévio, da recusa de retoma dos produtos e da perda do benefício da clientela.
- *Vide*, no mesmo sentido, o acórdão do Supremo Tribunal de Justiça de 9.10.2008 – Relator PEREIRA DA SILVA.
- Os tribunais portugueses são internacionalmente incompetentes para conhecer de ação intentada por uma sociedade sediada em Portugal contra um cidadão francês domiciliado em França, para ser indemnizada dos prejuízos sofridos em consequência do incumprimento pelo réu de um contrato de agência, em que a prestação dos serviços deste, decorrentes do contrato celebrado, devia ocorrer neste último país – acórdão do Supremo Tribunal de Justiça de 8.4.2010 – Relator SANTOS BERNARDINO.

Contrato de factoring

- Os tribunais portugueses são internacionalmente incompetentes para conhecer de ação intentada por uma sociedade de *factoring* sediada em Portugal, como factor exportador, contra uma sociedade de *factoring* domiciliada em Espanha, como factor importador, para obter o pagamento de faturas cuja cobrança, por contrato de *factoring* internacional entre ambas celebrado, estava incumbida de efetuar a uma empresa espanhola, a coberto do risco assumido, em virtude de se estar perante um contrato em que a o cumprimento da prestação caraterística da demandada consiste ou se resolve em prestação de serviços pelo factor importador, em Espanha, irrelevando a obrigação de envio das quantias pecuniárias para o domicílio do factor exportador – acórdão do Supremo Tribunal de Justiça de 21.6.2011 – Relator ALVES VELHO.

Artigo 7º – 2)

Direitos de personalidade violados em linha num sítio da Internet – o lugar do centro de interesses do lesado como lugar de materialização da totalidade dos danos

20 – O artigo 7º – 2) corresponde ao artigo 5º – 3) da Convenção de Bruxelas e do Regulamento nº 44/2001 e o acórdão do Tribunal de Justiça (Grande Secção) de 25.10.2011, nos processos apensos C-509/09 e C-161/10, decidiu que o artigo 5º – 3) deve ser interpretado no sentido de que, em caso de alegada violação dos direitos de personalidade através de conteúdos colocados em linha num sítio na Internet, a pessoa que se considerar lesada tem a faculdade de intentar uma ação fundada em responsabilidade pela totalidade dos danos causados, quer nos órgãos jurisdicionais do Estado-Membro do lugar de estabelecimento da pessoa que emitiu esses conteúdos quer nos órgãos jurisdicionais do Estado-Membro onde se encontra o centro dos seus interesses, podendo igualmente, em vez de uma ação fundada em responsabilidade pela totalidade dos danos causados, interpor a sua ação nos órgãos jurisdicionais de cada Estado-Membro em cujo território esteja ou tenha estado acessível um conteúdo em linha, sendo estes competentes para conhecer apenas do dano causado no território do Estado-Membro do órgão jurisdicional em que a ação foi intentada.

Difamação por artigo de imprensa

21 – A expressão "lugar onde ocorreu o facto danoso" utilizada no artigo 5º – 3) da Convenção de Bruxelas, em caso de difamação através de um artigo de imprensa divulgado em vários Estados contratantes, deve ser interpretada no sentido de que a vítima pode intentar uma ação de indemnização contra o editor ou nos órgãos jurisdicionais do Estado contratante do lugar do estabelecimento do editor da publicação difamatória, competentes para reparar a integralidade dos danos resultantes da difamação, ou nos órgãos jurisdicionais de cada Estado contratante em que a publicação foi divulgada e onde a vítima alega ter sofrido um atentado à sua reputação, competentes para conhecer apenas dos danos causado no Estado do tribunal onde a ação foi proposta e as condições de apreciação do caráter danoso do facto litigioso e as condições de prova da existência e do alcance do prejuízo alegado pela vítima da difamação não relevam da Convenção, mas são regidas pelo direito material designado pelas normas de conflito de leis do direito nacional do tribunal onde foi intentada a ação, na condição de essa aplicação não afetar o efeito útil da Convenção – acórdão do Tribunal de 7.3.1995, no processo C-68/93.

Violação de marca registada

22 – O artigo 5º – 3) do Regulamento nº 44/2001 deve ser interpretado no sentido de que um litígio relativo à violação de uma marca registada num Estado-Membro em virtude da utilização, por um anunciante, de uma palavra-chave idêntica à referida marca no sítio Internet de um motor de busca que opera num domínio nacional de topo de um outro Estado-Membro pode ser submetido quer aos órgãos jurisdicionais do Estado-Membro onde a marca está registada quer aos do Estado-Membro do lugar da sede do anunciante – acórdão do Tribunal de Justiça (Primeira Secção) de 19.4.2012, no processo C-523/10.

Violação de direitos de autor

23 – O artigo 5º – 3) do Regulamento nº 44/2001 deve ser interpretado no sentido de que, em caso de alegada violação de direitos patrimoniais de autor garantidos pelo Estado-Membro chamado a decidir, este é competente para conhecer de uma ação de responsabilidade intentada pelo autor de uma obra contra uma sociedade estabelecida noutro Estado-Membro e que reproduziu, nesse Estado-Membro, a referida obra num suporte material que é vendido em seguida, por sociedades estabelecidas num Estado-Membro terceiro, através de um sítio Internet acessível também no território do órgão jurisdicional chamado a decidir. Esse órgão jurisdicional só é competente para conhecer do dano causado no território do Estado-Membro em que se encontra – acórdão do Tribunal de Justiça (Quarta Secção) de 3.10.2013, no processo C-170/12. *Vide*, no mesmo sentido, o acórdão do Tribunal de Justiça (Quarta Secção) de 22.1.2015, no processo C-441/13.

Nos considerandos daquele primeiro acórdão citam-se os acórdãos referidos nas notas 20 e 22 e expende-se a doutrina de que o Tribunal de Justiça distinguiu, por razões de identificação do lugar da materialização de um dano presumivelmente causado através da Internet, entre as violações dos direitos de personalidade e do direito da propriedade intelectual e industrial.

Assim, a presumida vítima de uma violação dos direitos de personalidade através do conteúdo colocado em linha na Internet, protegidos em todos os Estados-Membros, pode, a título de materialização do dano, intentar uma ação de responsabilidade nos órgãos jurisdicionais de cada Estado-Membro em cujo território o referido conteúdo esteve ou está acessível. Os referidos órgãos jurisdicionais são competentes para conhecer apenas do dano causado no território do Estado-Membro do órgão jurisdicional onde a ação foi intentada. Além disso, uma vez que o impacto de uma violação cometida através do conteúdo colocado em linha sobre os direitos de personalidade de uma pessoa pode ser mais bem apreciado pelo órgão jurisdicional do lugar onde essa pessoa tem o centro dos seus interesses, a presumida vítima pode escolher intentar a ação, relativamente à totalidade do dano causado, apenas no órgão jurisdicional desse lugar (acórdão referido na nota 20).

Em contrapartida, a alegação de uma violação de um direito de propriedade intelectual e industrial, cuja proteção concedida por um ato de registo está limitada ao território do Estado-Membro do registo, deve ser apresentada nos órgãos jurisdicionais do referido Estado-Membro. Com efeito, são os órgãos jurisdicionais do Estado-Membro de registo que estão melhor posicionados para avaliar se o direito em causa foi efetivamente violado (acórdão referido na nota 22).

Importa verificar em que medida os ensinamentos dos casos acima referidos se aplicam às alegações de violações de direitos de autor.

Antes de mais, há que salientar que, na verdade, os direitos patrimoniais de um autor estão sujeitos, à semelhança dos direitos ligados a uma marca nacional, ao princípio da territorialidade. Os referidos direitos patrimoniais devem, todavia, ser protegidos, nomeadamente por força da Diretiva 2001/29, de maneira automática em todos os Estados-Membros, embora sejam suscetíveis de ser violados, respetivamente, em cada um deles, em função do direito material aplicável.

A este respeito, há que precisar, desde logo, que as questões de saber se, por um lado, as condições em que se pode considerar que um direito protegido no Estado-Membro do órgão jurisdicional chamado a decidir foi violado e, por outro lado, se essa violação é imputável ao requerido se inserem na apreciação do mérito pelo órgão jurisdicional competente (acórdão referido na nota 22).

Com efeito, na fase de exame da competência de um órgão jurisdicional para conhecer de um dano, a identificação do lugar da materialização do mesmo na aceção do artigo 5º – 3) do regulamento não pode depender de critérios que são próprios da referida apreciação do mérito e que não figuram nessa disposição. Com efeito, esta não prevê, como única condição, que tenha ocorrido ou possa ocorrer um facto danoso.

Assim, contrariamente ao artigo 15º – nº 1 – c) do Regulamento, que foi interpretado no acórdão de 7.12.2010, nos processos C-585/08 e C-144/09, o artigo 5º – nº 3 do referido Regulamento não exige, nomeadamente, que a atividade em causa seja "dirigida" ao Estado-Membro do órgão jurisdicional chamado a decidir.

Daqui resulta que, no que respeita à alegada violação de um direito patrimonial de autor, a competência para conhecer de uma ação em matéria extracontratual está já estabelecida, a favor do órgão jurisdicional chamado a decidir, uma vez que o Estado-Membro em cujo território se encontra esse órgão jurisdicional protege os direitos invocados pelo requerente e o dano alegado corre o risco de se materializar no território do órgão jurisdicional chamado a decidir.

Em circunstâncias como as que estão em causa no processo principal, o referido risco decorre nomeadamente da possibilidade de se procurar, através de um sítio Internet acessível no território do órgão jurisdicional chamado a decidir, uma reprodução da obra à qual estão ligados os direitos que o requerente invoca.

Em contrapartida, uma vez que a proteção concedida pelo Estado-Membro do órgão jurisdicional chamado a decidir só se aplica no território do referido Estado-Membro, o referido órgão jurisdicional só é competente para conhecer do dano causado no território do Estado-Membro em que se encontra.

Com efeito, se esse órgão jurisdicional fosse também competente para conhecer do dano causado nos territórios de outros Estados-Membros, substituir-se-ia aos órgãos jurisdicionais desses Estados, uma vez que estes são, em princípio, competentes, nos termos do artigo 5º – nº 3 do Regulamento e do princípio da territorialidade, para conhecer do dano causado no território do respetivo Estado-Membro, e que estão melhor posicionados, por um lado, para avaliar se efetivamente foram violados direitos patrimoniais de autor garantidos pelo Estado-Membro em causa e, por outro, para determinar a natureza do dano em causa.

Declaração negativa de responsabilidade extracontratual

24 – O artigo 5º – 3) do Regulamento nº 44/2001 deve ser interpretado no sentido de que uma ação de declaração negativa na qual se requer que seja declarada a inexistência de responsabilidade extracontratual está abrangida pelo âmbito de aplicação desta disposição – acórdão do Tribunal de Justiça (Primeira Secção) de 25.10.2012, no processo C-133/11.

Crédito por dívidas sociais contra administrador e contra acionista de sociedade obrigada a pedir a sua dissolução

25 – O conceito de “matéria extracontratual” que figura no artigo 5º – 3) do Regulamento nº 44/2001 deve ser interpretado no sentido de que abrange as ações intentadas por um credor duma sociedade anónima destinadas a responsabilizar pelas dívidas dessa sociedade, por um lado, um membro do seu conselho de administração e, por outro, um acionista da mesma sociedade, na medida em que permitiram que a referida sociedade continuasse a exercer a sua atividade, apesar de estar subcapitalizada e obrigada a pedir a sua liquidação; o conceito de “lugar onde ocorreu ou poderá ocorrer o facto danoso” que figura na mesma disposição deve ser interpretado no sentido de que, no que respeita às ações destinadas a responsabilizar um membro do conselho de administração e um acionista de uma sociedade anónima pelas dívidas dessa sociedade, esse lugar se situa no lugar com o qual as atividades desenvolvidas pela referida sociedade e a situação financeira associada a essas atividades têm um nexo; o facto de o crédito em causa ter sido cedido pelo credor originário a terceiros não tem, em circunstâncias como as do processo principal em referência ao qual foi proferida esta decisão prejudicial, incidência na determinação do órgão jurisdicional competente, por força do artigo 5º – 3) – acórdão do Tribunal de Justiça (Quinta Secção) de 18.7.2013, no processo C-147/12.

Vide, a propósito deste acórdão, no direito interno português, o disposto no artigo 35º do Código das Sociedades Comerciais.

Responsabilidade extracontratual e incumprimento de obrigações contratuais; obrigações fundadas em gestão de negócios e no enriquecimento sem causa

26 – As ações de responsabilidade civil de natureza extracontratual nos termos do direito nacional devem, no entanto, ser consideradas abrangidas pela "matéria contratual", na aceção do artigo 5º – 1) – alínea a) do Regulamento nº 44/2001, se o comportamento censurado puder ser considerado um incumprimento das obrigações contratuais, tal como podem ser determinadas tendo em conta o objeto do contrato – acórdão do Tribunal de Justiça (Sétima Secção) de 13.3.2014, no processo C- 548/12.

Constitui jurisprudência uniforme do Tribunal de Justiça que o conceito de matéria extracontratual deve ser interpretado como um conceito autónomo que abrange qualquer ação que pretenda desencadear a responsabilidade do réu e que não esteja relacionada com a "matéria contratual na aceção do artigo 7º – 1), pelo que, segundo esta interpretação, o artigo 7º – 2) terá um âmbito residual, no qual cabem todas as pretensões fundadas em obrigações não contratuais, excluindo, porém, alguns autores as obrigações fundadas na gestão de negócios e no enriquecimento sem causa para apreciar as quais, quanto à responsabilidade delas emergentes, seriam competentes os tribunais do domicílio do requerido.

Lugar onde ocorreu o facto danoso

27 – O artigo 5º – 3) do Regulamento nº 44/2001 deve ser interpretado no sentido de que, no âmbito de um litígio como o do processo principal a que respeita a decisão prejudicial que foi proferida, os termos "lugar onde ocorreu o facto danoso" designam o lugar onde o dano inicial surgiu devido à utilização normal do produto para os fins a que se destina – acórdão do Tribunal de Justiça (Primeira Secção) de 16.7.2009, no processo C- 189/08.

Pluralidade de autores do facto danoso

28 – O artigo 5º – 3) do Regulamento nº 44/2001 deve ser interpretado no sentido de que não permite determinar, com base no lugar do facto gerador imputado a um dos presumidos autores de um dano, que não é parte no litígio, a competência jurisdicional contra um outro presumido autor do referido dano que não agiu na área de jurisdição do tribunal chamado a decidir – acórdão do Tribunal de Justiça (Primeira Secção) de 16.5.2013, no processo C-228/11.

29 – O artigo 5º – 3) deve ser interpretado no sentido de que, em caso de pluralidade de presumíveis autores de um alegado dano aos direitos patrimoniais de autor protegidos no Estado-Membro do tribunal chamado a decidir, esta disposição não permite determinar a competência, a título do lugar do evento causal do dano, de um tribunal em cuja área de jurisdição o autor que, de entre os vários autores presumíveis, é demandado não agiu, mas permite determinar a competência do mesmo tribunal a título do lugar de materialização do alegado dano, sempre que este se possa materializar na área de jurisdição do tribunal chamado a decidir. Nesta última hipótese, este tribunal só é competente para conhecer do dano causado no território do Estado-Membro em que se encontra – acórdão do Tribunal de Justiça (Quarta Secção) de 3.4.2014, no processo C-387/12.

Dano provocado por produto defeituoso

30 – O artigo 5º – 3) do Regulamento nº 44/2001 deve ser interpretado no sentido de que, quando for posta em causa a responsabilidade de um fabricante por um produto defeituoso, o lugar do evento causal que deu origem ao dano é o lugar em que o produto em questão foi fabricado – acórdão do Tribunal de Justiça (Quarta Secção) de 16.1.2014, no processo C-45/13.

- Este acórdão considerou que as regras de competência especiais das secções 2 a 7 do capítulo II do Regulamento nº 44/2001 devem ser interpretadas estritamente, não permitindo uma interpretação que vá para além das hipóteses contempladas expressamente; mais considerou que constitui jurisprudência constante – acórdãos de 16.7.2009, no processo C-189/08, e de 3.10.2013, no processo C-170/12 – que, caso o lugar onde se situa o facto susceptível de implicar uma responsabilidade extracontratual não coincida com o lugar onde esse facto provocou o dano, a expressão "lugar onde ocorreu [...] o facto danoso", que figura no artigo 5º – 3) do Regulamento nº 44/2001, deve ser entendida no sentido de que se refere simultaneamente ao lugar da materialização do dano e ao lugar onde ocorreu o evento causal que está na origem desse dano, de modo que o requerido pode ser demandado, à escolha do requerente, perante o tribunal de qualquer destes lugares.

Convenhamos, porém, em que, esta solução potencia decisões contraditórias, tanto mais que o lesado também pode intentar a ação no lugar do domicílio do lesante, embora o disposto nos artigos 29º a 34º quanto à litispendência possa minorar o problema.

Este acórdão não perfilha a caraterização contratual da ação de responsabilidade civil contra o produtor de bem defeituoso causador de um dano, que muitos defendem, mas também não a reconduziu expressamente a matéria extracontratual, embora a inclua na previsão do artigo 7º – 2) do Regulamento.

João Calvão da Silva, *Responsabilidade Civil do Produtor,* pág. 131, sublinha a importância da definição alternativa de "evento danoso" dada pelo Tribunal de Justiça.

Há quem considere preferível a solução da aplicação exclusiva da regra do artigo 4º – tribunal do domicílio do requerido.

Venda e entrega de um produto contrafeito no território de um Estado--Membro e revenda subsequente pelo adquirente no território de outro Estado--Membro

31 – O conceito de "território [do Estado-Membro em que] a contrafação tenha sido cometida " que figura no artigo 93º- nº 5 do Regulamento nº 40/94, de 29 de Dezembro de 1993, sobre a marca comunitária, deve ser interpretado no sentido de que, no caso de uma venda e entrega de um produto contrafeito no território de um Estado-Membro, com uma revenda subsequente pelo adquirente no território de outro Estado-Membro, esta disposição não permite determinar uma competência jurisdicional para conhecer de uma ação de contrafação contra o vendedor inicial que não atuou, ele próprio, no Estado-Membro do órgão jurisdicional chamado a decidir; o artigo 5º – 3) do Regulamento nº 44/2001 deve ser interpretado no sentido de que, caso seja alegada publicidade comparativa ilícita ou imitação desleal de um sinal protegido por uma marca comunitária, proibidas pela Lei contra a concorrência desleal (Gesetz gegen den unlauteren Wettbewerb) do Estado-Membro do órgão jurisdicional chamado a decidir, essa disposição não permite determinar, com base no lugar do evento causal de um dano resultante da violação dessa Lei, a competência de um órgão jurisdicional do referido Estado-Membro desde que um dos presumidos autores, aí demandado, não tenha atuado por si só. Em contrapartida, nesse caso, a referida disposição permite determinar, com base no lugar da materialização do dano, a competência jurisdicional para conhecer de uma ação de responsabilidade com base na referida lei nacional, intentada contra uma pessoa estabelecida noutro Estado-Membro e que alegadamente cometeu, neste último Estado, um ato que provocou ou possa vir a provocar um dano na área de jurisdição do órgão jurisdicional chamado a decidir – acórdão do Tribunal de Justiça (Quarta Secção) de 5.6.2014, no processo C-360/12.

O caso deste acórdão era o seguinte: uma sociedade estabelecida na Alemanha, titular de uma marca comunitária, demandou, na Alemanha, uma sociedade estabelecida na Bélgica, que, neste último Estado, vendeu produtos contrafeitos a um alemão, com estabelecimento na Alemanha, o qual, em seguida os revendeu em território alemão, alegando que a distribuição na Alemanha, pela demandada sociedade belga, de produtos contrafeitos, constitui contrafação da marca de que é titular, uma publicidade comparativa ilícita e uma imitação desleal. A ação foi julgada improcedente, tanto em 1ª instância como em recurso, onde se concluiu que os tribunais alemães não tinham competência internacional. A demandante interpôs recurso de "Revision" no Bundesgerichtshof, baseando-se, a título subsidiário, caso seja excluída a apresentação cumulativa de pedidos, em primeiro lugar, na marca comunitária, e, em segundo lugar, na Lei alemã contra a concorrência desleal, tendo o Bundesgerichtshof suspendido a instância e colocado ao Tribunal de Justiça questões prejudiciais.

O Tribunal de Justiça ponderou que, por força das disposições conjugadas dos artigos 90º - nº 2 e 92º do Regulamento nº 40/94, a aplicação do artigo 5º - nº 3 da Convenção de Bruxelas que corresponde ao artigo 5º - nº 3 do Regulamento nº 44/2001, às ações de contrafação de uma marca comunitária está expressamente excluída.

No que diz respeito à interpretação do artigo 93º - nº 5 do Regulamento nº 40/94, o conceito de "território [do Estado-Membro em que] a contrafação tenha sido cometida ou esteja em vias de ser cometida", que figura nesta disposição, deve ser interpretado de forma autónoma relativamente ao conceito de "lugar onde ocorreu ou poderá ocorrer o facto danoso", que figura no artigo 5º - nº 3 do Regulamento nº 44/2001 e, por conseguinte, a dualidade dos elementos de conexão, a saber, o lugar do evento causal e a materialização do dano, acolhida pela jurisprudência do Tribunal de Justiça relativa ao artigo 5º - 3) do Regulamento nº 44/2001 (acórdãos nos processos C-21/76 e, ultimamente, C-45/13) não pode valer automaticamente para a interpretação do conceito de "território [do Estado-Membro em que] a contrafação tenha sido cometida ou esteja em vias de ser cometida" que figura no artigo 93º - nº 5 do Regulamento nº 40/94.

Contudo, para determinar se a interpretação autónoma desta última disposição conduz ao reconhecimento dessa dualidade dos elementos de conexão, há que, em conformidade com uma jurisprudência constante do Tribunal de Justiça, ter em conta não só a redação da referida disposição mas também o seu conteúdo e objetivos.

No que diz respeito à redação do artigo 93º - nº 5 do Regulamento nº 40/94, o conceito de "território [do Estado-Membro em que] a contrafação tenha sido cometida" sugere que este elemento de conexão diz respeito a um comportamento ativo do autor dessa contrafação e, por conseguinte, o elemento de conexão previsto nesta disposição visa o território do Estado-Membro em que o evento que origina a alegada contrafação ocorreu ou poderá ocorrer e não o território do Estado-Membro em que a referida contrafação produz os seus efeitos, o que, de resto, contrariaria a redação do artigo 94º - nº 2, que limita a competência dos tribunais de marcas comunitárias, ao abrigo do artigo 93º - nº 5, aos atos cometidos ou em vias de serem cometidos no território do Estado-Membro em que está situado o órgão jurisdicional chamado a decidir.

Além disso, tanto a génese como o contexto do Regulamento nº 40/94 confirmam a vontade do legislador da União de derrogar a regra de competência prevista no artigo 5º - 3) do Regulamento nº 44/2001, tendo em conta, nomeadamente, a insuficiência desta última regra de competência para responder aos problemas especiais relativos à violação de uma marca comunitária.

Por isso, a competência jurisdicional ao abrigo do artigo 93º - nº 5 do Regulamento nº 40/94 só pode ser determinada a favor dos tribunais de marcas comunitárias do Estado-Membro em cujo território o réu cometeu o alegado ato ilícito.

Mas o artigo 14º – nº 2 do Regulamento nº 40/94 dispõe expressamente que podem ser intentadas ações respeitantes a marcas comunitárias com base no direito dos Estados-Membros nomeadamente em matéria de responsabilidade civil e de concorrência desleal.

Essas ações não são da competência das marcas comunitárias e a competência para conhecer de ações com base na lei nacional contra a concorrência desleal deve ser determinada com fundamento nas disposições do Regulamento nº 44/2001, cujo artigo 5º – 3) é aplicável a fim de determinar a competência do órgão jurisdicional chamado a decidir.

A expressão "lugar onde ocorreu ou poderá correr o facto danoso" que figura no artigo 5º – 3) é baseada na existência de um elemento de conexão particularmente estreita entre o litígio e os órgãos jurisdicionais do lugar onde ocorreu ou poderá ocorrer o facto danoso, que justifica uma atribuição de competência a estes últimos por razões de boa administração da justiça e de organização útil do processo.

No que diz respeito ao lugar do evento causal, resulta da decisão de reenvio que vários autores deram presumivelmente origem ao alegado facto danoso e que a sociedade estabelecida na Bélgica que é a única recorrida no litígio no processo principal apenas atuou na Bélgica e, por conseguinte, fora da área de jurisdição do órgão jurisdicional perante a qual foi demandada.

No entanto, o órgão jurisdicional de reenvio não limitou a sua questão à interpretação do artigo 5º – nº 3 apenas para efeitos de determinação da competência dos órgãos jurisdicionais alemães com base no lugar do evento causal do alegado dano e, por conseguinte, também importa examinar se, em circunstâncias como as que estão em causa no processo principal, em que vários autores presumidos do alegado dano atuaram em diferentes Estados-Membros, o artigo 5º – 3) permite determinar, com base no lugar da materialização dano, a competência dos órgãos jurisdicionais de um Estado-Membro para conhecer de uma ação de responsabilidade, com base na lei contra a concorrência desleal do mesmo Estado-Membro do órgão jurisdicional chamado a decidir.

No que diz respeito aos danos resultantes de violações de um direito de propriedade intelectual e comercial, o Tribunal de Justiça precisou que a materialização do dano num determinado Estado-Membro depende da proteção, neste último, do direito cuja violação é alegada (*vide* acórdãos nos processos C-523/10 e C-170/12).

Esta exigência é transponível para os casos em que está em causa a proteção desse direito mediante uma lei nacional contra a concorrência desleal.

Por conseguinte, há que considerar que, em circunstâncias como as do processo principal, um litígio relativo a uma violação da referida lei pode ser submetido aos órgãos jurisdicionais alemães, desde que o facto cometido noutro Estado-Membro tenha provocado ou possa vir a provocar um dano na área de jurisdição do tribunal chamado a decidir, o que cabe apreciar ao órgão jurisdicional chamado a decidir.

Exclusão do artigo 5º – 3) do Regulamento nº 44/2001: lugar do domicílio do requerente que sofreu prejuízo financeiro por ter colocado capitais noutro Estado-Membro

32 – O artigo 5º – 3) da Convenção de Bruxelas deve ser interpretado no sentido de que a expressão "lugar onde ocorreu o facto danoso" não se refere ao lugar do domicílio do requerente, no qual se localiza "o centro do seu património", pelo simples motivo de aí ter sofrido um prejuízo financeiro resultante da perda de elementos do seu património ocorrida e sofrida noutro Estado contratante – acórdão do Tribunal de justiça (Segunda Secção) de 10.6.2004, no processo C-168/02.

Danos resultantes de uma ação coletiva realizada por um sindicato num Estado contratante que recebeu nas suas águas territoriais um navio registado noutro Estado contratante

33 – O acórdão do Tribunal de Justiça (Sexta Secção) de 5.2.2004, C-18/02 – Relator Cunha Rodrigues – decidiu:

1) a) O artigo 5º – 3) da Convenção de Bruxelas deve ser interpretado no sentido de que se insere no conceito de "matéria extracontratual" uma ação judicial referente à legalidade de uma ação coletiva para cujo conhecimento tem competência exclusiva, em conformidade com o direito do Estado contratante em questão, um órgão jurisdicional diferente do competente para decidir dos pedidos de indemnização do prejuízo causado por esta ação coletiva;

b) Para a aplicação do artigo 5º – 3) da referida Convenção a uma questão como a do processo principal basta que a ação coletiva seja uma condição necessária de ações de solidariedade suscetíveis de ocasionar prejuízos;

c) A aplicação do artigo 5º – 3) da mesma Convenção não é afetada pelo facto de a realização da ação coletiva ter sido suspensa pela parte que apresentou o pré-aviso para aguardar a decisão sobre a legalidade dessa ação;

2) Em circunstâncias como as do processo principal, o artigo 5º – 3) da referida Convenção deve ser interpretado no sentido de que os danos resultantes de uma ação coletiva realizada por um sindicato num Estado contratante no qual navega um navio registado noutro Estado contratante não devem necessariamente ser considerados ocorridos no Estado do pavilhão do navio, de modo que o armador aí possa intentar uma ação de indemnização contra esse sindicato.

O caso do acórdão era este: um sindicato sueco apresentou um pré-aviso de ação coletiva contra uma entidade dinamarquesa com vista a conseguir uma convenção coletiva para os tripulantes polacos de um navio de carga dinamarquês que efetuava um serviço regular de navegação entre a Suécia e o Reino Unido e a proprietária do navio intentou uma ação no tribunal do trabalho dinamarquês e depois uma ação de indemnização de danos, decorrentes de ter de fretar outro navio, no tribunal comum, na Dinamarca, contra o sindicato sueco.

Considerou o acórdão que, segundo jurisprudência do Tribunal de Justiça, a responsabilidade extracontratual só pode ser determinada se puder ser estabelecido um nexo de causalidade entre o dano e o facto que o originou (acórdão de 30.11.1976, 21/76, Colet., p. 677), e é forçoso considerar que é possível estabelecer um nexo de causalidade entre os danos alegadamente sofridos pela proprietária do navio e o pré-aviso de ação coletiva.

Quanto ao argumento do sindicato segundo o qual para que os tribunais dinamarqueses fossem competentes, seria necessário que a ação coletiva tivesse sido levada a cabo e não suspensa, enquanto se aguardava a decisão do tribunal do trabalho, o acórdão recordou que artigo 5º – nº 3 pode aplicar-se a uma ação preventiva destinada a impedir a realização de um facto danoso futuro (acórdão de 1.10.2002, C-167/00.

Ação contenciosa preventiva instaurada por uma associação de proteção dos consumidores

34 – As regras de competência enunciadas pela Convenção de Bruxelas devem ser interpretadas no sentido de que uma ação contenciosa preventiva, intentada por uma associação de proteção dos consumidores com vista a fazer proibir a utilização por um comerciante de cláusulas consideradas abusivas, em contratos com particulares, é de natureza extracontratual na aceção do artigo 5º – 3) da referida Convenção – acórdão do Tribunal de Justiça (Sexta Secção) de 1.10.2002, no processo C-167/00.

Nos considerandos deste acórdão, salienta-se, desde logo, que os artigos 13º a 15º, que constituem a secção 4, intitulada "Competência em matéria de contratos celebrados pelos consumidores", do título II da Convenção de Bruxelas não são aplicáveis ao caso *sub judice*, pois que, tal como decidiu o acórdão do Tribunal de Justiça de 19.1.1993, no processo C-89/91, a uma pessoa coletiva que age na qualidade de cessionário dos direitos de um consumidor final privado, sem ela própria ser parte num contrato celebrado entre um profissional e um particular, não pode ser reconhecida a qualidade de consumidor na aceção da Convenção de Bruxelas, de modo que ela não pode invocar os artigos 13º a 15º desta Convenção. Ora esta interpretação deve igualmente valer no que concerne a uma associação de proteção dos consumidores que intentou uma ação de interesse coletivo por conta destes.

Salienta-se, depois, que é jurisprudência constante que a noção de matéria extracontratual na aceção do artigo 5º – 3) da Convenção de Bruxelas abrange qualquer pedido que tenha em vista pôr em causa a responsabilidade de um requerido e que não esteja relacionado com a matéria contratual na aceção do artigo 5º – 1) da mesma Convenção (acórdãos de 27.9.1988, C-189/87; de 26.3.1992, C-261/90; de 27.10.1998, C-51/97; e de 11.7.2002, C-96/00).

Ora a ação em causa não se reveste de natureza contratual, pois a associação de proteção dos consumidores e o comerciante não estão minimamente ligados por uma relação de natureza contratual e quer a ação se siga a um contrato já celebrado entre o comerciante e o consumidor quer esta ação se revista de um caráter puramente preventivo, destinando-se unicamente a evitar a realização de um prejuízo futuro, a associação de proteção dos consumidores, que tomou a iniciativa da referida ação, nunca é, ela própria, parte no contrato e atua com base num direito que lhe foi conferido pela lei para efeitos de fazer proibir a utilização de cláusulas que o legislador considera ilícitas nas relações entre um profissional e um consumidor final privado.

Em contrapartida, a referida ação preenche todas as características enunciadas pela citada jurisprudência do Tribunal de Justiça, uma vez que, por um lado, não se insere na matéria contratual na aceção do artigo 5º – 1) da Convenção e, por outro, tem por objeto desencadear a responsabilidade extracontratual do comerciante, devido à obrigação extracontratual que sobre ele impende de se abster, nas suas relações com os consumidores, de comportamentos que o legislador não permite.

Na verdade, a noção de facto danoso referida no artigo 5º – 3) tem um sentido amplo (acórdão de 30.11.1976, C-21/76), de modo que, no que diz respeito à proteção dos consumidores, abrange não só as situações em que um particular tenha sofrido um prejuízo a título individual, mas também, nomeadamente, os danos causados à ordem jurídica resultantes da utilização de cláusulas abusivas que as associações de proteção dos consumidores têm por missão impedir, estando esta interpretação em harmonia com a finalidade do artigo 7º da Diretiva 93/13, que prevê as ações de cessação de utilização de cláusulas ilícitas, cuja eficácia ficaria muito afetada, se essas ações só pudessem ser propostas no Estado em que o comerciante está sediado.

Não pode ser acolhida uma interpretação do local onde ocorreu o facto danoso do artigo 5º – 3) da Convenção de Bruxelas que subordine a sua aplicação à ocorrência efetiva de um prejuízo, sendo contraditório exigir que uma ação para exigir a cessação de um comportamento considerado ilícito, cujo objetivo principal é evitar o prejuízo, só pudesse ser intentada após a ocorrência dele, interpretação confirmada pelo artigo 5º – 3) do Regulamento nº 44/2001, que se refere "ao lugar onde ocorreu ou poderá ocorrer o facto danoso".

35 – O acórdão do Supremo Tribunal de Justiça de 12.2.2004 – Relator Araújo de Barros – decidiu que, invocados pela autora, como fundamento da sua pretensão, o incumprimento de um contrato de depósito celebrado em França, com uma sociedade francesa, sediada naquele país, bem como a responsabilidade daquela por facto ilícito também ocorrido em França, são os tribunais franceses os competentes para conhecer do litígio suscitado na ação, nos termos dos artigos 2º e 5º – nºs 1 e 3 da Convenção de Bruxelas e em conformidade com os artigos 1º – nº 1, 2º – nº 1, 3º e 5º do Regulamento nº 44/2001.

36 – O acórdão do Supremo Tribunal de Justiça de 3.3.2005 – Relator Barros Caldeira – decidiu que, para efeitos do artigo 5º – nº 3 e 10º do Regulamento nº 44//2001 deverá entender-se que o conceito de "tribunal do lugar onde ocorreu ou poderá ocorrer o facto danoso" abrange tanto os tribunais do Estado-Membro em cujo território se verificou o facto ilícito gerador de responsabilidade civil extracontratual como os tribunais do Estado-membro em cujo território se verificou o dano, mas não se pode fazer uma interpretação extensiva de forma a considerar como lugar da materialização do dano o Estado ou os Estados onde se façam sentir as consequências danosas – incluindo sequelas e os danos futuros – de um evento que causou um dano num outro Estado; da aplicação do Regulamento, em especial dos seus artigos 2º – nº 1 e 9º – nº 1 – a), resulta que só os tribunais franceses são internacionalmente competentes para o julgamento de ação intentada, no dia 29.11.2002, num tribunal português, por cidadão português, residente em Portugal, para indemnização do dano sofrido num acidente ocorrido no dia 28.12.2000, numa estância de Andorra (País terceiro, onde não é obrigatório o Regulamento), provocado pelo despiste de um trenó conduzido por pessoa residente em França, e que celebrara com a ré, com sede social em França, um contrato de seguro de responsabilidade civil, que cobre tal evento.

Mais decidiu que dos artigos 25º e 26º do Regulamento decorre a regra do conhecimento oficioso da exceção de incompetência absoluta internacional decorrente da violação de disposições do mesmo Regulamento e que o conceito de beneficiário do seguro constante do artigo 9º – nº 1 – b) do Regulamento não coincide com o conceito de lesado num acidente coberto pelo seguro.

– No mesmo sentido de dever interpretar-se de forma rigorosa o conceito de lugar do facto danoso de forma a não abranger o local ou locais das sequelas futuras do evento danoso, pode ver-se o acórdão do Supremo Tribunal de Justiça de 22.9.2005 – Relator BETTENCOURT DE FARIA.

37 – Na indagação do regime jurídico aplicável a uma situação plurilocalizada, estando em causa os danos resultantes de um acidente de viação ocorrido em Espanha, o conceito – quadro da regra de conflitos insere-se no âmbito da responsabilidade extracontratual – onde se inclui a prescrição do direito d indemnização – enquanto o elemento de conexão se consubstancia no lugar do facto danoso (cfr. artigo 45º – nº 1 do CC; artigo 5º – nº 3 do Regulamento nº 44/2001; e artigo 4º da "Convenção sobre a lei aplicável em matéria de acidentes de circulação rodoviária", concluída na Conferência da Haia de 4.5.1971, que, apesar de não se encontrar em vigor em Portugal, mostra-se plenamente vigente em Espanha, desde 21.11.1987; por conseguinte, é de acordo com as disposições legais constantes da lei civil espanhola – *lex loci damni* – que terá de se aferir a responsabilidade indemnizatória da ré seguradora, entidade esta para a qual o proprietário do veículo havia transferido a respetiva responsabilidade civil pelos danos causados a terceiros, decorrentes da circulação do mesmo; se o acidente ocorreu em 13.8.2013 e a ação deu entrada em juízo em 22.8.2006, prescreveu o direito indemnizatório, que, por via daquela, o autor pretendia fazer valer, seja considerando o prazo de um ano, previsto na lei substantiva espanhola – a aplicável – seja o prazo de três anos, previsto na lei substantiva portuguesa, como sustenta o autor; é irrelevante a circunstância de o último dia do prazo prescricional de três anos (14.8.2006) coincidir com o período de férias judiciais, na medida em que, mesmo neste período temporal, devem ser realizadas todas as diligências tendentes à interrupção do referido prazo (cfr. artigo 143º – nºs 1 e 2 do CPC) além de que a transferência *ope legis*, da relevância legal da citação a que alude o artigo 478º – nº 1 do CPC para o termo das férias judiciais traduzir-se-ia no alargamento do prazo prescricional legalmente concedido ao respetivo titular para o exercício do seu direito, em consonância com o período administrativamente fixado para o normal funcionamento dos tribunais, o que é inadmissível à luz do princípio da igualdade dos cidadãos no exercício dos seus direitos (cfr. artigo 13º – nº 1 da CRP); embora o autor, na petição que apresentou, tenha requerido a citação da ré, nos termos do artigo 478º – nº 1 do CPC, tal requerimento, todavia, não foi apresentado até ao quinto dia anterior ao do termo do prazo legalmente estabelecido para a prescrição do direito por si invocado, pelo que não se verificou interrupção relevante do prazo que, entretanto, já havia decorrido – acórdão do Supremo Tribunal de Justiça de 14.1.2014 – Relator Sousa Leite.

- Estando nós perante um caso de responsabilidade extracontratual, porque o quantitativo indemnizatório se alicerça nos danos advindos ao segurado da autora, lesado na sua integridade física, ocorridos necessariamente em Bolonha, Itália, onde ele foi atropelado, segue-se que, em conformidade com o artigo 5º – nº 3 do Regulamento nº 44/2001, os tribunais portugueses são internacionalmente incompetentes para apreciar e decidir a presente ação – acórdão do Supremo Tribunal de Justiça de 20.2.2014 – Relator Silva Gonçalves.

Artigo 7º – 3)

37 – A "matéria civil", na aceção do artigo 1º – nº 1 da Convenção de Bruxelas abrange a ação de reparação de danos proposta numa jurisdição criminal contra o docente de uma escola pública que, durante uma excursão escolar, causou prejuízo a um aluno, devido à violação culposa e ilegal de deveres de vigilância, e isto mesmo em caso de garantia por um regime de segurança social de direito público, só sendo possível o não reconhecimento da decisão pelas razões indicadas no artigo 27º – nº 2 da mesma Convenção, quando o requerido for revel a quando do processo de origem e não quando tiver comparecido e tomado posição, através de defensor que escolheu, sobre a ação pública, na audiência de discussão e julgamento, mas não sobre a ação cível, que foi igualmente objeto dos debates orais aos quais o defensor assistiu – acórdão do Tribunal de Justiça de 21.4.1993, no processo C-172/91.

- A competência especial do artigo 7º – 3) consagra o princípio da adesão da ação cível à ação penal também acolhido no direito processual penal português e está de acordo com a irrelevância da natureza da jurisdição para a qualificação de matéria civil consagrada no artigo 1º do Regulamento.
- *Vide* o artigo 64º do Regulamento onde se dispõe: "Sem prejuízo de disposições nacionais mais favoráveis, as pessoas domiciliadas num Estado-Membro e con-

tra quem corre processo por infração involuntária nos tribunais com competência penal noutro Estado-Membro de que não sejam nacionais podem entregar a sua defesa a pessoas para tanto habilitadas, mesmo que não compareçam pessoalmente. Todavia, o tribunal a que foi submetida a questão pode ordenar a comparência pessoal; se tal não ocorrer, a decisão proferida na ação cível sem que a pessoa em causa tenha tido a possibilidade de assegurar a sua defesa pode não ser reconhecida nem executada nos outros Estados-Membros".

Artigo 7º – 4)
Sem disposição correspondente no Regulamento nº 44/2001.
É o seguinte o considerando décimo sétimo deste Regulamento:

(17) O proprietário de objetos culturais na aceção do artigo 1º, nº 1, da Diretiva 93/7/CEE do Conselho, de 15 de março de 1993, relativa à restituição de bens culturais que tenham saído ilicitamente do território de um Estado-Membro deverá estar habilitado, nos termos do presente regulamento, a intentar uma ação cível visando a recuperação, fundada no direito de propriedade, de um objeto cultural no tribunal do local onde esteja situado o objeto na data em que o tribunal for demandado. Tais processos não prejudicam os processos intentados ao abrigo da Diretiva 93/7/CEE.

Artigo 7º – 5)
38 – O conceito de "litígio relativo à exploração de uma sucursal, de uma agência ou de qualquer outro estabelecimento " utilizado no artigo 5º – 5) da Convenção de Bruxelas não pressupõe que as obrigações litigiosas assumidas pela sucursal, em nome da casa-mãe, devam ser cumpridas no Estado contratante em que a sucursal está estabelecida – acórdão do Tribunal de Justiça de 6.4.1995, no processo C-439/93.

- Em jurisprudência uniforme do Tribunal de Justiça, o preceito do artigo 5º – 5) da Convenção de Bruxelas, a que corresponde o artigo 7º – 5) deste Regulamento devem ser objeto de interpretação autónoma as noções de sucursal, agência e outro estabelecimento, de forma a pressuporem "a existência de um centro de operações, que se manifesta exteriormente, de forma duradoura, como o prolongamento da casa-mãe, dispondo de uma direção e encontrando-se materialmente apto a negociar com terceiros, de tal forma que estes, embora sabendo que as suas eventuais relações jurídicas se estabelecem com a casa-mãe, estão dispensados de se dirigir diretamente a esta, podendo celebrar negócios com o centro operativo que constitui seu prolongamento".
- O preceito do artigo 7º – 5) aplica-se, de acordo com a jurisprudência do Tribunal de Justiça, a litígios "que tenham por objeto direitos e obrigações contratuais e extracontratuais relativos à gestão propriamente dita da agência, sucursal ou estabelecimento, incluindo os relacionados com o arrendamento do imóvel onde

as entidades se acham estabelecidas e com a contratação do pessoal que lhe presta serviço", os "relativos aos compromissos assumidos pelo centro de operações em nome da casa-mãe e que devam ser executados no Estado contratante onde esse centro se encontra estabelecido" e os "relativos às obrigações não contratuais que tenham origem em atividades exercidas pela sucursal, agência ou estabelecimento no lugar da respetiva situação".

- O preceito do artigo 7º – 5) não se aplica no caso de a sociedade que é casa-mãe da sucursal não estar sediada num Estado-Membro, aplicando-se então a regra geral do artigo 5º do Regulamento, o que não acontece em contratos de seguro e com consumidores.

Artigo 7º – 6)

39 – O trust consiste na transferência do direito de propriedade sobre determinados bens entre uma pessoa, o fundador ou settlor do trust, e outra pessoa, o trustee, com o encargo de esta os administrar e fazer reverter, no todo ou em parte, a favor do fundador ou de uma terceira pessoa, o beneficiário do trust.

- Só ao trust instituído por negócios *inter vivos* é aplicável o Regulamento nº 1215/2012, pois está afastada a sua aplicação, pelo artigo 1º, ao trust instituído *mortis causa* e, como o trust não tem personalidade jurídica, não lhe é aplicável a regra do artigo 4º de as pessoas domiciliadas num Estado-Membro deverem ser demandadas nos tribunais desse Estado-Membro. Não tendo também natureza contratual, a regra do artigo 7º – 1) não se aplica aos litígios referentes ao próprio trust.

Daí a regra de competência especial, que é uma competência supletiva, do artigo 7º. – 6), quanto aos litígios entre o fundador, o trustee e o beneficiário do trust, para o qual são competentes, em regra ou supletivamente, os tribunais do Estado-Membro em que o trust tem o seu domicílio. E dissemos em regra ou supletivamente, porque o artigo 25º – nº 3 dispõe que "o tribunal ou os tribunais de um Estado-Membro, a que o ato constitutivo de um trust atribuir competência, têm competência exclusiva para conhecer da ação contra um fundador, um trustee ou um beneficiário de um trust, se se tratar de relações entre essas pessoas ou dos seus direitos e obrigações no âmbito do trust".

- O artigo 24º estatui que os pactos atributivos de jurisdição bem como as estipulações similares de atos constitutivos de trusts não produzem efeitos se forem contrários ao disposto nos artigos 15º (competência em matéria de seguros), 19º (contratos de consumo) ou 23º (contratos individuais de trabalho), ou se os tribunais cuja competência pretendam afastar tiverem competência exclusiva por força do artigo 24º.

- O artigo 63º preceitua que, "para determinar se um trust tem domicílio no Estado-Membro a cujos tribunais foi submetida a questão, o juiz aplica as normas do seu direito internacional privado".
- Aos litígios entre os sujeitos do trust e terceiros são aplicáveis as regras gerais do Regulamento.

Artigo 7º – 7)

40 – A regra do artigo 7º – 7) prevê uma hipótese não abrangida pela Convenção internacional para unificação de certas regras sobre o arresto de navios de mar, assinada em Bruxelas em 10 de Maio de 1952 e aprovada para ratificação pelo Decreto-lei nº 41.007, de 16.2.1957: no litígio relativo a reclamação de remuneração devida por assistência ou salvamento de que tenha beneficiado uma carga ou um frete, as pessoas domiciliadas num Estado-Membro podem ser demandadas noutro Estado-Membro perante o tribunal em cuja jurisdição a carga ou frete tenha sido arrestado para garantir aquele pagamento ou poderia ter sido arrestado, para esse efeito, se não tivesse sido prestada caução ou outra garantia, desde que se alegue que o requerido tem direito sobre a carga ou frete ou que tinha tal direito no momento da assistência ou do salvamento.

Assim, por exemplo, não está abrangida por esta disposição uma ação contra o armador do navio que não seja também proprietário da carga.

Artigo 8º

Uma pessoa com domicílio no território de um Estado-Membro pode também ser demandada:

1) Se houver vários requeridos, perante o tribunal do domicílio de qualquer um deles, desde que os pedidos estejam ligados entre si por um nexo tão estreito que haja interesse em que sejam instruídos e julgados simultaneamente para evitar decisões que poderiam ser inconciliáveis se as causas fossem julgadas separadamente;

2) Se se tratar de chamamento de um garante à ação ou de qualquer incidente de intervenção de terceiros, no tribunal onde foi intentada a ação principal, salvo se esta tiver sido proposta apenas com o intuito de subtrair o terceiro à jurisdição do tribunal que seria competente nesse caso;

3) Se se tratar de um pedido reconvencional que derive do contrato ou do facto em que se fundamenta a ação principal, no tribunal onde esta última estiver pendente;

4) Em matéria contratual, se a ação puder ser apensada a uma ação em matéria de direitos reais sobre imóveis dirigida contra o mesmo requerido, no tribunal do Estado-Membro em cujo território está situado o imóvel.

NOTAS

1 – Corresponde aos artigos 6º do Regulamento nº 44/2001 e da Convenção de Bruxelas.

Artigo 8º – 1)

Duas ou mais sociedades estabelecidas em diferentes Estados-Membros acusadas de contrafação de uma patente europeia

2 – O acórdão do Tribunal de Justiça (Terceira Secção) de 12.7.2012, no processo C-616/2010, decidiu que o artigo 6º – nº 1 do Regulamento nº 44/2001 deve ser interpretado no sentido de que uma situação em que duas ou mais sociedades estabelecidas em diferentes Estados-Membros são acusadas, separadamente, num processo pendente num órgão jurisdicional de um desses Estados-Membros, de contrafação da mesma parte nacional de uma patente europeia, tal como está em vigor noutro Estado-Membro, devido a atos reservados relativos ao mesmo produto, é suscetível de conduzir a soluções inconciliáveis se as causas forem julgadas separadamente, na aceção desta disposição, e incumbe ao órgão jurisdicional de reenvio apreciar a existência desse risco, atendendo a todos os elementos pertinentes dos autos, devendo o artigo 22º – nº 4 do mesmo Regulamento, a que corresponde o artigo 24º – 4) do Regulamento nº 1215/2012, ser interpretado no sentido de que não se opõe, em circunstâncias como as do processo principal em relação ao qual foi proferida a decisão prejudicial deste acórdão, à aplicação do artigo 31º daquele Regulamento, quanto a medidas provisórias e cautelares.

Ações intentadas contra vários demandados, por violações de direitos de autor substancialmente idênticas, com bases legais nacionais que diferem segundo os Estados-Membros

3 – O artigo 6º – nº 1 do Regulamento nº 44/2001 deve ser interpretado no sentido de que o simples facto de as ações intentadas contra vários demandados, por violações de direitos de autor substancialmente idênticas, terem bases legais nacionais que diferem segundo os Estados-Membros não obsta à aplicação dessa disposição, incumbindo ao órgão jurisdicional nacional, tendo em conta todos os elementos dos autos, apreciar a existência de um risco de decisões inconciliáveis, se as ações forem julgadas separadamente – acórdão do Tribunal de Justiça (Terceira Secção) de 1.12.2011, C-145/10.

Nos considerandos deste acórdão e sobre a admissibilidade do pedido de decisão prejudicial, o Tribunal de Justiça considera que resulta de jurisprudência assente que a necessidade de obter uma interpretação do direito da União que seja útil ao órgão jurisdicional nacional exige que este defina o quadro factual e legal em que se inserem as questões que coloca ou que, pelo menos, explique as hipóteses factuais em que assentam essas questões (acórdãos de 17.2.2005, C-134/03, Colet., p. I-1167; de 12.4.2005, C-145/03, Colet., p. I-2529; e de 6.12.2005, C-453/03, C-11/04, C-12/04 e C-194/04, Colet., p. I-10423).

O Tribunal de Justiça tem insistido também na importância da indicação, pelo Juiz nacional, das razões precisas que o conduziram a interrogar-se sobre a interpretação do direito da União e a considerar necessário apresentar-lhe questões prejudiciais. Deste modo, o Tribunal considerou que é indispensável que o Juiz nacional forneça um mínimo de explicações sobre os motivos da escolha das disposições do direito da União cuja interpretação pede e sobre o nexo que estabelece entre essas disposições e a legislação nacional aplicável ao litígio (*vide*, nomeadamente, acórdão de 21.1. 2003, C-318/00, Colet., p. I-905 e o citado acórdão de 6.12.2005).

Sobre a pretensa inadmissibilidade da questão de saber se o artigo 6º – nº 1 do Regulamento nº 44/2001 deve ser interpretado no sentido de que o facto de as ações intentadas contra vários demandados, por violações de direitos de autor substancialmente idênticas, terem bases legais nacionais que diferem segundo os Estados-Membros obsta à aplicação dessa disposição, inadmissibilidade resultante de o órgão jurisdicional de reenvio, que é um tribunal de 1ª instância, não poder submeter ao Tribunal de Justiça uma questão prejudicial sobre a interpretação do Regulamento, uma vez que só os órgãos jurisdicionais cujas decisões não são suscetíveis de recurso estão habilitados, nos termos do artigo 68º – nº 1 – CE, a fazê-lo, o Tribunal de Justiça observou que o Regulamento sobre o qual incide o pedido de decisão prejudicial, foi adotado com base no artigo 65º CE, que integra o título IV da parte III do Tratado CE e que é verdade que, segundo o artigo 68º – nº 1 CE os órgãos jurisdicionais de 1ª instância não dispõem do direito de apresentar um pedido de decisão prejudicial, quando estão em causa atos adotados no âmbito do Título IV do Tratado CE.

Contudo, o pedido de decisão prejudicial foi apresentado em 22 de Março de 2010, isto é, depois da entrada em vigor do Tratado de Lisboa. Ora, a partir de 1 de Dezembro de 2009, data da entrada em vigor desse Tratado, foi revogado o artigo 68º CE. São agora as regras gerais que regulam o pedido de decisão prejudicial nos termos do artigo 267º TFUE que se aplicam aos pedidos prejudiciais de interpretação dos atos adotados no domínio da cooperação judiciária em matéria civil, como é o Regulamento, pelo que a questão foi considerada admissível.

Aplicabilidade em matéria de contratos individuais de trabalho

4 – A regra de competência especial prevista no artigo 6º – nº 1 do Regulamento nº 44/2001 não pode aplicar-se a um litígio abrangido pela secção 5 do capítulo II do dito Regulamento, relativa às regras de competência aplicáveis em matéria de contratos individuais de trabalho – acórdão do Tribunal de Justiça (Primeira Secção) de 22.5.2008, C-462/06.

Resulta, por um lado, do artigo 18º – nº 1 desse regulamento e, por outro, da interpretação literal da referida secção 5 corroborada pelos trabalhos preparatórios do regulamento que o órgão jurisdicional competente para conhecer qualquer litígio relativo a um contrato individual de trabalho deve ser designado de acordo com as regras de competência previstas nessa secção, regras que, por força da sua natureza específica e exaustiva, não podem ser alteradas ou completadas por outras regras de competência previstas no mesmo regulamento, a não ser que seja feita uma remissão expressa para elas nessa secção.

Quanto à possibilidade de ser apenas o trabalhador a poder invocar o artigo 6º – nº 1 do regulamento, tal solução colidiria com a redação das disposições da secção 5 do capítulo II do regulamento. Com efeito, a transformação, pelo tribunal comunitário, das regras de competência especiais, destinadas a facilitar uma boa administração da justiça, em regras de competência unilaterais, protetoras da parte considerada mais fraca, excederia o equilíbrio de interesses que o legislador comunitário criou no atual estádio do direito. Além disso, essa interpretação seria dificilmente compatível com o princípio da segurança jurídica, que constitui um dos objetivos do regulamento e que exige, designadamente, que as regras de competência sejam interpretadas de modo a apresentar um elevado grau de previsibilidade.

- Resulta deste acórdão a inaplicabilidade do artigo 6º – 1) do Regulamento nº 44/ /2001 em matéria de contratos individuais de trabalho, disposição a que corresponde o artigo 8º – 1) do Regulamento nº 1215/2012. Mas, enquanto o artigo 18º – nº 1 daquele primeiro Regulamento dispunha que "em matéria de contrato individual de trabalho, a competência é determinada pela presente secção, sem prejuízo do disposto no artigo 4º e no artigo 5º, ponto 5", o artigo 20º do Regulamento nº 1215/2012, que corresponde àquele artigo 18º, dispõe que "em matéria de contratos individuais de trabalho, a competência é determinada pela presente secção, sem prejuízo do disposto no artigo 6º, no artigo 7º, ponto 5, e, no caso de ação intentada contra a entidade patronal, no artigo 8º, ponto 1".

Assim, o artigo 8º ponto 1 deste Regulamento é aplicável atualmente em matéria de contratos individuais de trabalho, em ação intentada contra a entidade patronal.

Domiciliado no território de um Estado-Membro não pode ser demandado noutro Estado-Membro com um co-demandado domiciliado fora de qualquer Estado-Membro

5 – O artigo 6º – nº 1 da Convenção de Bruxelas deve ser interpretado no sentido de que um domiciliado no território de um Estado contratante não pode ser demandado noutro Estado contratante num tribunal chamado a conhecer de um pedido dirigido contra um co-demandado domiciliado fora de qualquer Estado contratante, com o fundamento de que o litígio apresenta caráter indivisível e não apenas conexo – acórdão do Tribunal de Justiça (Terceira Secção) de 27.10.1998, no processo C-51/97 referido na nota 7 ao artigo 7º.

6 – São realidades diferentes, que podem não conduzir a situações coincidentes, a competência internacional de um tribunal e a determinação da lei interna a aplicar ao caso e, no que diz respeito à competência internacional entre tribunais de países de Estados-Membros – não se questionando, quanto aos tribunais portugueses, a conformidade exigida pela parte final do artigo 8º da CRP – deve aplicar-se o Regulamento nº 44/201, em detrimento das Convenções de Bruxelas e de Lugano e bem assim das normas de origem interna, nomeadamente os artigos 61º, 65º, 65º – A e 99º do CPC; as competências especiais previstas no artigo 5º – nº 1 do mesmo Regulamento não afastam a competência genérica, com base no domicílio dos demandados, prevista no artigo 2º – nº 1, determinando, antes, uma situação de competências alternativas; havendo vários réus e verificando-se a conexão a que alude o artigo 6º – nº 1, interpretada conforme o acórdão do TJ de 11.10.2007, proferida em recurso de reenvio prejudicial, apresentado por Högsta Domstolen (Suécia), basta que um deles tenha domicílio em Portugal para os tribunais portugueses serem internacionalmente competentes – acórdão do Supremo Tribunal de Justiça de 15.12. 2011 – Relator JOÃO BERNARDO.

Artigo 8º – 2)
Chamamento de um garante requerido entre seguradoras e baseado num cúmulo de seguros

7 – O chamamento de um garante requerido entre seguradoras, baseado num cúmulo de seguros, não está sujeito à secção 3 do capítulo II da Convenção de Bruxelas, sendo aplicável o artigo 6º – nº 2, na medida em que exista uma conexão entre a ação principal e esse chamamento, que permita concluir pela inexistência de desvio de foro – acórdão do Tribunal de Justiça (Primeira Secção) de de 26.5.2005, no processo C-77/04. Cfr. o acórdão do Tribunal de Justiça (Sexta Secção) de 13.7.2000, C-412/98, constante da nota 3 ao artigo 4º.

8 – *Vide* o artigo 65º – nºs 1, 2 e 3, quanto à competência a que se refere o artigo 8º – nº 2 e o artigo 13º, em ações com chamamento à ação de um garante ou em qualquer incidente de intervenção de terceiros só poder ser invocada nos Estados-Membros constantes da lista elaborada pela Comissão, nos termos do artigo 76º – nº 1 – b) e nº 2, nas condições previstas na lei nacional; quanto a pessoas domiciliadas noutro Estado-Membro poderem ser chamadas à ação perante os tribunais desses Estados-Membros nos termos das regras de intervenção de terceiros indicadas nessas listas; e quanto ao reconhecimento e execução das respetivas decisões e quanto aos seus efeitos em relação a terceiros.

Artigo 8º – 3)
A reconvenção não abrange a exceção de compensação

9 – O artigo 6º – nº 3 da Convenção de Bruxelas apenas visa os pedidos apresentados pelos demandados, de que seja proferida uma condenação distinta. Não visa a situação em que um demandado invoca como simples fundamento de defesa um crédito, de que se afirma titular, contra um demandante. Os fundamentos de defesa suscetíveis de ser invocados e as condições em que podem sê-lo são regulados pelo direito nacional – acórdão do Tribunal de Justiça de 13.7.1995, no processo C-341/93.

Nos considerandos do acórdão refere-se que, embora a versão dinamarquesa do artigo 6º – nº 3 da Convenção utilize a palavra "modfordringer", expressão geral que pode abranger duas situações diferentes, a terminologia jurídicas de outros Estados contratantes reconhece expressamente a distinção entre as duas situações. Assim, o direito francês distingue entre a "demande reconventionnelle" e "moyens de defense au fond; o direito inglês, entre counter-claim" e "set-off as a defence"; o direito alemão, entre "Widerklage" e "Pozesaufrechnung"; o direito italiano, entre "domanda riconvenzionale"e eccezione di compensazione". Ora as versões linguísticas pertinentes do artigo 6º – nº 3 da Convenção utilizam expressamente as expressões "demande reconventionnelle", "counter-claim", "Widerklage" e "domanda reconvenzionale".

Artigo 9º

Se, por força do presente regulamento, um tribunal de um Estado-Membro for competente para conhecer das ações relativas a responsabilidade decorrente da utilização ou da exploração de um navio, esse tribunal ou qualquer outro que, segundo a lei interna do mesmo Estado-Membro, se lhe substitua, será também competente para conhecer dos pedidos relativos à limitação daquela responsabilidade.

NOTAS

1 – A limitação contratual e extracontratual dos proprietários, fretadores e armadores de navios por danos causados pela sua utilização está prevista na Convenção Internacional sobre a Limitação de Responsabilidade dos Proprietários de Navios de Alto Mar concluída em Bruxelas em 10.10.1967, aprovada para ratificação pelo Decreto-lei nº 48036, de 14.11.1967 e o artigo 9º do Regulamento atribui competência para conhecer do pedido de limitação de responsabilidade ao tribunal do Estado-Membro que, por força do Regulamento, for competente para conhecer das ações de responsabilidade decorrente da utilização ou exploração do navio, tribunal que, em princípio, é o do domicílio do réu, que, assim, tem a faculdade de instaurar no mesmo órgão jurisdicional todas as ações de limitação de responsabilidade.

O artigo 9º não abrange, pois, os casos em que o réu invoca uma limitação da sua responsabilidade em ação contra ele instaurada, casos que se encontram abrangidos pelo artigo 8º-3).

Exclusão da litispendência entre as ações de responsabilidade e da sua limitação

2 – Um pedido apresentado ao órgão jurisdicional de um Estado contratante pelo proprietário de um navio no sentido de ser criado um fundo de limitação de responsabilidade, nos termos da Convenção internacional sobre a limitação de responsabilidade dos proprietários dos navios de alto mar, de 10.10.1957, simultaneamente designando a vítima potencial do dano, por um lado, e uma ação de indemnização intentada no órgão jurisdicional de outro Estado contratante por esta vítima contra o proprietário do navio, por outro, não criam uma situação de litispendência na aceção do artigo 21º da Convenção de Bruxelas e a decisão que determina a constituição do fundo constitui uma decisão judicial na aceção do artigo 25º da mesma Convenção, não podendo, na ausência de notificação judicial prévia ao credor interessado, e mesmo quando este tenha interposto recurso desta decisão contestando a competência do órgão jurisdicional que a proferiu, ser objeto de recusa de reconhecimento noutro Estado contratante em aplicação do artigo 27º – nº 2, na condição de ter sido notificada ou citada regularmente e em tempo útil ao demandado – acórdão do Tribunal de Justiça (Terceira Secção) de 14.10.2004, no processo C-39/02.

SECÇÃO 3 – Competência em matéria de seguros

Artigo 10º

Em matéria de seguros, a competência é determinada pela presente secção, sem prejuízo do disposto no artigo 6º e no artigo 7º, ponto 5.

NOTAS

- É o seguinte o décimo oitavo considerando do Regulamento:

(18) No respeitante aos contratos de seguro, de consumo e de trabalho, é conveniente proteger a parte mais fraca por meio de regras de competência mais favoráveis aos seus interesses do que a regra geral.

- As regras de competência da secção 3 só podem ser derrogadas por vontade das partes nos termos do artigo 15º e a sua violação numa decisão, caso o requerido seja o tomador do seguro, o segurado, um beneficiário do contrato de seguro, acarreta a recusa de reconhecimento da decisão (artigo 45º – nº 1 – e) – i)-) e a recusa de execução da mesma (artigo 46º com referência ao artigo 45º – nº 1 – e) – i)-).

Artigo 11º

1. O segurador domiciliado no território de um Estado-Membro pode ser demandado:

a) Nos tribunais do Estado-Membro em que tiver domicílio;

b) Noutro Estado-Membro, em caso de ações intentadas pelo tomador de seguro, o segurado ou um beneficiário, no tribunal do lugar em que o requerente tiver o seu domicílio; ou

c) Tratando-se de um co-segurador, no tribunal de um Estado-Membro onde tiver sido intentada ação contra o segurador principal.

2. O segurador que, não tendo domicílio num Estado-Membro, possua sucursal, agência ou qualquer outro estabelecimento num Estado-Membro será considerado, quanto aos litígios relativos à exploração de tal sucursal, agência ou estabelecimento, como tendo domicílio nesse Estado-Membro.

NOTAS

Corresponde ao artigo 9º do Regulamento nº 44/2001 e ao artigo 8º da Convenção de Bruxelas.

Artigo 12º

O segurador pode também ser demandado no tribunal do lugar onde o facto danoso ocorreu quando se trate de um seguro de responsabilidade civil ou de um seguro que tenha por objeto bens imóveis. Aplica-se a mesma regra caso se trate de um seguro que incida simultaneamente sobre bens móveis e imóveis cobertos pela mesma apólice e atingidos pelo mesmo sinistro.

NOTAS

- Corresponde ao artigo 10º do Regulamento nº 44/2001 e ao artigo 9º da Convenção de Bruxelas.

Vide anotação ao artigo 7º -2).

Artigo 13º

1. Em matéria de seguros de responsabilidade civil, o segurador pode também ser chamado à ação no processo intentado pelo lesado contra o segurado, desde que a lei desse tribunal o permita.

2. O disposto nos artigos 10º, 11º e 12º aplica-se no caso de ação intentada pelo lesado diretamente contra o segurador, desde que tal ação direta seja possível.

3. Se o direito aplicável a essa ação direta previr o incidente do chamamento do tomador do seguro ou do segurado, o mesmo tribunal será igualmente competente quanto a eles.

NOTAS

1 – Corresponde ao artigo 11º do Regulamento nº 44/2001 e ao artigo 10º da Convenção de Bruxelas.

Tribunal do domicílio do lesado contra segurador domiciliado noutro Estado-Membro

2 – A remissão do artigo 11º – nº 2 do Regulamento nº 44/2001 para o artigo 9º – nº 1 – b) deste diploma deve ser interpretada no sentido de que a pessoa lesada pode intentar uma ação diretamente contra o segurador no tribunal do lugar em que tiver o seu domicílio num Estado-Membro, sempre que tal ação direta seja possível e o segurador esteja domiciliado no território de um Estado-Membro – acórdão do Tribunal de Justiça (Segunda Secção) de 13.12.2007, C-463/06.

Com efeito a referida remissão alarga o âmbito de aplicação da regra de competência do domicílio do requerente, prevista no artigo 9º – nº 1 – b) do referido Regulamento a outras categorias de demandantes que demandam o segurador, além do tomador do seguro, do segurado ou do beneficiário do contrato de seguro sem que, por outro lado, a natureza da ação intentada diretamente pela pessoa lesada contra o segurador segundo o direito nacional seja relevante para essa aplicação. Esta interpretação baseia-se igualmente na finalidade do Regulamento, que visa garantir uma proteção mais favorável à parte mais fraca do que a permitida pelas regras gerais de competência estabelecidas pelo Regulamento nº 44/2001.

Exclusão de organismo de segurança social cessionário do crédito do lesado

3 – A remissão que o artigo 11º – nº 2 do Regulamento nº 44/2001 faz para o artigo 9º – nº 1 – b) deve ser interpretada no sentido de que um organismo de segurança social, cessionário legal do lesado direto num acidente de viação, não pode intentar uma ação nos tribunais do seu Estado-Membro de estabelecimento diretamente contra o segurador do alegado responsável pelo referido acidente, estabelecido noutro Estado-Membro – acórdão do Tribunal de justiça (Terceira Secção) de 17.9.2009 no processo C-347/08.

Nos considerandos deste acórdão, refere-se que a secção 3 do capítulo II do Regulamento nº 44/2001 institui um sistema autónomo de repartição das competências jurisdicionais em matéria de seguros, que tem por objetivo a proteção da parte mais fraca por meio de regras de competência mais favoráveis aos seus interesses do que a regra geral, não podendo um organismo de segurança social ser considerado uma parte economicamente mais fraca e juridicamente menos experiente do que um segurador de responsabilidade civil, pelo que não se justifica qualquer proteção especial nas relações entre estes profissionais do setor de seguros.

Mais se refere que a conclusão do acórdão é reforçada pela jurisprudência do Tribunal de Justiça relativa às regras especiais em matéria de contratos de consumo previstas na secção 4 do capítulo II do Regulamento nº 44/2001, cujo objetivo é também a proteção da parte mais fraca, tendo o Tribunal de Justiça decidido que um cessionário de direitos que, no exercício da sua atividade profissional, invoque em juízo o crédito do cedente, resultante de um contrato celebrado com um consumidor, não pode beneficiar das regras especiais de competência previstas em matéria de contratos celebrados pelos consumidores, uma vez que a sua finalidade é a proteção da parte mais fraca e juridicamente menos experiente (acórdão de 19.1.1993, C-89/91)

4 – *Vide* o artigo 65º – nºs 1, 2 e 3, quanto à competência a que se refere o artigo 8º – nº 2 e o artigo 13º, em ações com chamamento à ação de um garante ou em qualquer incidente de intervenção de terceiros só poder ser invocada nos Estados-Membros constantes da lista elaborada pela Comissão, nos termos do artigo 76º – nº 1 – b) e nº 2, nas condições previstas na lei nacional; quanto a pessoas domiciliadas noutro Estado-Membro poderem ser chamadas à ação perante os tribunais desses Estados-Membros nos termos das regras de intervenção de terceiros indicadas nessas listas; e quanto ao reconhecimento e execução das respetivas decisões e ainda sobre os seus efeitos em relação a terceiros.

Artigo 14º

1. Sem prejuízo do disposto no artigo 13º, nº 3, o segurador só pode intentar uma ação nos tribunais do Estado-Membro em que estiver domiciliado o requerido, quer este seja tomador do seguro, segurado ou beneficiário.

2. O disposto na presente secção não prejudica o direito de formular um pedido reconvencional no tribunal em que, nos termos da presente secção, tiver sido intentada a ação principal.

NOTAS

Vide última nota ao artigo 8º sobre reconvenção.

Artigo 15º

As partes só podem derrogar o disposto na presente secção por acordos que:

1) Sejam posteriores ao surgimento do litígio;

2) Permitam ao tomador do seguro, ao segurado ou ao beneficiário recorrer a tribunais que não sejam os indicados na presente secção;

3) Sejam celebrados entre um tomador do seguro e um segurador, ambos com domicílio ou residência habitual num mesmo Estado-Membro no momento da celebração do contrato, e tenham por efeito atribuir competência aos tribunais desse Estado-Membro, mesmo que o facto danoso ocorra no estrangeiro, salvo se a lei desse Estado-Membro não permitir tais acordos; ou

4) Sejam celebrados por um tomador do seguro que não tenha domicílio num Estado-Membro, salvo se se tratar de um seguro obrigatório ou relativo a imóvel sito num Estado-Membro; ou

5) Digam respeito a um contrato de seguro que cubra um ou mais dos riscos enumerados no artigo 16º.

Artigo 16º

Os riscos a que se refere o artigo 15º, ponto 5, são os seguintes:

1) Qualquer dano:

a) Em navios de mar, em instalações ao largo da costa ou no alto mar ou em aeronaves, causado por eventos relacionados com a sua utilização para fins comerciais;

b) Em mercadorias que não sejam bagagens dos passageiros, durante um transporte total ou parcialmente realizado por aqueles navios ou aeronaves.

2) Qualquer responsabilidade, com exceção da relativa aos danos corporais dos passageiros ou à perda ou aos danos nas suas bagagens:

a) Resultante da utilização ou da exploração dos navios, instalações ou aeronaves a que se refere o ponto 1, alínea a), desde que, no que respeita a estas últimas, a lei do Estado-Membro de matrícula da aeronave não proíba as cláusulas atributivas de jurisdição no seguro de tais riscos;

b) Pela perda ou pelos danos causados em mercadorias durante um transporte nos termos do ponto 1, alínea b).

3) Qualquer perda pecuniária relacionada com a utilização ou a exploração dos navios, instalações ou aeronaves a que se refere o ponto 1, alínea a), nomeadamente a perda do frete ou do benefício do afretamento.

4) Qualquer risco ou interesse relacionado com um dos indicados nos pontos 1 a 3.

5) Não obstante o disposto nos pontos 1 a 4, todos os «grandes riscos» definidos na Diretiva 2009/138/CE do Parlamento Europeu e do Conselho, de 25 de novembro de 2009, relativa ao acesso à atividade de seguros e resseguros e ao seu exercício (Solvência II).

SECÇÃO 4 – Competência em matéria de contratos de consumo

Artigo 17º

1. Em matéria de contrato celebrado por uma pessoa, o consumidor, para finalidade que possa ser considerada estranha à sua atividade comercial ou profissional, a competência é determinada pela presente secção, sem prejuízo do disposto no artigo 6º e no artigo 7º, ponto 5, se se tratar de:

a) Contrato de compra e venda, a prestações, de bens móveis corpóreos;

b) Contrato de empréstimo reembolsável em prestações, ou outra forma de crédito concedido para financiamento da venda de tais bens; ou

c) Em todos os outros casos, contrato celebrado com uma pessoa com atividade comercial ou profissional no Estado-Membro do domicílio do consumidor ou que dirija essa atividade, por quaisquer meios, a esse Estado-Membro ou a vários Estados incluindo esse Estado-Membro, desde que o contrato seja abrangido por essa atividade.

2. Caso o consumidor celebre um contrato com uma contraparte que, não tendo domicílio no território de um Estado-Membro, possua uma sucursal, agência ou outro estabelecimento num Estado-Membro, essa contraparte é considerada, quanto aos litígios relativos à exploração de tal sucursal, agência ou estabelecimento, como tendo domicílio no território desse Estado-Membro.

3. A presente secção não se aplica ao contrato de transporte, com exceção dos contratos de fornecimento de uma combinação de viagem e alojamento por um preço global.

NOTAS

– É o seguinte o décimo oitavo considerando do Regulamento:

(18) No respeitante aos contratos de seguro, de consumo e de trabalho, é conveniente proteger a parte mais fraca por meio de regras de competência mais favoráveis aos seus interesses do que a regra geral.

– As regras de competência da secção 4 só podem ser derrogadas por vontade das partes nos termos do artigo 19º e a sua violação numa decisão, caso o lesado seja um consumidor, acarreta a recusa de reconhecimento da decisão (artigo 45º – nº 1 – e) – i)-) e a recusa de execução da mesma (artigo 46º com referência ao artigo 45º – nº 1 -e) – i)-).

1 – Os artigos 17º, 18º e 19º correspondem aos artigos 13º a 15º da Convenção de Bruxelas e 15º a 18º do Regulamento nº 44/2001.

2 – O artigo 13º – 1) da Convenção de Bruxelas deve ser interpretado no sentido de que não se aplica a um contrato celebrado entre duas partes que versa sobre o fabrico pelo primeiro co-contratante de um bem móvel corpóreo em conformidade com um modelo-tipo, ao qual foram introduzidas certas modificações; pelo qual o segundo co-contratante se comprometeu, em contrapartida, a pagar o seu preço em várias prestações; e no qual está previsto que o último pagamento será efetuado antes de que a posse do referido bem seja definitivamente transferida para o segundo co-contratante.

A este respeito, é indiferente que os co-contratantes tenham qualificado o seu contrato de contrato de venda e antes deva ser qualificado de contrato que tem por objeto o fornecimento de serviços ou o fornecimento de um bem móvel corpóreo na aceção do artigo 13º – 3, o que compete determinar ao tribunal nacional – acórdão de 27.4.1999, no processo C-99/96.

Exclusão de contrato relativo a um bem destinado a uma utilização parcialmente profissional e parcialmente particular, salvo em caso de utilização profissional marginal

3 – Uma pessoa que celebrou um contrato relativo a um bem destinado a uma utilização parcialmente profissional e parcialmente estranha à sua atividade profissional não se pode prevalecer do benefício das regras de competência específicas previstas nos artigos 13º a 15º da Convenção de Bruxelas, salvo se a utilização profissional for marginal a ponto de apenas ter um papel despiciendo no contexto global da operação em causa, sendo irrelevante, a este respeito, o facto de o aspeto extra-profissional ser dominante, o que compete decidir ao órgão jurisdicional onde a ação foi proposta – acórdão do Tribunal de Justiça (Segunda Secção) de 20.1.2005, no processo C-464/01.

Indícios de atividade comercial ou profissional dirigida ao Estado-Membro do domicílio do consumidor

4 – Este artigo corresponde ao artigo 15º do Regulamento nº 44/2001 e o acórdão do Tribunal de Justiça (Grande Secção) de 7.12.2010, nos processos apensos C-585/08 e 144/09, decidiu que um contrato que tem por objeto uma viagem num cargueiro, como o que está em causa no processo principal correspondente ao processo C-585/08, um dos processos relativamente aos quais foi proferida a decisão prejudicial deste acórdão, constitui um contrato de transporte que, por um preço global, combina viagem e alojamento na aceção do artigo 15º – nº 3 do Regulamento nº 44/2001 e que, para determinar se um comerciante que apresenta a sua atividade no seu sítio na Internet ou no sítio de um intermediário "dirige" a sua atividade ao Estado-Membro do domicílio do consumidor, na aceção do artigo 15º – nº 1 – c), é necessário apurar se, antes da eventual celebração de um contrato com o consumidor, resulta desses sítios na Internet e da atividade global do comerciante que este pretendia estabelecer relações comerciais com consumidores domiciliados num ou vários Estados-Membros, incluindo o do domicílio do consumidor, no sentido de que estava disposto a contratar com eles.

Os elementos seguintes, cuja enumeração não é exaustiva, podem constituir indícios que permitem considerar que o comerciante dirige a sua atividade ao Estado-Membro de domicílio do consumidor, cabendo ao juiz nacional apurar se existem esses indícios: a natureza internacional da atividade, a menção de itinerários a partir de outros Estados-Membros para chegar ao local onde o comerciante está estabelecido, a utilização de uma língua ou moeda diferentes das habitualmente utilizadas no Estado-Membro em que o comerciante está estabelecido, com a possibilidade de reservar e confirmar a reserva nessa língua, a menção de números de telefone com a indicação de um indicativo internacional, a realização de despesas num serviço de referenciação na Internet para facilitar aos consumidores domiciliados noutros Estados-Membros o acesso ao sítio do comerciante ou a um sítio do seu intermediário, a utilização de um nome de domínio de primeiro nível diferente do do Estado-Membro em que o comerciante está estabelecido e a menção de uma clientela internacional constituída por clientes domiciliados em diferentes Estados-Membros.

Pelo contrário, é insuficiente a simples acessibilidade do sítio na Internet do comerciante ou do intermediário no Estado do domicílio do consumidor. O mesmo se aplica à menção de um endereço eletrónico e de outros elementos ou à utilização de uma língua ou moeda que sejam habitualmente utilizadas no Estado-Membro em que o comerciante está estabelecido.

Contrato celebrado a distância

5 – O artigo 15º – nº 1 – c) do Regulamento nº 44/2001 deve ser interpretado no sentido de que não exige que o contrato entre o consumidor e o profissional tenha sido celebrado à distância, pois que, em primeiro lugar, esta disposição não condiciona expressamente a sua aplicação ao facto de os contratos abrangidos pelo seu âmbito de aplicação terem sido celebrados à distância; em segundo lugar, quanto à interpretação teleológica da referida disposição, o aditamento do requisito ligado à celebração de contratos de consumo à distância opor-se-ia ao objetivo prosseguido por esta disposição, nomeadamente o da proteção dos consumidores, partes mais fracas no contrato; em terceiro lugar, o requisito essencial do qual depende a aplicação do artigo 15º – nº 1 – c) é o que se refere à atividade comercial ou profissional dirigida para o Estado do domicílio do consumidor; a este respeito, tanto o contrato à distância como a reserva de um bem ou serviço à distância ou, a fortiori, a celebração de um contrato de consumo à distância são indícios da conexão do contrato com essa atividade – acórdão do Tribunal de Justiça (Quarta Secção) de 6.9.2012, no processo C-190/11.

Inexigência de nexo de causalidade

6 – O artigo 15º – nº 1 – c) do Regulamento nº 44/2001 deve ser interpretado no sentido de que não exige a existência de um nexo de causalidade entre o meio empregue para dirigir a atividade comercial ou profissional ao Estado-Membro do domicílio do consumidor, designadamente um sítio Internet, e a celebração do contrato com esses consumidores, mas a existência deste nexo de causalidade constitui um indício de conexão do contrato a essa atividade – acórdão do Tribunal de Justiça (Terceira Secção) de 17.10.2013.

O caso deste acórdão era este: um consumidor com domicílio na Alemanha comprou um automóvel a uma empresa sediada em França, próximo da fronteira com a Alemanha, e com um sítio na Internet a divulgar a empresa, incluindo um número de telefone francês e um número de telemóvel alemão, acompanhados dos respetivos indicativos internacionais, tendo-se deslocado à sede da empresa para a compra por ter sido informado por conhecidos e não pelo sítio da Internet e instaurou mais tarde uma ação na Alemanha contra o vendedor, considerando que o órgão jurisdicional da Alemanha tinha competência internacional para decidir o litígio ao abrigo do artigo 15º – nº 1 – c) do Regulamento.

Livrança completada pelo beneficiário domiciliado num Estado-Membro contra avalista domiciliado noutro Estado-Membro

7 – O acórdão do Tribunal de Justiça (Primeira Secção) de 14.3.2013, no processo C-419/11, decidiu que o artigo 15º – nº 1 deve ser interpretado no sentido de que uma pessoa singular que tem relações profissionais estreitas com uma sociedade, como um cargo de gerência ou uma participação maioritária na mesma, não pode ser considerada consumidor, na aceção desta disposição, quando avaliza uma livrança emitida para garantir as obrigações que incumbem a essa sociedade ao abrigo de um contrato relativo à concessão de um crédito e, por conseguinte, esta disposição não é aplicável para determinar o órgão jurisdicional competente para conhecer de uma ação judicial pela qual o beneficiário de uma livrança, estabelecido num Estado-Membro, reivindica os direitos decorrentes dessa livrança, incompleta à data da sua assinatura e completada posteriormente pelo beneficiário, contra o avalista domiciliado noutro Estado-Membro; o artigo 5º – nº 1 – a) é aplicável para determinar o órgão jurisdicional de reenvio competente para conhecer dessa ação judicial.

Contratos de consumo na vigência da Convenção de Bruxelas e posteriormente

8 – Numa situação, como a que está em causa no processo principal com referência ao qual foi proferida a decisão prejudicial do acórdão do Tribunal de Justiça (Primeira Secção) de 14.5.2009, no processo C-180/06, em que o consumidor pretende obter a condenação, em aplicação da legislação do Estado-Membro em cujo território tem domicílio e no Tribunal do lugar em que se encontra tal domicílio, de uma sociedade de venda por correspondência, estabelecida noutro Estado-Membro, a entregar-lhe um prémio que aparentemente terá ganho, e

- quando essa sociedade, com o objetivo de incitar este consumidor a contratar, tenha nominativamente endereçado a este último uma carta suscetível de lhe dar a impressão de que lhe seria atribuído um prémio desde que solicitasse o seu pagamento através da devolução do "certificado da reclamação do prémio" junto à referida carta
- mas sem que a atribuição deste prémio dependesse da encomenda de produtos propostos para venda por esta sociedade ou de uma encomenda à experiência,

As regras de competência enunciadas pelo Regulamento nº 44/2001 devem ser interpretadas do seguinte modo:

- tal ação judicial proposta pelo consumidor está abrangida pelo artigo 15º – nº 1 – c) do referido regulamento se o vendedor profissional se tiver obrigado juridicamente a pagar este prémio ao consumidor;
- quando esse requisito não se encontra preenchido, esta ação só está abrangida pela referida disposição do Regulamento na hipótese de o consumidor ter efetivamente efetuado uma encomenda a este vendedor profissional.

Este acórdão assinala que a redação do artigo 15º – nº 1 do Regulamento nº 44/ /2001 não é, ponto por ponto, idêntica à do correspondente artigo 13º, primeiro parágrafo, da Convenção de Bruxelas, uma vez que, enquanto o referido artigo 13º, primeiro parágrafo, limitava o âmbito de aplicação do seu ponto 3 aos contratos que tivessem "por objeto a prestação de serviços ou o fornecimento de bens móveis corpóreos", o artigo 15º – nº 1 – c) do Regulamento está redigido em termos mais gerais e amplos.

Na verdade, o artigo 13º, primeiro parágrafo da Convenção de Bruxelas tem a seguinte redação:

> "Em matéria de contrato celebrado por uma pessoa para finalidade que possa ser considerada estranha à sua atividade comercial ou profissional, a seguir denominada "consumidor", a competência será determinada pela presente secção, sem prejuízo do disposto no artigo 4º e no ponto 5 do artigo 5º:
>
> 1. Quando se trate de empréstimo a prestações de bens móveis corpóreos;
>
> 2. Quando se trate de empréstimo a prestações ou de outra operação de crédito relacionados com o financiamento da venda de tais bens;
>
> 3. Relativamente a outro contrato que tenha por objeto a prestação de serviços ou o fornecimento de bens móveis corpóreos, se:
>
> a) A celebração do contrato tiver sido precedida no Estado do domicílio do consumidor de uma proposta que lhe tenha sido especialmente dirigida ou de anúncio publicitário; e
>
> b) O consumidor tiver praticado nesse Estado os atos necessários para a celebração do contrato".

Assim, com exceção de determinados contratos de transporte excluídos do campo de aplicação das regras de competência em matéria de contratos de consumo pelo artigo 15º – nº 3 do referido Regulamento, o nº 1 – c) do mesmo artigo visa todos os contratos, seja qual for o seu objeto, desde que tenham sido celebrados por um consumidor com um profissional e se enquadrem no âmbito das atividades comerciais ou profissionais deste último. Por outro lado, os requisitos específicos de aplicação que os referidos contratos devem preencher, que eram enunciados detalhadamente no artigo 13º, primeiro parágrafo, ponto 3 – a) e b) da Convenção de Bruxelas, estão agora redigidos de forma mais geral no artigo 15º – nº 1 – c) do Regulamento, a fim de assegurar uma melhor proteção dos consumidores, atendendo aos novos meios de comunicação e ao desenvolvimento do comércio eletrónico.

Por isso, se é certo que o Tribunal de Justiça, nos acórdãos de 11.7.2002, no processo C-96/00 (Colet., p. I-6367) e de 20.1.2005, no processo C-27/02 (Colet., p. I-481) considerou que a aplicação do artigo 13º, primeiro parágrafo, da Convenção de Bruxelas estava limitada aos contratos que originassem prestações recíprocas e interdependentes das partes, baseando-se, de resto, expressamente na redação desta disposição, que se referia a "prestações de serviços ou o fornecimento de bens móveis corpóreos", em contrapartida o campo de aplicação do artigo 15º – nº 1 – c) do Regulamento nº 44/2001 deixou de estar limitado aos casos em que as partes assumem comportamentos recíprocos.

Mas o referido artigo 15º só se aplica quando a ação judicial em causa tenha por base um contrato celebrado entre um consumidor e um profissional.

Na verdade, tanto a parte introdutória do nº 1 do artigo 15º do Regulamento como o nº 1 – c) do mesmo artigo exigem que um "contrato" tenha sido "concluído"pelo consumidor com uma pessoa que tem atividade comercial ou profissional, o que é corroborado pelo título da secção 4 do capítulo II do Regulamento, em que se insere o artigo 15º referente à "competência em matéria de contratos celebrados por consumidores". Atendendo a este requisito de celebração de um contrato, o artigo 15º do Regulamento está redigido em termos que, no essencial, são idênticos aos do artigo 13º da Convenção de Bruxelas.

Ora, quanto a este requisito, é concebível, no âmbito do artigo 15º – nº 1 – c) do Regulamento, que uma das partes se limite a manifestar a sua aceitação, sem assumir ela própria uma qualquer obrigação jurídica em relação à outra parte no contrato, mas é indispensável, para que possa existir um contrato na aceção desta disposição, que esta última parte assuma tal compromisso jurídico, apresentando uma proposta firme, suficientemente clara e precisa quanto ao seu objeto e ao seu alcance, para dar origem a um vínculo de natureza contratual como referido nesta disposição.

E só se pode considerar que esta última exigência está satisfeita no caso de, no âmbito de uma promessa de prémio como a do processo principal relativamente ao qual foi proferida a decisão prejudicial do citado acórdão do Tribunal de Justiça de 14.5.2009, ter existido um compromisso jurídico assumido pela sociedade de venda por correspondência, isto é, esta deve ter expresso claramente a sua vontade de ficar vinculada por este compromisso, em caso de aceitação deste pela outra parte, declarando-se incondicionalmente disposta a pagar o prémio em causa aos consumidores que o reclamassem, competindo ao órgão jurisdicional de reenvio apreciar se esta exigência está preenchida na causa que lhe foi submetida, porque, não estando preenchida, a situação poderia, quando muito, ser qualificada como pré-contratual ou quase contratual e poderia então, sendo caso disso, ser unicamente abrangida pelo artigo 5º, ponto 1, do Regulamento, disposição à qual há que reconhecer um campo de aplicação mais amplo do que o do artigo 15º. Por outras palavras, não estando preenchida a referida exigência, não se tendo obrigado contratualmente o profissional a pagar o prémio ao consumidor que exige o seu pagamento, não é aplicável o artigo 15º, a não ser que a promessa falaciosa de prémio tenha sido seguida da celebração de um contrato pelo consumidor com a sociedade de venda por correspondência, materializando-se numa encomenda efetuada a esta sociedade.

Pelo exposto, não existindo uma diferença substancial de redação entre o artigo 15º do Regulamento nº 44/2001 e o artigo 13º da Convenção de Bruxelas, relativamente à exigência de celebração de um contrato entre as partes, deve concluir-se que a jurisprudência referente àquele artigo 13º deve ser transposta para o âmbito do artigo 15º, pois importa assegurar, nos termos do décimo nono considerando do Regulamento, a continuidade de interpretação, destes dois instrumentos jurídicos, assim se salvaguardando o respeito pelo princípio da segurança jurídica que constitui um dos fundamentos daqueles instrumentos.

Artigo 18º

1. O consumidor pode intentar uma ação contra a outra parte no contrato, quer nos tribunais do Estado-Membro onde estiver domiciliada essa parte, quer no tribunal do lugar onde o consumidor tiver domicílio, independentemente do domicílio da outra parte.
2. A outra parte no contrato só pode intentar uma ação contra o consumidor nos tribunais do Estado-Membro em cujo território estiver domiciliado o consumidor.
3. O presente artigo não prejudica o direito de formular um pedido reconvencional no tribunal em que, nos termos da presente secção, tiver sido intentada a ação principal.

NOTAS

Vide última nota ao artigo 8º sobre reconvenção.

Artigo 18º – nº 1

A "outra parte no contrato" designa também o co-contratante do operador com o qual o consumidor celebrou o contrato e que tem a sua sede no território do Estado-Membro em que esse consumidor tem domicílio.

1 – Corresponde ao artigo 16º – nº 1 do Regulamento nº 44/2001 e o acórdão do Tribunal de Justiça (Oitava Secção) de 14.11.2013, no processo C-478/12, decidiu que o conceito de "outra parte no contrato" deve ser interpretado no sentido de que designa, em circunstâncias como as que estão em causa no processo principal em relação ao qual foi proferida a decisão prejudicial do acórdão, também o co-contratante do ope-

rador com o qual o consumidor celebrou o contrato e que tem a sua sede no território do Estado-Membro em que esse consumidor tem domicílio.

O caso era este: um casal com domicílio em Bludesch, na Áustria, reservara e pagara para si uma viagem a uma sociedade com sede na Alemanha que declarava agir na qualidade de agente de viagens e especificava que a viagem era operada por uma sociedade com sede em Viena e demandou ambas as sociedades no Tribunal do domicílio do casal, tendo o Tribunal considerado que estava preenchido, quanto à sociedade com sede na Alemanha, o requisito imposto no artigo 15º – nº 1 relativamente à atividade dirigida à Áustria, pelo que se considerou competente para decidir do mérito; o casal recorreu dessa decisão para o órgão jurisdicional de reenvio, alegando que a reserva da viagem estava, como negócio jurídico único, ligada a ambas as sociedades, mesmo à que tinha a sua sede em Viena, onde não tinha de a demandar, como se a situação fosse puramente interna, de modo a serem aplicáveis apenas as disposições do direito nacional relativas à competência territorial dos tribunais.

Segundo o órgão jurisdicional de reenvio, visto que as normas especiais de competência previstas nos artigos 15º e seguintes do Regulamento em matéria de contratos celebrados pelos consumidores têm por objeto proteger a parte fraca do contrato mediante a concessão de foros opcionais e a restrição da admissibilidade de pactos atributivos de jurisdição, essa proteção ficaria comprometida se os direitos do consumidor decorrentes de uma única operação de reserva não pudessem ser invocados contra os dois co-contratantes perante o tribunal competente, nos termos do artigo 16º – nº 1 do Regulamento.

O Tribunal de Justiça, considerando que havia que examinar se o Regulamento nº 44/2001, nas circunstâncias do caso, era aplicável à sociedade com sede em Viena e se existia um elemento de estraneidade susceptível de justificar essa aplicação, salientou que a este respeito, no âmbito da Convenção de Bruxelas, o Tribunal já tinha declarado que a aplicação das regras de competência desta Convenção exige a existência de um elemento de estraneidade e que o caráter internacional da relação jurídica em causa não tem necessariamente de decorrer, para efeitos de aplicação do artigo 2º da Convenção correspondente ao artigo 2º do Regulamento nº 44/2001, da implicação de diversos Estados contratantes, devido ao mérito da questão ou ao domicílio das partes no litígio, citando o acórdão do Tribunal de Justiça de 1.3.2005, no processo C-281/02 (Colet., p. I-1383).

Uma vez que o Regulamento substituiu a Convenção de Bruxelas, a interpretação do Tribunal de Justiça das disposições dessa Convenção é válida igualmente para as do Regulamento, quando as disposições desses instrumentos possam ser qualificadas de equivalentes – acórdão do Tribunal de Justiça de 4.5.2010, no processo C-533/08 (Colet., p. I-4107 e jurisprudência aí referida).

Embora o caráter internacional da relação jurídica em causa não tenha necessariamente de decorrer da implicação de diversos Estados-Membros, devido ao mérito da questão ou ao domicílio respetivo das partes no litígio, há que concluir, tal como a Comissão e o Governo português, que o Regulamento nº 44/2001 é, *a fortiori*, aplicável ao caso dos autos, estando o elemento de estraneidade presente não apenas no que respeita à sociedade com sede na Alemanha, o que é pacífico, mas também no que respeita à sociedade com sede em Viena, pois que, mesmo supondo que uma operação única como a reserva de uma viagem possa ser cindida em duas relações contratuais distintas, uma com a sociedade sediada na Alemanha e outra com a sociedade sediada em Viena, esta última relação contratual não poderia ser qualificada de "puramente interna", uma vez que estaria indissoluvelmente ligada à primeira relação contratual, tendo sido realizada através da agência de viagens sediada na Alemanha.

Além disso, deve ter-se em conta os objetivos previstos nos considerandos décimo terceiro e décimo quinto do Regulamento nº 44/2001 relativos, respetivamente, à proteção do consumidor como "parte mais fraca" no contrato e à minimização da "possibilidade de instaurar processos concorrentes [a fim de] evitar que sejam proferidas decisões inconciliáveis em dois Estados-Membros competentes".

Esses objetivos obstam – conclui o acórdão do Tribunal de Justiça – a uma solução que permita ao casal que reservou a viagem demandar paralelamente, tanto em Bludenz como em Viena, através de ações conexas, os dois operadores implicados na reserva e na execução da viagem.

Inaplicabilidade ao cessionário do crédito do consumidor

2 – Um cessionário de direitos que, no exercício da sua atividade profissional, invoque em juízo o crédito do cedente, resultante de um contrato celebrado com um consumidor, não pode beneficiar das regras especiais de competência previstas em matéria de contratos celebrados pelos consumidores, uma vez que a sua finalidade é a proteção da parte mais fraca e juridicamente menos experiente – acórdão do Tribunal de Justiça de 19.1.1993, C-89/91.

Artigo 18º – nº 2 – último domicílio conhecido do consumidor

3 – Corresponde ao artigo 16º – nº 2 do Regulamento nº 44/2001.

1) O Regulamento nº 44/2001 deve ser interpretado no sentido de que a aplicação das regras de competência por este estabelecidas pressupõe que a situação em causa no litígio submetido a um órgão jurisdicional de um Estado-Membro seja suscetível de levantar questões relativas à determinação da competência internacional desse órgão jurisdicional. Essa situação verifica-se num caso como o do processo principal relativamente ao qual foi proferida esta decisão prejudicial, no qual um órgão jurisdicional de um Estado-Membro é chamado a conhecer de uma ação intentada contra um nacional doutro Estado-Membro cujo domicílio é desconhecido por esse órgão jurisdicional.

2) O Regulamento deve ser interpretado no sentido de que

- numa situação como a que está em causa no processo principal, na qual um consumidor, parte num contrato de crédito imobiliário de longa duração que prevê a obrigação de informar o co-contratante de qualquer alteração da morada, renuncia ao seu domicílio antes da propositura de uma ação contra si por violação das suas obrigações contratuais, são competentes para conhecer da dita ação os órgãos jurisdicionais do Estado-Membro em cujo território se encontra o último domicílio conhecido do consumidor, nos termos do artigo 16º – nº 2 do Regulamento, caso não consigam determinar, ao abrigo do artigo 59º do mesmo Regulamento, o domicílio atual do requerido e também não disponham de indícios probatórios que lhes permitam concluir que este está efetivamente domiciliado fora do território da União Europeia;

- este Regulamento não se opõe à aplicação de uma disposição de direito processual interno de um Estado-Membro que, com o propósito de evitar situações de denegação de justiça, permite intentar uma ação contra uma pessoa na sua ausência e cujo domicílio é desconhecido, se o órgão jurisdicional que conhece do litígio se tiver assegurado, antes de proferir decisão sobre o mesmo, de que foram efetuadas todas as averiguações exigidas pelos princípios da diligência e da boa fé para encontrar o requerido – acórdão do Tribunal de Justiça (Primeira Secção) de 17.11.2011, processo C-327/10.

Nos considerandos deste acórdão, refere-se que é verdade que a nacionalidade estrangeira de uma das partes no litígio não é tida em conta pelas regras de competência estabelecidas pelo Regulamento, mas, como sublinhou a Advogada-geral, importa distinguir entre, por um lado, a questão de saber em que circunstâncias as regras de competência do Regulamento devem ser aplicadas e, por outro, a de saber por que critérios se rege a competência internacional em aplicação destas regras.

Ora é evidente que, em circunstâncias como as do processo principal, a nacionalidade estrangeira do requerido pode levantar questões em relação à determinação da competência internacional do órgão jurisdicional ao qual é submetida a questão.

De facto, numa situação como a da lide principal, os órgãos jurisdicionais do Estado-Membro da nacionalidade do requerido podem também declarar-se competentes, mesmo na inexistência de um domicílio conhecido deste último nesse Estado. Nestas circunstâncias, a aplicação das regras uniformes de competência estabelecidas pelo Regulamento, em vez das regras em vigor nos diferentes Estados-Membros, está em conformidade com a exigência de segurança jurídica e com o objetivo deste Regulamento de garantir, na medida do possível, a proteção dos requeridos domiciliados no território da União Europeia.

Daqui decorre que são aplicáveis as regras de competência do Regulamento numa situação na qual o requerido é de nacionalidade estrangeira e não tem domicílio conhecido no Estado em cujo território se encontra o órgão jurisdicional no qual é intentada a ação.

Para responder à questão de se saber se o Regulamento nº 44/2001 deve ser interpretado no sentido de que se opõe a uma disposição de direito nacional de um Estado-Membro que permite intentar uma ação contra pessoas com domicílio desconhecido, o acórdão que vimos comentando refere que o Regulamento como a Convenção de Bruxelas não têm por objeto unificar todas as normas de direito processual dos Estados-Membros, mas repartir as competências jurisdicionais para a solução dos litígios em matéria civil e comercial nas relações entre esses Estados e facilitar a execução das decisões jurisdicionais, invocando nesse sentido o acórdão de 5.2.2004, no processo C-18/02 (Colet., p. I-1417).

Tratando-se de uma ação intentada contra o consumidor pela outra parte no contrato, o artigo 16º – nº 2 prevê que tal ação apenas pode ser proposta nos tribunais do Estado-Membro em cujo território estiver domiciliado o consumidor. Assim, quando um juiz nacional é chamado a conhecer de uma ação contra um consumidor, deve, em primeiro lugar, verificar se o requerido tem domicílio no território do seu Estado-Membro, aplicando, de acordo com o artigo 59º – nº 1 do Regulamento, o seu próprio direito.

Em seguida, se o referido Juiz chegar à conclusão de que o requerido não tem domicílio no território do seu Estado-Membro, deve então verificar se este último tem domicílio no território de um outro Estado-Membro. Para este efeito, aplica, de acordo com o artigo 59º – nº 2 do Regulamento, o direito desse outro Estado-Membro.

Se, por fim, o Juiz nacional, por um lado, não conseguir de todo identificar o local do domicílio do consumidor e, por outro, também não dispuser de indícios de prova que lhe permitam concluir que este está, efetivamente, domiciliado fora do território da União – hipótese em que se aplica o artigo 4º do Regulamento – importa verificar se o artigo 16º – nº 2 deste pode ser interpretado no sentido de que a regra de competência dos órgãos jurisdicionais do Estado-Membro em cujo território se encontra o domicílio do consumidor, regra enunciada naquela disposição, abrange também o último domicílio conhecido do consumidor, solução que corresponde à lógica do Regulamento e se enquadra no sistema por ele estabelecido, pois está em perfeita conformidade com o objetivo que o Regulamento prossegue de reforçar a proteção jurídica das pessoas estabelecidas na União, permitindo simultaneamente ao demandante identificar facilmente o órgão jurisdicional a que pode recorrer e ao requerido prever razoavelmente aquele no qual pode ser demandado – Cfr. acórdão de 25.10.2011, nos processos C-509/09 e 161/10.

A solução permite ainda, ao mesmo tempo que privilegia a aplicação das regras uniformes estabelecidas pelo Regulamento em vez das regras nacionais divergentes, evitar que a impossibilidade de localizar o domicílio atual do requerido impeça a identificação de um tribunal competente e prive assim o requerente do seu direito a um recurso jurisdicional. Tal situação pode verificar-se nomeadamente num caso em que um consumidor, que, nos termos do artigo 16º – nº 2, deve ser demandado nos órgãos jurisdicionais do Estado-Membro em cujo território está domiciliado, renunciou ao seu domicílio antes de a ação ser intentada contra si.

Por fim, o critério do último domicílio conhecido do consumidor permite, para efeitos da aplicação do artigo 16º – nº 2, assegurar um justo equilíbrio entre os direitos do requerente e os do requerido precisamente num caso em que este último tinha a obrigação de informar o seu co-contratante de todas as alterações de morada que ocorressem depois da assinatura do contrato de crédito imobiliário de longa duração.

Relativamente às exigências a respeitar no processo contra pessoas com domicílio desconhecido, todas as disposições do Regulamento nº 44/2001 exprimem a intenção de zelar por que, no quadro dos objetivos deste, os processos conducentes à adoção de decisões judiciais se desenrolem no respeito dos direitos de defesa – acórdãos de 21.5.1980, no processo 125/79 (Recueil, p. 1553) e de 2.4.2009, no processo C-394/07 (Colet., p. I-2563)

Contudo, a exigência do respeito dos direitos de defesa, tal como se encontra consagrada no artigo 47º da Carta dos Direitos Fundamentais da União Europeia, deve ser aplicada em simultâneo com o respeito do direito do requerente de recorrer a um órgão jurisdicional para que este se pronuncie quanto à procedência das suas pretensões.

A este respeito, o Tribunal de Justiça já declarou que a preocupação de evitar situações de denegação de justiça com as quais seria confrontado o requerente devido à impossibilidade de localizar o requerido constitui um objetivo de interesse geral desse tipo – citado acórdão de 2.4.2009 – incumbindo ao órgão jurisdicional de reenvio verificar se a disposição nacional em causa prossegue efetivamente esse objetivo.

É verdade que a possibilidade de prosseguir o processo contra a vontade do requerido mediante a notificação da ação a um mandatário *ad litem* nomeado pelo órgão jurisdicional em causa restringe os direitos de defesa do requerido, mas esta restrição é justificada à luz do direito do requerente de a uma proteção efetiva, visto que, não existindo tal processo, este direito não passaria de letra morta.

De facto, contrariamente à situação do requerido que, quando tenha sido privado da faculdade de se defender de forma eficaz, terá a possibilidade de fazer respeitar os direitos de defesa, opondo-se, nos termos do artigo 34º – nº 2 do Regulamento nº 44/2001, ao reconhecimento da sentença contra si proferida, – acórdão de 11.6.1985, no processo C-49/84 (Recueil, p. 1779), o requerente arrisca-se a ficar privado de qualquer possibilidade de ação em juízo.

Artigo 19º

As partes só podem derrogar o disposto na presente secção por acordos que:

1. Sejam posteriores ao surgimento do litígio;

2. Permitam ao consumidor recorrer a tribunais que não sejam os indicados na presente secção; ou

3. Sejam celebrados entre o consumidor e o seu co-contratante, ambos com domicílio ou residência habitual, no momento da celebração do contrato, num mesmo Estado-Membro, e atribuam competência aos tribunais desse Estado-Membro, salvo se a lei desse Estado-Membro não permitir tais acordos.

SECÇÃO 5 – Competência em matéria de contratos individuais de trabalho

Artigo 20º

1. Em matéria de contrato individual de trabalho, a competência é determinada pela presente secção, sem prejuízo do disposto no artigo 6º, no artigo 7º, ponto 5, e, no caso de ação intentada contra a entidade patronal, no artigo 8º, ponto 1.

2. Se um trabalhador celebrar um contrato individual de trabalho com uma entidade patronal que não tenha domicílio num Estado-Membro mas tenha uma filial, agência ou outro estabelecimento num Estado-Membro, considera-se, quanto aos litígios resultantes do funcionamento dessa filial, agência ou estabelecimento, que a entidade patronal tem o seu domicílio nesse Estado-Membro.

NOTAS

– É o seguinte o décimo oitavo considerando do Regulamento:

> (18) No respeitante aos contratos de seguro, de consumo e de trabalho, é conveniente proteger a parte mais fraca por meio de regras de competência mais favoráveis aos seus interesses do que a regra geral.

– As regras de competência da secção 5 só podem ser derrogadas por vontade das partes nos termos do artigo 23º e a sua violação numa decisão, caso o lesado seja um trabalhador, acarreta a recusa de reconhecimento da decisão (artigo 45º – nº 1 -e) – i)-) e a recusa de execução da mesma (artigo 46º com referência ao artigo 45º – nº 1 -e) – i)-).

Artigo 20º – nº 1

1 – *Vide* o acórdão do Tribunal de Justiça (Primeira Secção) de 22.5.2008, C-462/06, citado na nota 4 ao artigo 8º – 1), proferido na vigência do artigo 18º do Regulamento nº 44/2001, e o nosso comentário em sentido contrário à decisão do acórdão à luz deste artigo 20º do Regulamento 1215/2012.

Do acórdão do Tribunal de Justiça (Primeira Secção) de 22.5.2008, C-462/06, a que nos referimos em anotação ao artigo 8º, resulta a inaplicabilidade do artigo 6º – 1) do Regulamento nº 44/2001 em matéria de contratos individuais de trabalho, disposição a que corresponde o artigo 8º – 1) do Regulamento nº 1215/2012. Mas, enquanto o artigo 18º – nº 1 daquele primeiro Regulamento dispunha que "em matéria de contrato individual de trabalho, a competência é determinada pela presente secção, sem prejuízo do disposto no artigo 4º e no artigo 5º, ponto 5", o artigo 20º do Regulamento nº 1215/2012, que corresponde àquele artigo 18º, dispõe que "em matéria de contratos individuais de trabalho, a competência é determinada pela presente secção, sem prejuízo do disposto no artigo 6º, no artigo 7º, ponto 5, e, no caso de ação intentada contra a entidade patronal, no artigo 8º, ponto 1".

Assim, o artigo 8º ponto 1 deste Regulamento é aplicável atualmente em matéria de contratos individuais de trabalho, em ação intentada contra a entidade patronal.

Artigo 20º – nº 2
Embaixada de um Estado terceiro situada no território de um Estado-Membro constitui um "estabelecimento"

2 – Corresponde ao artigo 18º – nº 2 do Regulamento nº 44/2001 e o acórdão do Tribunal de Justiça de 19.7.2012 (Grande Secção), no processo C-154/11, decidiu que o artigo 18º -nº 2 do Regulamento nº 44/2001 deve ser interpretado no sentido de que uma embaixada de um Estado terceiro situada no território de um Estado-Membro constitui um "estabelecimento", na aceção desta disposição, num litígio relativo a um contrato de trabalho celebrado por esta em nome do Estado acreditante, quando as funções desempenhadas pelo trabalhador não se enquadram no exercício do poder público, competindo ao órgão jurisdicional nacional determinar a natureza exata das funções exercidas pelo trabalhador (os princípios de direito internacional geralmente reconhecidos em matéria de imunidade, matéria onde se compreendem as funções de uma embaixada – artigo 3º da Convenção de Viena sobre Relações Diplomáticas – excluem que um Estado possa ser demandado perante um órgão jurisdicional de outro Estado, encontrando-se essa imunidade de jurisdição consagrada no direito internacional e baseando-se no princípio *in parem non habet imperium*, pelo que não pode ser submetido à competência jurisdicional de outro Estado, mas essa imunidade não tem um valor absoluto, só sendo geralmente reconhecida quando o litígio respeita a atos de soberania realizados *jure imperii* e podendo ser excluída se o recurso jurisdicional tiver como objeto atos realizados *jure gestionis*, os quais não estão abrangidos pelo poder público); o artigo 21º – nº 2 do Regulamento deve ser interpretado no sentido de que um pacto atributivo de jurisdição, celebrado antes de surgir um diferendo, está abrangido por esta disposição na medida em que ofereça ao trabalhador a possibilidade de intentar ações em outros órgãos jurisdicionais, além dos normalmente competentes por força das regras especiais dos artigos 18º e 19º deste Regulamento, incluindo, se necessário, órgãos jurisdicionais situados fora da União.

Artigo 21º

1. Uma entidade patronal domiciliada num Estado-Membro pode ser demandada:

a) Nos tribunais do Estado-Membro em que tiver domicílio; ou

b) Noutro Estado-Membro:

i) no tribunal do lugar onde ou a partir do qual o trabalhador efetua habitualmente o seu trabalho, ou no tribunal do lugar onde efetuou mais recentemente o seu trabalho, ou

ii) se o trabalhador não efetua ou não efetuava habitualmente o seu trabalho num único país, no tribunal do lugar onde se situa ou se situava o estabelecimento que contratou o trabalhador.

2. Uma entidade patronal não domiciliada num Estado-Membro pode ser demandada nos tribunais de um Estado-Membro nos termos do nº 1, alínea b).

NOTAS

No artigo 18º – nº 1 estabelece-se para o consumidor a possibilidade de ele demandar a contraparte com domicílio num Estado terceiro, possibilidade que o nº 2 deste artigo dá ao trabalhador em relação à entidade patronal não domiciliada num Estado-Membro. Não se consagra, porém, no Regulamento idêntica possibilidade para o segurado.

Artigo 22º

1. A entidade patronal só pode intentar uma ação nos tribunais do Estado-Membro em que o trabalhador tiver domicílio.

2. O disposto na presente secção não prejudica o direito de formular um pedido reconvencional no tribunal em que, nos termos da presente secção, tiver sido intentada a ação principal.

NOTAS

Vide anotação ao artigo 8º – 3).

Artigo 23º

As partes só podem derrogar o disposto na presente secção por acordos que:

1) Sejam posteriores ao surgimento do litígio; ou

2) Permitam ao trabalhador recorrer a tribunais que não sejam os indicados na presente secção.

NOTAS

Artigo 23º – nº 2

Ver o acórdão do Tribunal de Justiça (Primeira Secção) de 22.5.2008, C-462/06, citado na nota 4 ao artigo 8º – 1) e na nota 1 ao artigo 20º.

SECÇÃO 6 – Competências exclusivas

Artigo 24º

Têm competência exclusiva os seguintes tribunais de um Estado-Membro, independentemente do domicílio das partes:

1) Em matéria de direitos reais sobre imóveis e de arrendamento de imóveis, os tribunais do Estado-Membro onde se situa o imóvel.

Todavia, em matéria de contratos de arrendamento de imóveis celebrados para uso pessoal temporário por um período máximo de seis meses consecutivos, são igualmente competentes os tribunais do Estado-Membro onde o requerido tiver domicílio, desde que o arrendatário seja uma pessoa singular e o proprietário e o arrendatário tenham domicílio no mesmo Estado-Membro.

2) Em matéria de validade da constituição, de nulidade ou de dissolução de sociedades ou de outras pessoas coletivas ou associações de pessoas singulares ou coletivas, ou de validade das decisões dos seus órgãos, os tribunais do Estado-Membro em que a sociedade, pessoa coletiva ou associação tiverem a sua sede. Para determinar essa sede, o tribunal aplica as suas regras de direito internacional privado.

3) Em matéria de validade de inscrições em registos públicos, os tribunais do Estado-Membro em que esses registos sejam conservados

4) Em matéria de registo ou validade de patentes, marcas, desenhos e modelos e outros direitos análogos sujeitos a depósito ou a registo, independentemente de a questão ser suscitada por via de ação ou por via de exceção, os tribunais do Estado-Membro onde o depósito ou o registo tiver sido reque-

rido, efetuado ou considerado efetuado nos termos de um instrumento da União ou de uma convenção internacional[7].

Sem prejuízo da competência do Instituto Europeu de Patentes ao abrigo da Convenção relativa à Emissão de Patentes Europeias, assinada em Munique em 5 de outubro de 1973[8], os tribunais de cada Estado-Membro são os únicos competentes em matéria de registo ou de validade das patentes europeias emitidas para esse Estado-Membro.

5) Em matéria de execução de decisões, os tribunais do Estado-Membro do lugar da execução.

NOTAS

- As regras de competência da secção 6 não podem ser derrogadas por vontade das partes e a sua violação numa decisão acarreta a recusa de reconhecimento da decisão (artigo 45º – nº 1 – e) – ii)-) e a recusa de execução da mesma (artigo 46º com referência ao artigo 45º – nº 1 -e) – ii)-).
- Nos termos do artigo 27º, "o tribunal de um Estado-Membro no qual seja instaurada, a título principal, uma ação relativamente à qual tenha competência exclusiva o tribunal de outro Estado-Membro por força do artigo 24º deve declarar-se oficiosamente incompetente", o que, assim, não prejudica a competência dos tribunais dos outros Estados-Membros para decretarem, nos termos do artigo 35º medidas provisórias e cautelares nos litígios abrangidos pelas competências exclusivas por não se tratar de ações instauradas a título principal.

1 – Corresponde ao artigo 22º do Regulamento nº 44/2001 e ao artigo 16º da Convenção de Bruxelas.

Artigo 24º – 1)

Inaplicabilidade a processo de jurisdição voluntária de autorização para venda de bens imóveis de incapazes

2 – O acórdão do Tribunal de Justiça (Terceira Secção) de 3.10.2013, no processo C-386/12, decidiu que o Regulamento nº 44/2001, nomeadamente o seu artigo 22º, ponto 1, deve ser interpretado no sentido de que não se aplica a um processo de jurisdição voluntária iniciado por um nacional de um Estado-Membro, declarado parcialmente incapaz, na sequência da sua colocação em regime de curatela em conformidade com a legislação desse Estado, num órgão jurisdicional de um outro Estado-Membro a fim de obter autorização para vender a quota de um imóvel de que é proprietário, si-

[7] Como o Acordo de Madrid de 14 de abril de 1891 referente ao registo internacional de marcas de fábrica ou de comércio publicado no Diário do Governo, I Série, nº 107, de 8.5.1931, e o Acordo da Haia de 1925 sobre o depósito internacional de desenhos e modelos.

[8] Aprovada para ratificação pelo Decreto nº 52/91, de 30 de Agosto.

tuado no território desse outro Estado-Membro, na medida em que tal processo diz respeito "à capacidade das pessoas singulares", nos termos do artigo 1º – nº 2 – a) deste Regulamento, a qual está excluída do âmbito de aplicação material do mesmo.

Exclusão das perturbações de bens imóveis por radiações de uma central nuclear de um Estado-Membro vizinho

3 – O artigo 16º – nº 1 – a) da Convenção de Bruxelas deve ser interpretado no sentido de que não é abrangida pelo campo de aplicação dessa disposição uma ação destinada a impedir as perturbações que afetam ou podem afetar bens imóveis de que é proprietário o demandante, decorrentes de radiações ionizantes provocadas por uma central nuclear sita no território de um Estado vizinho daquele em que os bens estão situados – acórdão do Tribunal de Justiça (Primeira secção) de 18.5.2006, C-343/04.

Exclusão da posse de um imóvel na qualidade de trustee

4 – A ação destinada a obter a declaração de que uma pessoa é possuidora de um bem imóvel na qualidade de trustee e a injunção para que prepare os documentos necessários para que o autor se torne titular da legal ownership não é uma ação em matéria de direitos reais na aceção do artigo 16º – nº 1 da Convenção de Bruxelas – acórdão do Tribunal de Justiça de 17.5.1994, no processo C-294/92.

Vide anotação ao artigo 7º – 6).

Inclusão de uma ação de declaração de invalidade do exercício de um direito de preferência que onera um imóvel

5 – O artigo 22º – nº 1 do Regulamento nº 44/2001 deve ser interpretado no sentido de que está abrangida pela categoria de litígios "em matéria de direitos reais sobre imóveis" prevista nesta disposição uma ação como a intentada no caso vertente perante um órgão jurisdicional de um outro Estado-Membro, destinada a obter a declaração de invalidade do exercício de um direito de preferência que onera esse imóvel e que produz efeitos em relação a todos; o artigo 27º – nº 1 do mesmo Regulamento deve ser interpretado no sentido de que, antes de suspender a instância em aplicação desta disposição, o órgão jurisdicional chamado a pronunciar-se em segundo lugar deve apreciar se, em razão da inobservância da competência exclusiva prevista no artigo 22º – nº 1 deste Regulamento, uma eventual decisão de mérito do órgão jurisdicional chamado a pronunciar-se em primeiro lugar não será reconhecida nos outros Estados-Membros, em conformidade com o artigo 35º – nº 1 do referido Regulamento – acórdão do Tribunal de Justiça (Terceira Secção) de 3.4.2014, no processo C-438/12.

No caso deste acórdão, por petição de 29.3.2010, uma sociedade de direito alemão, da qual era dirigente um filho de M. Weber, com escritório em Milão, intentou, no Tribunale ordinario di Milano, uma ação contra I. Weber e M. Weber destinada a obter, por um lado, a declaração de invalidade do exercício por I. Weber do direito de preferência na venda da quota-parte de M. Weber num imóvel de ambas, situado em Munique; em 15.7.2010, I. Weber instaurou uma ação no Landgericht München pedindo que M. Weber fosse obrigada a autorizar a inscrição no registo predial da transferência da propriedade da quota-parte dela no imóvel; o Landgericht München, tendo em conta o processo já instaurado no Tribunale ordinario di Milano, com base no artigo 27º – nº 1 do Regulamento nº 44/2001 e, a título subsidiário, no artigo 28º – nºs 1 e 3, decidiu suspender a instância, decisão de que I. Weber interpôs recurso para o Oberlandgericht München, que submeteu ao Tribunal de Justiça várias questões prejudiciais, entre as quais a de saber se o artigo 22º – nº 1 deve ser interpretado no sentido de que está abrangida pela categoria de litígios "em matéria de direitos reais sobre imóveis" prevista nesta disposição uma ação como aquela intentada no caso vertente perante o órgão jurisdicional de um outro Estado-Membro, destinada a obter a declaração de invalidade do exercício de um direito de preferência que onera um imóvel e que produz efeitos em relação a todos.

M. Weber suscitou a questão da inadmissibilidade desta questão prejudicial, sustentando que esta respeita a um ponto que não tem nenhuma relevância para o processo pendente no órgão jurisdicional alemão chamado a pronunciar-se em segundo lugar, muito embora este possa, contudo, ter relevância para o processo pendente no órgão jurisdicional italiano chamado a pronunciar-se em primeiro lugar. M. Weber alega, nomeadamente, a este respeito, que o órgão jurisdicional chamado a pronunciar-se em segundo lugar não está autorizado a apreciar a competência do órgão jurisdicional chamado a pronunciar-se em primeiro lugar. A referida questão carece de pertinência para efeitos da decisão de suspensão da instância, que o órgão jurisdicional de reenvio pode proferir ao abrigo dos artigos 27º e 28º do Regulamento.

A este respeito, o acórdão recorda que, segundo jurisprudência constante, no âmbito de um processo nos termos do artigo 267º TFUE, baseado numa nítida separação de funções entre os órgãos jurisdicionais nacionais e o Tribunal de Justiça, o Juiz nacional é o único competente para declarar e apreciar os factos do litígio no processo principal, assim como para interpretar e aplicar o direito nacional. De igual modo, compete exclusivamente ao Juiz nacional que foi chamado a apreciar o litígio e que deve assumir a responsabilidade pela decisão jurisdicional, apreciar, tendo em conta as especificidades do processo, tanto a necessidade como a pertinência das questões que submete ao Tribunal de Justiça. Consequentemente, sempre que as questões submetidas tenham por objeto a interpretação do direito da União, o Tribunal de Justiça é, em princípio, obrigado a pronunciar-se (*vide*, designadamente, o acórdão de 21.2.2013, no processo C-332/11).

Assim, o Tribunal de Justiça só pode recusar-se a responder a uma questão submetida à sua apreciação por um órgão jurisdicional nacional quando for manifesto que a interpretação solicitada do direito da União não está de modo nenhum relacionada com a realidade ou com o objeto do litígio no processo principal, quando o problema for de natureza hipotética ou ainda quando o Tribunal de Justiça não disponha dos elementos de facto ou de direito necessários para dar uma resposta útil às questões que lhe foram submetidas (*vide*, designadamente, o acórdão de 5.12.2013, no processo C-413/12)[9].

Nestas condições, a questão é admissível.

Quanto ao mérito, como resulta do artigo 22º – nº 1 do Regulamento nº 44/2001, os tribunais do Estado-membro onde o imóvel se situa – *forum rei sitae* – têm competência exclusiva em matéria de direitos reais sobre imóveis.

O Tribunal de Justiça já teve oportunidade de referir, na sua jurisprudência relativa ao artigo 16º – nº 1 – a) da Convenção de Bruxelas, a qual se aplica também à interpretação do artigo 22º – nº 1 do Regulamento nº 44/2001, que, de forma a garantir, na medida do possível, a igualdade e uniformidade dos direitos e obrigações que decorrem seta Convenção para os Estados-Membros e para as pessoas interessadas, o sentido da expressão "em matéria de direitos reais sobre imóveis" deve, em direito da União, ser determinado, de forma autónoma (*vide* o acórdão de 10.1.1990,C-115/88, Colet., I-27).

Quanto a o artigo 27º – nº 1 do Regulamento dever ser interpretado no sentido de que, previamente à suspensão da instância prevista nesta disposição, o órgão jurisdicional chamado a pronunciar-se em segundo lugar deve analisar se, por força da inobservância da competência exclusiva prevista no artigo 22º – nº 1 , uma eventual decisão de mérito do órgão jurisdicional chamado a pronunciar-se em primeiro lugar não será reconhecida nos outros Estados-Membros, em conformidade com o disposto no artigo 35º – nº 1, o acórdão em análise recorda que resulta dos termos do artigo 27º do Regulamento que, em situação de litispendência, o órgão jurisdicional chamado a pronunciar-se em segundo lugar deve suspender oficiosamente a instância até que seja estabelecida a competência do órgão jurisdicional chamado a pronunciar-se em primeiro lugar, e, quando seja esse o caso, declarar-se incompetente a favor deste último.

Mas, tendo sido chamado a pronunciar-se sobre a questão de saber se a disposição da Convenção de Bruxelas correspondente ao artigo 27º do Regulamento, a saber, o artigo 21º da Convenção, autoriza ou obriga o Juiz a que a ação foi submetida em segundo lugar a apreciar a competência do Juiz chamado a pronunciar-se em primeiro lugar, o Tribunal de Justiça declarou que, sem prejuízo da hipótese em que o Juiz chamado a pronunciar-se em segundo lugar disponha da competência exclusiva prevista pela Convenção de Bruxelas e, nomeadamente pelo artigo 26º desta, o referido artigo 21º relativo à litispendência, deve ser interpretado no sentido de que, quando a competência do Juiz chamado a pronunciar-se em primeiro lugar for contestada, o Juiz chamado a pronunciar-se em segundo lugar, quando aquele não se declare incompetente, deve suspender a instância, sem poder pronunciar-se, ele próprio, sobre a competência

[9] No mesmo sentido, *vide* também o acórdão do Tribunal de Justiça de 12.12.2013 proferido no processo C-327/12.

do Juiz chamado a pronunciar-se em primeiro lugar (acórdão de 27.6.1991, C-351/89, Colet., p. I-3317).

Daqui resulta que, não sendo reivindicada a competência exclusiva do Juiz chamado a pronunciar-se em segundo lugar no litígio no processo principal, o Tribunal de Justiça não decidiu previamente da interpretação do artigo 21º da Convenção de Bruxelas na hipótese que ele tinha especificamente reservado (acórdãos de 9.12.2003, C-116/02, Colet., p. I-14693, e de 27.2.2014, C-1/13).

Na verdade, tendo sido chamado posteriormente a apreciar a questão da relação existente entre o artigo 21º e o artigo 17º da Convenção, relativo à competência exclusiva por força de uma cláusula de extensão de competência e correspondente ao artigo 23º do Regulamento nº 44/2001, o Tribunal de Justiça, no citado acórdão de 9.12.2003 declarou que a circunstância de a competência do Juiz chamado a pronunciar-se em segundo lugar ser reivindicada ao abrigo do artigo 17º da Convenção não é de molde a pôr em causa na aplicação da regra processual contida no artigo 21º da Convenção, a qual se baseia clara e unicamente na ordem cronológica em que a ação é proposta nos órgãos jurisdicionais em causa.

No entanto, diferentemente da situação em causa no caso do acórdão de 9.12.2003, no processo do acórdão que vimos analisando existe uma competência exclusiva a favor do órgão jurisdicional chamado a pronunciar-se em segundo lugar por força do artigo 22º – nº 1 do Regulamento nº 44/2001, o qual figura na secção 6 do capítulo II deste.

Ora, nos termos do artigo 35º – nº 1 deste Regulamento, as decisões proferidas num Estado-Membro não serão reconhecidas num outro Estado-membro se tiverem sido desrespeitadas as disposições da secção 6 do capítulo II do Regulamento relativas à competência exclusiva.

Daqui resulta que se o órgão jurisdicional chamado a pronunciar-se em primeiro lugar proferir uma decisão em inobservância do artigo 22º – nº 1, tal decisão não poderá ser reconhecida no Estado-Membro do órgão jurisdicional chamado a pronunciar-se em segundo lugar.

E então ele não poderá suspender oficiosamente a instância nem declarar-se incompetente, e deve pronunciar-se sobre o mérito da pretensão submetida à sua apreciação para garantir o respeito por esta regra de competência exclusiva.

Contrato-promessa de compra e venda de um imóvel

6 – O Regulamento nº 44/2001 consagra no artigo 2º – nº 1, como regra, o domicílio do réu como fator de conexão relevante para a determinação da competência internacional, sendo os tribunais portugueses internacionalmente incompetentes para conhecer de uma ação em que autora, promitente-compradora, pretende ver declarada a nulidade do contrato-promessa de compra e venda de um imóvel situado em Portugal, que celebrou em França com os réus, promitentes-vendedores, residentes em França e de nacionalidade francesa – acórdão do Supremo Tribunal de Justiça de 20.9.2011 – Relator Gregório Silva Jesus.

Aplicabilidade da regra de competência em matéria de arrendamento

A extensão da competência do *forum rei sitae* aos arrendamentos de imóveis resulta de a matéria de arrendamento de imóveis estar sujeita, na generalidade dos ordenamentos jurídicos a regras imperativas, que só os órgãos jurisdicionais do Estado-Membro em que os imóveis se situam estão em condições de interpretar e aplicar corretamente.

7– A regra de competência prevista em matéria de arrendamento pelo artigo 16º – nº 1 – a) da Convenção de Bruxelas é aplicável a uma ação de indemnização por perdas e danos decorrentes da má manutenção das instalações e de estragos causados num imóvel que o particular arrendou para aí passar algumas semanas de férias, mesmo quando não é diretamente intentada pelo proprietário do imóvel, mas sim, por uma agência de viagens onde o interessado arrendou o referido imóvel e que procedeu judicialmente em virtude de se ter subrogado nos direitos do proprietário do imóvel. As cláusulas acessórias relativas ao seguro em caso de rescisão e à garantia do preço pago pelo cliente que figuram nas condições gerais do contrato celebrado entre essa agência e o locatário e que não são objeto do litígio no processo principal não afetam a natureza do arrendamento na aceção dessa disposição da Convenção – acórdão do Tribunal de Justiça (Sexta Secção) de 27.1.2000, no processo C-8/98.

Artigo 24º – 2)

Inaplicabilidade a um contrato por alegada invalidade das decisões dos seus órgãos que conduziram à sua celebração

8 – O artigo 22º – nº 2 do Regulamento nº 44/2001 deve ser interpretado no sentido de que não se aplica a um litígio no âmbito do qual uma sociedade alega não lhe ser oponível um contrato por alegada invalidade, resultante da violação dos seus estatutos, das decisões dos seus órgãos que conduziram à sua celebração; a referida disposição visa unicamente os litígios cujo objeto principal seja a validade, a nulidade ou a dissolução dessas sociedades ou pessoas coletivas ou a validade das decisões dos seus órgãos, devendo qualquer questão relativa à nulidade de uma decisão de contratar tomada pelos órgãos sociais de uma das partes ser considerada acessória no âmbito de um litígio contratual, que não apresenta necessariamente um vínculo particularmente estreito com o foro da sede da parte que invoca a invalidade de uma decisão dos seus próprios órgãos, pelo que será contrário a uma boa administração da justiça submeter tais litígios à competência exclusiva dos tribunais do Estado-Membro da sede de uma das sociedades contratantes – acórdão do Tribunal de Justiça (Terceira Secção) de 12.5.2011, no processo C-144/10.

Inaplicabilidade à reparação do prejuízo resultante de alegadas violações do direito de concorrência da União por decisões dos órgãos de sociedades

9 – O artigo 22º – nº 2 do Regulamento nº 44/2001 deve ser interpretado no sentido de que uma ação que tem por objeto a reparação do prejuízo resultante de alegadas violações do direito de concorrência da União não constitui um processo que tem por objeto a validade das decisões dos órgãos de sociedades na aceção desta disposição – acórdão do Tribunal de Justiça (Terceira Secção) de 23.10.2014, no processo C-302/13 citado na nota 3 ao artigo 1º.

Inaplicabilidade à decisão tomada por um órgão duma sociedade alegadamente violadora dos direitos que se pretende invocar ao abrigo dos estatutos da sociedade

10 – O artigo 22º – nº 2 do Regulamento nº 44/2001 deve ser interpretado no sentido de que uma ação no âmbito da qual uma parte alega que uma decisão tomada por um órgão duma sociedade violou os direitos que a referida parte pretende invocar ao abrigo dos estatutos desta sociedade, não diz respeito à validade das decisões dos órgãos da sociedade, na aceção de tal disposição – acórdão do Tribunal de Justiça (Primeira Secção) de 2.10.2008, C-372/07.

Para que o artigo 22º – nº 2 do Regulamento seja aplicável basta que uma ação judicial apresente uma qualquer relação com uma decisão tomada por um órgão de uma sociedade. O objetivo essencial prosseguido por esta exceção, que prevê a competência exclusiva dos tribunais do Estado-membro da sede de uma sociedade, é o de centralizar a competência para evitar decisões contraditórias no que respeita à existência de sociedades e à validade das deliberações dos seus órgãos. Ora se todos os litígios relativos a uma decisão de um órgão de uma sociedade caíssem sob a alçada desse artigo, tal significaria que as ações judiciais, de natureza contratual, extracontratual ou outra, intentadas contra uma sociedade seriam quase sempre da competência dos órgãos jurisdicionais do Estado-Membro da sede desta sociedade.

Além disso, tal interpretação conduziria a sujeitar à competência derrogatória do artigo 22º – nº 2 tanto os litígios não suscetíveis de conduzir a decisões contraditórias sobre a validade das deliberações dos órgãos de uma sociedade como os litígios que não exigem qualquer exame das formalidades de publicidade aplicáveis a uma sociedade. Essa interpretação teria assim por efeito alargar o âmbito de aplicação do artigo 22º – nº 2 do Regulamento para além do requerido pelo seu objetivo. O âmbito de aplicação desta disposição abrange unicamente os litígios nos quais uma parte contesta a validade de uma decisão de um órgão de uma sociedade à luz do direito das sociedades aplicável ou das disposições estatutárias relativas ao funcionamento dos seus órgãos.

Artigo 24º – 4)

11 – O artigo 16º – nº 4 da Convenção de Bruxelas deve ser interpretado no sentido de que a regra de competência exclusiva que estabelece abrange todos os litígios relativos à inscrição ou à validade de uma patente, quer a questão seja suscitada por via de ação quer por via de exceção – acórdão do Tribunal de Justiça (Primeira Secção) de 13.7. 2006, no processo C-4/03.

SECÇÃO 7 – Extensão de competência

Artigo 25º

1. Se as partes, independentemente do seu domicílio, tiverem convencionado que um tribunal ou os tribunais de um Estado-Membro têm competência para decidir quaisquer litígios que tenham surgido ou que possam surgir de uma determinada relação jurídica, esse tribunal ou esses tribunais terão competência, a menos que o pacto seja, nos termos da lei desse Estado-Membro, substantivamente nulo. Essa competência é exclusiva, salvo acordo das partes em contrário. O pacto atributivo de jurisdição deve ser celebrado:

a) Por escrito ou verbalmente com confirmação escrita;

b) De acordo com os usos que as partes tenham estabelecido entre si; ou

c) No comércio internacional, de acordo com os usos que as partes conheçam ou devam conhecer e que, em tal comércio, sejam amplamente conhecidos e regularmente observados pelas partes em contratos do mesmo tipo, no ramo comercial concreto em questão.

2. Qualquer comunicação por via eletrónica que permita um registo duradouro do pacto equivale à «forma escrita».

3. O tribunal ou os tribunais de um Estado-Membro a que o ato constitutivo de um trust atribuir competência têm competência exclusiva para conhecer da ação contra um fundador, um trustee ou um beneficiário do trust, se se tratar de relações entre essas pessoas ou dos seus direitos ou obrigações no âmbito do trust.

4. Os pactos atributivos de jurisdição bem como as estipulações similares de atos constitutivos de trusts não produzem efeitos se forem contrários ao disposto nos artigos 15º, 19º ou 23º, ou se os tribunais cuja competência pretendam afastar tiverem competência exclusiva por força do artigo 24º.

5. Os pactos atributivos de jurisdição que façam parte de um contrato são tratados como acordo independente dos outros termos do contrato.

A validade dos pactos atributivos de jurisdição não pode ser contestada apenas com o fundamento de que o contrato não é válido.

NOTAS

– Sobre a extensão de competência os considerandos décimo nono e vigésimo do Regulamento são os seguintes:

(19) A autonomia das partes num contrato que não seja de seguro, de consumo ou de trabalho quanto à escolha do tribunal competente, no caso de apenas ser permitida uma autonomia limitada de escolha do tribunal, deverá ser respeitada sem prejuízo das competências exclusivas definidas pelo presente regulamento.

(20) A questão de saber se o pacto atributivo de jurisdição a favor de um tribunal ou dos tribunais de um Estado-Membro é nulo quanto à sua validade substantiva deverá ser decidida segundo a lei do Estado-Membro do tribunal ou tribunais designados no pacto, incluindo as regras de conflitos de leis desse Estado-Membro.

Artigo 25º - nºs 1 e 2

1 - Corresponde ao artigo 23º - nºs 1 e 2 do Regulamento nº 44/2001, correspondendo o nº 1 ao artigo 17º da Convenção de Bruxelas.

Artigo 25º - nºs 3 e 4

2 - Corresponde ao artigo 23º - nºs 4 e 5 do Regulamento nº 44/2001.

- *Vide* anotação ao artigo 7º - 6).

Artigo 25º - nº 5

3 - Não tem correspondência em qualquer disposição do Regulamento nº 44/ /2001. Consagra a autonomia do pacto de jurisdição em relação ao contrato de que faz parte; por isso, o tribunal no qual o pacto é invocado tem competência para apreciar a sua validade.

- Pelo artigo 25º - nº 1 deixa de ser necessário que, pelo menos, uma das partes tenha domicílio num Estado-Membro, exigência do artigo 23º - nº 1 do Regulamento nº 44/2001.

Interpretação autónoma do conceito de "pacto atributivo de jurisdição"

4 - O artigo 23º do Regulamento nº 44/2001 deve ser interpretado no sentido de que uma cláusula atributiva de jurisdição que figura no contrato celebrado entre o fabricante de um bem e o seu adquirente não é oponível ao terceiro subadquirente que, no termo de uma sucessão de contratos translativos de propriedade celebrados entre partes estabelecidas em diferentes Estados-Membros, adquiriu esse bem e pretende intentar uma ação de indemnização contra o fabricante, salvo se estiver demonstrado que este terceiro deu o seu consentimento efetivo à referida cláusula nas condições enunciadas nesse artigo - acórdão do Tribunal de Justiça (Primeira Secção) de 13.2.2013, no processo C-543/10.

Nos considerandos deste acórdão salienta-se que a interpretação fornecida pelo Tribunal de Justiça no que respeita às disposições da Convenção de Bruxelas é válida igualmente para as do Regulamento nº 44/2001 quando as disposições desses instrumentos possam ser qualificadas de equivalentes - *vide*, designadamente, acórdão de 25.10.2012, no processo C-133/11 - sendo esse o caso do artigo 17º, primeiro parágrafo, da Convenção e do artigo 23º do Regulamento, que têm uma redação quase idêntica, e o caso do conceito de "matéria contratual" na aceção do artigo 5º - nº 1 do Regulamento, que mantém inalterado o essencial da disposição correspondente da Convenção de Bruxelas – *vide*, neste sentido, o acórdão de 23.4.2009, no processo C-533/07, Colet., p. I-3327.

Quanto ao método de interpretação a privilegiar relativamente a estas duas disposições, o Tribunal de Justiça indicou, no caso do artigo 17º, primeiro parágrafo, da Convenção de Bruxelas, que, tendo em conta os objetivos e a economia geral desta Convenção, que são também os do Regulamento, e a fim de assegurar a aplicação uniforme deste instrumento, importa interpretar o conceito de "pacto atributivo de jurisdição" visado nesta disposição não como uma simples remissão para o direito interno de um ou outro dos Estados em questão, mas como um conceito autónomo – *vide* acórdão de 10.3.1992, no processo C-214/89, Colet., p. I-1745.

Por razões semelhantes, o Tribunal de Justiça declarou que o conceito de "matéria contratual" na aceção do artigo 5º – nº 1 da Convenção de Bruxelas deve ser igualmente interpretado de uma forma autónoma – *vide* o acórdão de 17.6.1992, no processo C-26/91, Colet., p. I-3967.

O artigo 23º – nº 1 do Regulamento indica claramente que o seu âmbito de aplicação se limita aos casos em que as partes tiverem "convencionado" a competência de um tribunal, sendo este acordo de vontades entre as partes que justifica o primado concedido, em nome do princípio da autonomia da vontade, à escolha de uma jurisdição diferente daquela que teria sido eventualmente competente por força do regulamento, como resulta do seu décimo primeiro considerando.

Aliás, o Tribunal de Justiça declarou, a propósito do artigo 17º, primeiro parágrafo, da Convenção de Bruxelas, que, ao subordinar a validade de uma cláusula atributiva de jurisdição à existência de uma "convenção" entre as partes, esta disposição impunha ao órgão jurisdicional a obrigação de averiguar, em primeiro lugar, se a cláusula que lhe atribui competência foi efetivamente objeto de consenso entre as partes – acórdão de 20.2.1997, no processo C-106/95, Colet., p. I-911.

Assim, deve interpretar-se o artigo 23º – nº 1 do Regulamento no sentido de que, à semelhança do objetivo prosseguido pelo artigo 17º, primeiro parágrafo, da Convenção de Bruxelas, a existência de consenso entre os interessados é um dos objetivos desta disposição – *vide* o último acórdão citado e o acórdão de 16.3.1999, no processo 159/97, Colet., p. I-1597, pelo que a cláusula atributiva de jurisdição que figura num contrato só pode, em princípio, produzir os seus efeitos na esfera das relações entre as partes que concordaram em celebrar esse contrato e, para que a cláusula possa ser oponível a um terceiro, é, em princípio, necessário que este tenha dado o seu consentimento para esse efeito.

O acionista que adere aos estatutos de uma sociedade dá o seu consentimento a uma cláusula atributiva de jurisdição que conste deles, uma vez que esta adesão cria, entre o acionista e a sociedade e entre os próprios acionistas, uma relação que pode ser considerada contratual – *vide* o citado acórdão de 10.3.1992.

Todavia esta jurisprudência não é transponível para a relação entre o adquirente de um bem comprado a um vendedor intermediário e o fabricante desse bem, pois essa relação não cabe no conceito de "matéria contratual", na aceção do artigo 5º – nº 1 da Convenção de Bruxelas – *vide* o citado acórdão de 17.6.1992.

Em matéria de contratos de transporte marítimo, uma cláusula atributiva de jurisdição inserida num conhecimento de carga é oponível a um terceiro nesse contrato, uma vez que esta cláusula foi reconhecida como válida entre o carregador e o transportador e, nos termos do direito nacional aplicável, o terceiro portador, ao adquirir o conhecimento de carga, sucedeu nos direitos e obrigações do carregador – acórdão de 19.6.1984, no processo 71/83, Recueil, p. 2417; citado acórdão de 16.3.1999; e acórdão de 9.11.2000, no processo C-387/98, Colet., p. I-9337.

Mas remeter para o direito nacional a apreciação da oponibilidade ao subadquirente da cláusula atributiva de jurisdição que figura no contrato inicial entre o fabricante e o primeiro adquirente levaria a soluções divergentes entre os Estados-Membros, suscetíveis de prejudicar o objetivo de unificação das normas de competência judiciária que o regulamento prossegue, como resulta do considerando segundo, e seria também fator de incertezas incompatíveis com a preocupação de garantir a previsibilidade em matéria de competência judiciária, que é um dos seus objetivos, como preconiza o décimo primeiro considerando do Regulamento.

Por isso, o conceito de "pacto atributivo de jurisdição" deve ser interpretado como um conceito autónomo e deve dar-se ao princípio da autonomia da vontade, no qual se baseia o artigo 23º – nº 1 do Regulamento, a sua plena aplicação.

Cláusula atributiva de jurisdição entre transportador e carregador e inserida em conhecimento de carga

5 – A expressão "tiverem convencionado" do artigo 17º da Convenção de Bruxelas deve ser interpretada no sentido de que não exige que uma cláusula atributiva de jurisdição seja formulada de tal forma que seja possível identificar o órgão jurisdicional competente através do seu teor. Basta que a cláusula identifique os elementos objetivos sobre os quais as partes se puseram de acordo para escolher o tribunal ou os tribunais aos quais pretendem submeter os seus litígios surgidos ou que venham a surgir. Estes elementos, que devem ser suficientemente precisos para permitir ao tribunal chamado a decidir determinar a sua competência, podem ser concretizados, eventualmente, através das circunstâncias próprias à situação do caso concreto.

O mesmo artigo só se aplica se, por um lado, pelo menos uma das partes no contrato inicial tiver domicílio no território de um Estado contratante e se, por outro, as partes tiverem convencionado submeter os seus litígios a um tribunal ou a tribunais de um Estado contratante.

Uma cláusula atributiva de jurisdição, que foi acordada entre um transportador e um carregador e que foi inserida num conhecimento de carga, produz os seus efeitos no que toca ao terceiro portador do conhecimento de carga desde que, ao adquirir este último, suceda nos direitos e obrigações do carregador por força do direito nacional aplicável. Se tal for o caso, há que verificar o seu consentimento à referida cláusula à luz das exigências do artigo 17º, primeiro parágrafo, da referida Convenção – acórdão do Tribunal de Justiça (Quinta Secção) de 9.11.2000, no processo C-387/98.

- O pressuposto de uma das partes, pelo menos, ter domicílio num Estado-Membro já não é exigível em face do artigo 25º deste Regulamento na parte em que dispõe "se as partes, independentemente do seu domicílio ".

Pacto atributivo de jurisdição verbal com confirmação escrita

6 – O artigo 17º da Convenção de Bruxelas deve ser interpretado no sentido de que:

- no âmbito de um contrato celebrado verbalmente no comércio internacional, um pacto atributivo de jurisdição se considera validamente concluído, à luz dessa disposição, pela ausência de reação da outra parte contratante, a uma carta de confirmação do negócio que o seu contratante lhe enviou, ou pelo pagamento repetido e sem contestação de faturas, quando estes documentos contêm uma menção previamente impressa indicando o lugar do foro, se esse comportamento corresponder a um uso que rege o domínio do comércio internacional em que operam as partes em questão e se estas últimas conhecem esse uso ou devem conhecê-lo; compete ao órgão jurisdicional nacional verificar a existência desse uso e o conhecimento dele pelas partes contratantes. Existe um uso num setor do comércio internacional quando, nomeadamente, tenham anteriormente estabelecido relações internacionais entre si ou com outras partes que operam no setor comercial em questão ou quando, neste setor, um certo comportamento é geral e regularmente seguido na celebração de um certo tipo de contratos, de forma que pode ser considerado como prática consolidada;
- um acordo verbal relativo ao lugar de execução, que não visa determinar o lugar onde o devedor deverá cumprir efetivamente a prestação que lhe incumbe, mas exclusivamente estabelecer um lugar de foro determinado, não se rege pelo artigo 5º – nº 1 da Convenção, mas sim pelo artigo 17º da mesma e só é válido se forem respeitadas as condições estabelecidas no mesmo artigo – acórdão do Tribunal de Justiça (Sexta Secção) de 20.2.1997, no processo C-106/95.
- O artigo 23º do Regulamento nº 44/2001 estabelece os requisitos, alternativos, de validade formal e substancial dos pactos atributivos de jurisdição convencionados pelas partes, não tendo os Estados-Membros da União Europeia liberdade para prescreverem outras exigências de forma do que as previstas no Regula-

mento, e havendo foro acordado, é o mesmo exclusivo; tendo sido observada a forma escrita no pacto atributivo de jurisdição incluído no clausulado por uma das partes no negócio, pode ter lugar a sua aceitação, de forma tácita, pela outra parte, tudo levando a concluir que a parte que não estipulou diretamente o pacto, mas que o recebeu no clausulado junto com a fatura *pró-forma*, não tendo feito qualquer reserva a tal cláusula, a ela aderiu, caso típico de acordo por adesão – acórdão do Supremo Tribunal de Justiça de 8.10.2009 – Relator SERRA BAPTISTA.

Pactos atributivos de jurisdição

7 – O acórdão do Supremo Tribunal de Justiça de 6.4.2006 – Relator ARAÚJO DE BARROS – decidiu que, num contrato que é denominado de comerciantes contratuais no estrangeiro e onde ficou convencionado que, em caso de litígio com origem ou no quadro do contrato e também em caso de ações sobre cheques ou letras de câmbio, o foro é Aschaffenburg (Alemanha), o contrato configura um contrato de concessão comercial no qual a sociedade alemã se obrigou a vender e a portuguesa a comprar empilhadores, por determinado preço, para revenda, em regime de exclusividade e obedecendo a determinadas condições, e o pacto atributivo de jurisdição é válido, não contrariando qualquer norma imperativa do Regulamento nº 44/2001, nomeadamente o disposto no seu artigo 23º – nº 5.

– Note-se que a esta disposição do artigo 23º – nº 5 corresponde o artigo 24º – nº 4 do Regulamento nº 1215/2012.

8 – Tendo as partes inserido no contrato de distribuição comercial uma cláusula em que "elegem o tribunal de Milão como único competente para dirimir qualquer disputa emergente da interpretação ou aplicação deste contrato, com expressa renúncia a qualquer outro", deverá concluir-se que pretenderam submeter ao Tribunal de Milão, não apenas as questões atinentes à "dinâmica do contrato" durante a vigência deste, mas também os litígios nascidos após a cessação do contrato, mas com ele relacionados; assim, essa cláusula é aplicável na ação em que é deduzido pedido de indemnização de clientela, fundado na falta de pré-aviso da denúncia do contrato, na clientela e na obrigação de não concorrência após a cessação do contrato; não encerrando o artigo 38º do Decreto-lei nº 178/86, de 3 de julho (que regulamenta o contrato de agência ou representação comercial) qualquer norma de competência judiciária, não é aplicável o artigo 67º do Regulamento nº 44/2001; a determinação do tribunal internacionalmente competente para dirimir o litígio faz-se com recurso ao disposto no artigo 23º – nº 1 – a) do mesmo Regulamento, do qual resulta ser exclusiva a competência internacional do tribunal de Milão, para conhecer da presente demanda, por ser aplicável o pacto de jurisdição vazado na cláusula contratual atrás referida – acórdão do Supremo Tribunal de Justiça de 14.11.2006 – Relator FARIA ANTUNES.

– No mesmo sentido, *vide* dois acórdãos do Supremo Tribunal de Justiça de 17.5.2007 – um de que foi Relator MOTA MIRANDA e outro de que foi Relator OLIVEIRA VASCONCELOS e ainda o acórdão de 27.5.2008 – Relator SANTOS BERNARDINO.

9 – Tendo a autora, empresa portuguesa, celebrado com a ré, empresa espanhola, um contrato de franquia (franchising) designado por "pré-contrato de franquia", mediante o qual assumiram o compromisso de celebrarem um contrato de franquia, sendo a autora na qualidade de franquiada e a ré como franquiadora, e pretendendo a autora a resolução desse contrato e a devolução das quantia entregue a título de sinal, aplica-se, na aferição da competência internacional, o Regulamento nº 44/2001 e, constando do contrato-promessa uma cláusula nos termos da qual as partes convencionaram que quaisquer litígios decorrentes do contrato eram dirimidos em tribunais espanhóis, atribuindo, assim, competência internacional aos tribunais da morada da franquiadora e não se verificando nenhuma das exceções previstas no nº 5 do artigo 23º do Regulamento, artigo que se sobrepõe ao artigo 99º do CPC, é de concluir no sentido da incompetência internacional dos tribunais portugueses para conhecerem da ação, com a consequente absolvição da ré da instância – acórdão do Supremo Tribunal de Justiça de 5.12.2006 – Relator BORGES SOEIRO.

10 – As partes, na cláusula 14ª, estipularam o seguinte: "Será aplicado o direito holandês no que se refira a conflitos que surjam em consequência do presente acordo ou em consequência de contratos que possam vir a decorrer do presente contrato"; estão em causa dois contratos firmados entre a autora, com domicílio na Holanda, e a ré, com domicílio em Portugal, relativos a alojamentos turísticos desta, sitos em Vila Real de Santo António, Portugal, lugar onde devia ser cumprida a obrigação; aliás, mesmo que nada tivesse sido acordado quanto ao lugar de cumprimento da obrigação, estando em causa um contrato de prestação de serviços, por força do artigo 5º – nº 1 – a) e b), §2º, do Regulamento nº 44/2001, esse lugar sempre seria em Vila Real de Santo António; nada, portanto, a objetar à conclusão a que o tribunal recorrido acedeu, no sentido de considerar que aquela cláusula 14ª estabelece uma convenção sobre o direito substantivo aplicável, no caso de litígio, e não o pacto de jurisdição, sendo o tribunal de Vila Real de Santo António o competente para dirimir o presente conflito – acórdão do Supremo Tribunal de Justiça de 27.11.2007 – Relator OLIVEIRA ROCHA.

11 – A oposição à execução – nos termos dos artigos 714º – nº 1 – g) e 816º do CPC, na redação anterior ao Decreto-lei nº 226/2008, de 20 de novembro – baseada em título extrajudicial, pode ser fundada em facto extintivo da obrigação, como o seja a compensação, sendo a declaração de compensação um negócio jurídico unilateral que reveste a natureza de um direito potestativo extintivo e tendo lugar quando o devedor que seja credor do seu próprio credor se libere da dívida à custa do seu crédito; no âmbito da oposição à execução só pode ser invocada a título de exceção perentória – e não de reconvenção, por esta ser inadmissível em processo executivo – e só pode ser compensado por outro que também já tenha força executiva, ou seja, que seja judicialmente exigível, pois o processo executivo não comporta a definição do contra-crédito; a exigibilidade de um crédito só ocorre quando ele seja reconhecido judicialmente, o que não sucede quando, sendo invocado em oposição à execução intentada em tribunal português, o mesmo se encontra a ser discutido – nos termos do artigo 23º – nº 1 do Regulamento nº 44/2001 – no Tribunal do Comércio de Paris, a coberto de pacto privativo de jurisdição firmado pelas partes, constituindo, por conseguinte, matéria excluída da competência, em razão da nacionalidade, daquele tribunal português – acórdão do Supremo Tribunal de Justiça de 14.3.2013 – Relator GRANJA DA FONSECA.

12 – A validade da convenção ou pacto de jurisdição tem de se conformar com as condições de aferição de validade inscritas na ordem jurídica interna, a saber, no artigo 99º do CPC; a aceitação de uma convenção de foro de jurisdição tem de se conformar com o estipulado no artigo 23º do Regulamento nº 44/2001, não satisfazendo a condição de aceitação da convenção a não formalização por escrito, ou por outra forma de expressão concludente e inderrogável, dessa aceitação; a inclusão, num anexo a um pedido de encomenda para prestação de serviços, sob a epígrafe "condições gerais de compra", de uma cláusula de onde conste a atribuição de um foro privativo de jurisdição não é idónea para, ainda que o declaratário não tenha manifestado oposição, atribuição do foro que nela se inscreveu; tratando-se de uma cláusula inserta numa folha de feição de adesão, que não foi objeto de assinatura de qualquer das partes, a proposta, nela inserta, de atribuição de jurisdição teria de ser confirmada por escrito ou de forma que demonstrasse, da parte do contraente que a recebe, que aceitaria o foro nela atribuído – acórdão do Supremo Tribunal de Justiça de 9.7.2014 – Relator GABRIEL CATARINO.

Artigo 26º

1. Para além dos casos em que a competência resulte de outras disposições do presente regulamento, é competente o tribunal de um Estado-Membro no qual o requerido compareça. Esta regra não é aplicável se a comparência tiver como único objetivo arguir a incompetência ou se existir outro tribunal com competência exclusiva por força do artigo 24º.

2. Nas matérias abrangidas pelas secções 3, 4 e 5, caso o requerido seja o tomador do seguro, o segurado, o beneficiário do contrato de seguro, o lesado, um consumidor ou um trabalhador, o tribunal, antes de se declarar competente ao abrigo do nº 1, deve assegurar que o requerido seja informado do seu direito de contestar a competência do tribunal e das consequências de comparecer ou não em juízo.

NOTAS

1 – O artigo 26º – nº 1 corresponde ao artigo 24º do Regulamento nº 44/2001 e regula a extensão tácita da competência, que assenta na presunção de que, ao comparecer perante um tribunal que não é competente, nos termos do Regulamento, sem deduzir a sua incompetência, o requerido aceita tacitamente submeter-se à sua jurisdição, não sendo admitida no direito interno português a extensão tácita da competência, uma vez que o artigo 97º – nº 1 do Código do Processo Civil dispõe que a incompetência internacional deve ser suscitada oficiosamente pelo tribunal, enquanto não houver sentença com trânsito em julgado proferida sobre o fundo da causa.

No âmbito de aplicação do Regulamento a extensão tácita da competência só pode ser recusada oficiosamente, nos termos do artigo 26º – nº 2: "nas matérias abrangidas pelas secções 3, 4 e 5, caso o requerido seja o tomador do seguro, o segurado, o beneficiário do contrato de seguro, o lesado, um consumidor ou um trabalhador, o tribunal, antes de se declarar competente ao abrigo do nº 1, deve assegurar que o requerido seja informado do seu direito de contestar a competência do tribunal e das consequências de comparecer ou não em juízo".

Fora destes casos os tribunais de um Estado-Membro podem ser competentes nos termos do artigo 26º, em matéria de seguros, contratos com consumidores e contratos individuais de trabalho.

Se o requerido comparecer em juízo e quiser afastar a extensão tácita da competência do tribunal, deve impugnar a competência deste e simultaneamente, mas subsidiariamente, contestar o pedido do autor, pois que, em certos Estados-Membros, como em Portugal, ficaria impedido de deduzir ulteriormente a sua defesa quanto ao mérito da causa.

- Na determinação da competência judiciária internacional relativamente a ação fundada no incumprimento de contrato celebrado entre uma sociedade fornecedora portuguesa contra uma sociedade espanhola que encomendara as mercadorias, cujo local de entrega final era a Espanha, são aplicáveis os artigos 2º – nº 1 e 5º – nº 1 – b) do Regulamento nº 44/2001, dos quais resulta serem os tribunais espanhóis os competentes, mas, tendo a ação sido instaurada no tribunal português sem que a ré, que apresentou contestação, tenha arguido nessa peça processual a incompetência absoluta, em razão da nacionalidade, ocorreu a prorrogação tácita da competência prevista no artigo 24º do referido Regulamento, pelo que os tribunais portugueses também são internacionalmente competentes para conhecer do litígio – acórdão do Supremo Tribunal de Justiça de 10.5.2007 – Relator GIL ROQUE.

Artigo 26º – nº 1

Comparência do requerido (que não o é no sentido deste artigo): curador

2 – O artigo 24º do Regulamento nº 44/2001, interpretado à luz do artigo 47º da Carta dos Direitos Fundamentais da União Europeia, deve ser interpretado no sentido de que, quando um órgão jurisdicional nacional nomeia um curador de ausentes para um requerido que não foi notificado da petição inicial por falta de residência conhecida, em conformidade com a legislação nacional, a comparência desse curador não equivale à comparência em juízo desse requerido na aceção do artigo 24º desse Regulamento, que determina a competência internacional desse órgão jurisdicional – acórdão do Tribunal de Justiça (Quinta Secção) de 11.9.2014, no processo C-112/13.

- Confronte-se com este acórdão a doutrina do acórdão do Tribunal de Justiça (Primeira Secção) de 17.11.2011, no processo C-327/10, citado em nota ao artigo 18º, quanto ao último domicílio conhecido do consumidor.

Oposição à injunção de pagamento europeia sem contestação da competência do tribunal do Estado-Membro de origem

3 – O artigo 6º do Regulamento (CE) nº 1896/2006 do Parlamento Europeu e do Conselho, de 17 de Dezembro de 2006, que cria um procedimento europeu de injunção de pagamento, lido em conjugação com o artigo 17º deste Regulamento, deve ser interpretado no sentido de que uma oposição à injunção de pagamento europeia que não contenha uma contestação da competência do tribunal do Estado-Membro de origem não pode ser considerada como uma comparência, na aceção do artigo 24º do Regulamento nº 44/2001 e que a circunstância de o requerido ter formulado, no âmbito da oposição que deduziu, alegações sobre o mérito da causa é desprovida de pertinência a este respeito – acórdão do Tribunal de Justiça (Terceira Secção) de 13.6.2013, no processo C-144/12.

Artigo 26º – nº 2

4 – Esta disposição do nº 2 do artigo 26º não tinha correspondente no Regulamento nº 44/2001 e daí que já não tenha plena aplicação o seguinte acórdão:

O artigo 24º do Regulamento nº 44/2001 deve ser interpretado no sentido de que o tribunal em que a ação foi intentada, sem que as regras constantes da secção 3 do capítulo II deste regulamento relativas às regras de competência especial em matéria de seguros tivessem sido respeitadas, deve declarar-se competente quando o demandado comparece no processo e não deduz uma exceção de incompetência, constituindo essa comparência no processo uma extensão tácita da competência – acórdão do Tribunal de Justiça (Quarta Secção) de 20.5.2010 C-111/09.

Com efeito o segundo período do artigo 24º do Regulamento delimita o campo de aplicação da regra geral e, consequentemente, uma vez que enuncia as exceções à regra geral sobre a extensão tácita da competência, deve ser interpretada restritivamente. Daqui decorre que este segundo período não pode ser entendido no sentido de que permite excluir a aplicação da regra geral enunciada no primeiro período do mesmo artigo em relação a litígios diferentes daqueles a que se refere expressamente.

Assim, as disposições do artigo 35º do Regulamento não são aplicáveis ao caso, uma vez que a decisão é proferida por um tribunal competente e, consequentemente, o artigo 35º não impede o reconhecimento da decisão proferida pelo tribunal perante o qual comparece o demandado e não deduz uma exceção de incompetência.

SECÇÃO 8 – Verificação da competência e da admissibilidade

Artigo 27º

O tribunal de um Estado-Membro no qual seja instaurada, a título principal, uma ação relativamente à qual tenha competência exclusiva o tribunal de outro Estado-Membro por força do artigo 24º deve declarar-se oficiosamente incompetente.

NOTAS

- Corresponde ao artigo 25º do Regulamento nº 44/2001 e ao artigo 18º da Convenção de Bruxelas.
- Como resulta do disposto neste artigo, que se refere à instauração de uma ação, a título principal, mesmo que os tribunais de um Estado-Membro tenham uma competência exclusiva, isto não prejudica a competência dos tribunais dos outros Estados-Membros para decretarem, nos termos do artigo 35º, medidas provisórias e cautelares nos litígios abrangidos pelas competências exclusivas.
- Não se exige neste artigo, para efeito da verificação de competências exclusivas, que o requerido tenha domicílio num Estado-Membro, pois as competências exclusivas do artigo 24º valem mesmo para requeridos que não tenham domicílio em Estados-Membros, ao contrário do que acontece na verificação da competência no caso de requerido domiciliado num Estado-Membro que seja demandado noutro Estado-Membro e não compareça, caso a que se aplica o artigo 28º

Artigo 28º

1. Caso o requerido domiciliado num Estado-Membro seja demandado no tribunal de outro Estado-Membro e não compareça em juízo, o juiz deve declarar-se oficiosamente incompetente, salvo se a sua competência resultar do disposto no presente regulamento.

2. O tribunal suspende a instância enquanto não se verificar que foi dada ao requerido a oportunidade de receber o documento que iniciou a instância, ou documento equivalente, em tempo útil para providenciar pela sua defesa, ou enquanto não se verificar que foram efetuadas todas as diligências necessárias para o efeito.

3. É aplicável o artigo 19º do Regulamento (CE) nº 1393/2007 do Parlamento Europeu e do Conselho, de 13 de novembro de 2007, relativo à citação e à notificação dos atos judiciais e extrajudiciais em matérias civil e comercial nos Estados-Membros (citação e notificação de atos), em vez do nº 2 do presente artigo, se o documento que iniciou a instância, ou documento equivalente, tiver sido transmitido por um Estado-Membro a outro por força daquele regulamento.

4. Caso não seja aplicável o Regulamento (CE) nº 1393/2007, aplica-se o artigo 15º da Convenção da Haia, de 15 de novembro de 1965, relativa à citação e à notificação no estrangeiro dos atos judiciais e extrajudiciais em matérias civil e comercial, se o documento que iniciou a instância, ou documento equivalente, tiver sido transmitido ao estrangeiro por força daquela convenção.

NOTAS

- Corresponde ao artigo 26º do Regulamento nº 44/2001 e ao artigo 20º da Convenção de Bruxelas.
- O artigo 19º do Regulamento (CE) nº 1393/2007 dispõe:

"Artigo 19º

Não comparência do demandado

1. Se tiver sido transmitida uma petição inicial ou acto equivalente a outro Estado-Membro para citação ou notificação nos termos do presente regulamento, e se o demandado não tiver comparecido, o juiz sobrestará na decisão enquanto não for determinado:

a) Que o acto foi objecto de citação ou notificação segundo a forma prescrita pela legislação do Estado-Membro requerido para a citação ou notificação de actos emitidos no seu território e dirigidos a pessoas que aí se encontrem; ou

b) Que o acto foi efectivamente entregue ao demandado ou na sua residência, segundo outra forma prevista pelo presente regulamento;

e que, em qualquer destes casos, quer a citação ou notificação, quer a entrega, foi feita em tempo útil para que o demandado pudesse defender-se.

2. Os Estados-Membros podem declarar, nos termos do nº 1 do artigo 23º, que os seus juízes, não obstante o disposto no nº 1, podem julgar, embora não tenha sido recebida qualquer certidão da citação ou notificação, se se reunirem as seguintes condições:

a) Ter o acto sido transmitido segundo uma das formas previstas pelo presente regulamento;

b) Ter decorrido, desde a data da transmissão do acto, um prazo não inferior a seis meses e que o juiz considere adequado no caso concreto;

c) Não ter sido recebida qualquer certidão ou certificado, não obstante terem sido feitas todas as diligências razoáveis para esse efeito junto das autoridades ou entidades competentes do Estado-Membro requerido.

3. Não obstante o disposto nos nºs 1 e 2, o juiz pode, em caso de urgência, ordenar medidas provisórias ou conservatórias.

4. Se tiver sido transmitida uma petição inicial ou acto equivalente a outro Estado-Membro para citação ou notificação, nos termos do presente regulamento, e tiver sido proferida uma decisão contra um demandado que não tenha comparecido, o juiz pode relevar ao demandado o efeito peremptório do prazo para recurso, se concorrerem as condições seguintes:

a) Não ter tido o demandado, sem que tenha havido culpa da sua parte, conhecimento do dito acto em tempo útil para se defender ou conhecimento da decisão em tempo útil para interpor recurso; e

b) Não parecerem as possibilidades de defesa do demandado desprovidas de qualquer fundamento.

O pedido de relevação deve ser formulado em prazo razoável a contar do momento em que o demandado tenha conhecimento da decisão.

Qualquer Estado-Membro pode comunicar, nos termos do nº 1 do artigo 23º, que esse pedido não será atendido se for formulado após o decurso de um prazo que indicará na comunicação, contanto que esse prazo não seja inferior a um ano contado da data da decisão.

5. O disposto no nº 4 não se aplica às decisões relativas ao estado das pessoas ou à qualidade em que agem".

– E o artigo 15º da Convenção da Haia preceitua:

"Artigo 15º

Se uma petição inicial ou um ato equivalente foi transmitido para o estrangeiro para citação ou notificação, segundo as disposições da presente Convenção, e o demandado não compareceu, o juiz sobrestará no julgamento enquanto não for determinado:

a) Ou que o ato foi objeto de citação ou notificação segundo a forma prescrita pela legislação do Estado requerido para a citação ou notificação dos atos emitidos nesse país e dirigidos a pessoas que se encontrem no seu território;

b) Ou que o ato foi efetivamente entregue ao demandado ou na sua morada segundo um outro processo previsto na presente Convenção, e que, em cada um destes casos, quer a citação ou notificação, quer a entrega, foi feita em tempo útil para que o demandado tenha podido defender-se.

Pode cada Estado contratante declarar que os seus juízes, não obstante as disposições da alínea primeira, podem julgar, embora não tenha sido recebido qualquer certificado da citação ou notificação ou da entrega, se se reunirem as seguintes condições:

a) Ter o ato sido transmitido segundo uma das formas previstas pela presente Convenção;

b) Ter decorrido certo prazo desde a data da remessa do ato que o juiz apreciará em cada caso concreto e que não será inferior a seis meses;

c) Não ter sido possível obter qualquer certificado, não obstante todas as diligências necessárias feitas junto das autoridades competentes do Estado requerido.

O presente artigo não obsta a que, em caso de urgência, o juiz ordene medidas provisórias ou conservatórias ".

- Fizeram a declaração prevista no segundo parágrafo deste artigo 15º a Alemanha, a Bélgica, a Dinamarca, a Espanha, a França, a Grécia, o Luxemburgo, os Países Baixos, Portugal e o Reino Unido.
- A transmissão de atos judiciais e extrajudiciais entre tribunais de diferentes Estados contratantes, com vista à sua notificação aos interessados, é disciplinada pelo disposto no artigo IV do Protocolo anexo à Convenção.
- No caso de ser proferida decisão à revelia sem que ao requerido tenha sido dada oportunidade de receber o ato que iniciou a instância ou ato equivalente, em tempo útil para apresentar a sua defesa, a decisão não será reconhecida nem executada nos demais Estados-Membros, nos termos dos artigos 45º – nº 1 – b) e 46º.
- *Vide* a jurisprudência do Tribunal de Justiça constante das notas 5, 6, 7, 8 e 9 ao artigo 45º.

SECÇÃO 9 – Litispendência e conexão

Artigo 29º

1. Sem prejuízo do disposto no artigo 31º, nº 2, quando ações com a mesma causa de pedir e entre as mesmas partes forem submetidas à apreciação de tribunais de diferentes Estados-Membros, qualquer tribunal que não seja o tribunal demandado em primeiro lugar deve suspender oficiosamente a instância até que seja estabelecida a competência do tribunal demandado em primeiro lugar.
2. Nos casos referidos no nº 1, a pedido de um tribunal a que ação tenha sido submetida, qualquer outro tribunal demandado deve informar o primeiro tribunal, sem demora, da data em que ação lhe foi submetida nos termos do artigo 32º.
3. Caso seja estabelecida a competência do tribunal demandado em primeiro lugar, o segundo tribunal deve declarar-se incompetente em favor daquele tribunal.

NOTAS

- Sobre a matéria da litispendência e conexão contida nos artigos 29º, 30º, 31º e 32º, são os seguintes os considerandos vigésimo primeiro e vigésimo segundo do Regulamento:

(21) O funcionamento harmonioso da justiça obriga a minimizar a possibilidade de intentar processos concorrentes e a evitar que sejam proferidas decisões inconciliáveis em Estados-Membros diferentes. Importa prever um mecanismo claro e eficaz para resolver os casos de litispendência e de conexão e para obviar aos problemas resultantes das divergências nacionais quanto à determinação do momento a partir do qual os processos são considerados pendentes. Para efeitos do presente regulamento, é conveniente fixar esta data de forma autónoma.

(22) Todavia, a fim de reforçar a eficácia dos acordos exclusivos de eleição do foro competente e de evitar táticas de litigação abusivas, é necessário prever uma exceção à regra geral de litispendência, a fim de lidar de forma satisfatória com uma situação particular no âmbito da qual poderão ocorrer processos concorrentes. Trata-se da situação em que é demandado um tribunal não designado num acordo exclusivo de eleição do foro competente, e o tribunal designado é demandado subsequentemente num processo com a mesma causa de pedir e com as mesmas partes. Nesse caso, o tribunal demandado em primeiro lugar deverá ser chamado a suspender a instância logo que o tribunal designado seja demandado e até que este declare que não é competente por força do acordo exclusivo de eleição do foro competente. Isto destina-se a, numa tal situação, dar prioridade ao tribunal designado para decidir da validade do acordo e em que medida o acordo se aplica ao litígio pendente. O tribunal designado deverá poder prosseguir a ação independentemente de o tribunal não designado já ter decidido da suspensão da instância.

1 – O artigo 29º corresponde ao artigo 21º da Convenção de Bruxelas e ao artigo 27º do Regulamento nº 44/2001, correspondendo o nº 3 deste artigo ao artigo 27º – nº 2 do Regulamento nº 44/2001.

- *Vide* o artigo 27º do Regulamento em anotação, quanto ao caso de uma das duas jurisdições em causa ser exclusivamente competente para conhecer do litígio por se tratar de uma competência exclusiva, caso em que a outra jurisdição deve declarar-se oficiosamente incompetente, sob pena de a decisão por ela proferida ser insuscetível de reconhecimento e execução, nos termos dos artigos 45º – nº 1 – e) – ii) e 46º.
- Para o caso de as ações serem da competência de vários tribunais, rege o disposto no artigo 31º: todos eles devem declarar-se incompetentes, em favor do tribunal demandado em primeiro lugar.
- Nos outros casos, a suspensão da instância e não a imediata declaração de incompetência pelo tribunal em que a ação foi instaurada em segundo lugar tem em vista evitar o conflito negativo de competências, no caso de o tribunal em que foi proposta a ação em primeiro lugar viesse a declarar-se também incompetente, o que obrigaria a instaurar nova ação.

2 – O artigo 27º – nº 2 do Regulamento nº 44/2001 deve ser interpretado no sentido de que, sob reserva dos casos em que o tribunal em que a ação foi proposta em segundo lugar tenha competência exclusiva nos termos deste Regulamento, a competência do tribunal em que a ação foi proposta em primeiro lugar deve considerar-se estabelecida, na aceção desta disposição, desde que este tribunal não tenha declarado oficiosamente a sua incompetência nem nenhuma das partes a tiver suscitado até ao momento da tomada de posição que o respetivo direito processual nacional considere ser a primeira contestação quanto ao mérito deduzida nesse tribunal – acórdão do Tribunal de Justiça (Terceira Secção) de 27.2.2014, no processo C-1/13.

– Confronte-se com este acórdão o acórdão do Tribunal de Justiça (Terceira Secção) de 13.6.2013, no processo C-144/12, citado em nota ao artigo 26º, quanto à não contestação da competência do tribunal em oposição ao procedimento europeu de injunção de pagamento.

3 – Ver o acórdão do Tribunal de Justiça (Terceira Secção) de 3.4.2014, no processo C-438/12, analisado em nota ao artigo 24º.

4 – Segundo jurisprudência do Tribunal de Justiça relativa à interpretação do artigo 27º do Regulamento nº 44/2001, um pedido que visa fazer declarar que o demandado é responsável por um prejuízo assim como obter a sua condenação no pagamento de uma indemnização por perdas e danos tem a mesma causa de pedir e o mesmo objeto que uma ação anterior de declaração negativa desse demandado que visa fazer declarar que este não é responsável pelo referido prejuízo (*vide* acórdãos de 6.12.1994, C-406/92, Colet., p. I-5439; e de 25.1.2012, C-133/11) – acórdão do Tribunal de Justiça (Terceira Secção) de 19.12.2013, C- 452/12, citado em nota ao artigo 71º.

5 – Um pedido apresentado ao órgão jurisdicional de um Estado contratante pelo proprietário de um navio no sentido de ser criado um fundo de limitação de responsabilidade, nos termos da Convenção Internacional sobre a Limitação de Responsabilidade dos Proprietários dos Navios de Alto Mar, de 10.10.1957, simultaneamente designando a vítima potencial do dano, por um lado, e uma ação de indemnização intentada no órgão jurisdicional de outro Estado contratante por esta vítima contra o proprietário do navio, por outro, não criam uma situação de litispendência na aceção do artigo 21º da Convenção de Bruxelas e a decisão que determina a constituição do fundo constitui uma decisão judicial na aceção do artigo 25º da mesma Convenção, não podendo, na ausência de notificação judicial prévia ao credor interessado, e mesmo quando este tenha interposto recurso desta decisão contestando a competência do órgão jurisdicional que a proferiu, ser objeto de recusa de reconhecimento noutro Estado contratante em aplicação do artigo 27º – nº 2, na condição de ter sido notificada ou citada regularmente e em tempo útil ao demandado – acórdão do Tribunal de Justiça (Terceira Secção) de 14.10.2004, no processo C-39/02.

6 – Um órgão jurisdicional nacional pode, ao abrigo do Protocolo de 3.6.1971 relativo à interpretação pelo Tribunal de Justiça da Convenção de Bruxelas submeter ao Tribunal de Justiça um pedido de interpretação dessa Convenção, mesmo com base em alegações de uma das partes no processo principal cuja procedência o referido órgão jurisdicional ainda não declarou, se considerar, à luz das especificidades do processo, que uma decisão prejudicial é necessária para poder proferir a sua decisão e que as questões prejudiciais que submete ao Tribunal são pertinentes. Compete-lhe, no entanto, fornecer, a este último, elementos de facto e de direito que lhe permitam dar uma interpretação útil da referida Convenção, bem como indicar as razões por que considera que a resposta às suas questões é necessária para a resolução do litígio.

O artigo 21º da Convenção de Bruxelas deve ser interpretado no sentido de que o tribunal no qual a ação foi proposta em segundo lugar e cuja competência foi reivindicada por força de um pacto atributivo de jurisdição deve, no entanto, suspender a instância até que o tribunal em que a ação foi instaurada em primeiro lugar se declare incompetente e no sentido de que as suas disposições não podem ser derrogadas quando, de uma maneira geral, a duração dos processos nos órgãos jurisdicionais do Estado contratante onde se situa o tribunal no qual a ação foi proposta em primeiro lugar é excessivamente longa – acórdão do Tribunal de Justiça de 9.12.2003, no processo C-116/02.

Nos considerandos deste acórdão recorda-se, a título preliminar, que o artigo 21º da Convenção de Bruxelas figura, juntamente com o artigo 22º relativo à conexão, no título II, secção 8, desta Convenção, a qual, no interesse de uma boa administração da justiça na Comunidade, se destina a evitar processos paralelos em órgãos jurisdicionais de diversos Estados contratantes, bem como decisões contrárias que daí podem resultar. Assim, esta regulamentação tem em vista, na medida do possível, excluir à partida uma situação como a contemplada no artigo 27º – nº 3 da referida Convenção, ou seja, o não reconhecimento de uma decisão por incompatibilidade com uma decisão proferida quanto às mesmas partes no Estado requerido (ver acórdão de 8.12.1987, no processo 144/86). Daí decorre que, a fim de atingir estes objetivos, o artigo 21º deve ser objeto de uma interpretação ampla, englobando, em princípio, todas as situações de litispendência perante os órgãos jurisdicionais de Estados contratantes, independentemente do domicílio das partes

7 – O artigo 21º da Convenção de Bruxelas deve ser interpretado no sentido de que, no caso de duas ações com o mesmo pedido e a mesma causa de pedir, em que as partes no segundo processo apenas parcialmente coincidem com as partes no processo instaurado anteriormente num outro Estado contratante, só obriga o órgão jurisdicional demandado em segundo lugar a declarar-se incompetente se as partes no processo que perante ele corre os seus termos forem igualmente partes no processo anteriormente instaurado, mas não impede a continuação do processo entre as outras partes.

O mesmo artigo 21º deve ser interpretado no sentido de que uma ação que visa fazer declarar que o réu é responsável por um prejuízo e a sua condenação no pagamento de uma indemnização por perdas e danos tem a mesma causa de pedir e o mesmo objeto que uma ação anterior desse réu que visa fazer declarar que não é responsável pelo referido prejuízo.

Uma ação posterior não deixa de ter o mesmo pedido, a mesma causa de pedir e as mesmas partes que uma ação anterior, caso a primeira ação intentada pelo proprietário de um navio num órgão jurisdicional de um Estado contratante seja uma ação *in personam*, que tem por objeto fazer declarar a inexistência de responsabilidade por parte desse proprietário pelos alegados danos causados às mercadorias transportadas pelo seu navio, e a ação posterior seja intentada pelo proprietário das mercadorias num órgão jurisdicional de outro Estado contratante sob a forma de ação *in rem* contra o navio arrestado e tenha prosseguido em seguida tanto *in rem* como *in personam* ou apenas *in personam*, de acordo com as distinções estabelecidas pelo direito nacional desse outro Estado contratante – acórdão do Tribunal de Justiça de 6.12.1994, no processo C-406/92.

8 – A Convenção de Bruxelas deve ser interpretada no sentido de que se opõe a que um órgão jurisdicional de um Estado contratante profira uma injunção pela qual proíbe a uma parte num processo que aí se encontra pendente que intente ou prossiga uma ação judicial num órgão jurisdicional de outro Estado contratante, mesmo que essa parte tenha atuado de má fé com o objetivo de entravar o processo já pendente – acórdão do Tribunal de Justiça (Tribunal Pleno) de 27.4.2004, no processo C-159/02.

Nos considerandos do acórdão, refere-se que a utilização de uma tal medida priva do seu efeito útil os mecanismos específicos previstos pela Convenção em caso de litispendência e de conexão e seria suscetível de originar situações de conflito para as quais a Convenção não contém qualquer regra. Com efeito, não se pode excluir que, apesar de ter sido proferida uma injunção num Estado contratante, um órgão jurisdicional de outro Estado contratante possa tomar uma decisão. Do mesmo modo não se pode excluir que os órgãos jurisdicionais de dois Estados contratantes que autorizam essas medidas profiram injunções contraditórias.

9 – O artigo 21º da Convenção de Bruxelas deve ser interpretado no sentido de que, para apreciar se duas ações intentadas entre as mesmas partes em órgãos jurisdicionais de Estados contratantes diferentes têm o mesmo pedido, há que apenas ter em conta as pretensões dos respetivos demandantes, com exclusão dos fundamentos de defesa aduzidos por um demandado – acórdão do Tribunal de Justiça (Quinta Secção) de 8.5.2003, no processo C-111/01, interessando confrontar com este o acórdão do Tribunal de Justiça de 13.7.1995, no processo C-341/93, referido na nota 9 ao artigo 8º, quanto à reconvenção, na aceção desse artigo, que não abrange a exceção de compensação.

10 – O artigo 21º da Convenção de Bruxelas não é aplicável no caso de duas ações em que se pede a contribuição para as avarias comuns, uma opondo a seguradora do casco de um barco que naufragou ao proprietário da carga que se encontra a bordo no momento do naufrágio e à sua seguradora, e outra opondo estes dois últimos ao proprietário do barco e seu fretador, a menos que se prove que, relativamente ao objeto dos dois litígios, os interesses da seguradora do casco do barco, por um lado, e os dos seus segurados, o proprietário e o fretador do mesmo barco, por outro, são idênticos e indissociáveis – acórdão do Tribunal de Justiça (Quinta Secção) de 19.5.1998, no processo C-351/96.

11 – A noção de litispendência referida no artigo 21º da Convenção de Bruxelas abrange o caso em que uma parte propõe num tribunal de um Estado contratante uma ação com vista à declaração de nulidade ou à resolução de um contrato de venda internacional, estando pendente num tribunal de outro Estado contratante uma ação de execução do mesmo contrato, proposta pela contraparte – acórdão do Tribunal de Justiça (Sexta Secção) de 8.12.1987, no processo C-144/86.

Nos considerandos deste acórdão, os conceitos utilizados no artigo 21º para determinar a existência de uma situação de litispendência devem ter uma interpretação autónoma do direito interno dos Estados contratantes, tendo em atenção os objetivos da Convenção, que pretende "evitar que em tribunais de diversos Estados contratantes estejam pendentes processos paralelos bem como a disparidade de julgados que daí poderia resultar" de forma a "excluir à partida, na medida do possível, uma situação como a contemplada nº 3 do artigo 27º, ou seja, o não reconhecimento de uma decisão por incompatibilidade com a decisão proferida quanto às mesmas partes no Estado requerido".

Artigo 30º

1. Se estiverem pendentes ações conexas em tribunais de diferentes Estados-Membros, todos eles podem suspender a instância, com exceção do tribunal demandado em primeiro lugar.

2. Se a ação intentada no tribunal demandado em primeiro lugar estiver pendente em primeira instância, qualquer outro tribunal pode igualmente declarar-se incompetente, a pedido de uma das partes, se o tribunal demandado em primeiro lugar for competente para as ações em questão e a sua lei permitir a respetiva apensação.

3. Para efeitos do presente artigo, consideram-se conexas as ações ligadas entre si por um nexo tão estreito que haja interesse em que sejam instruídas e julgadas em conjunto para evitar decisões eventualmente inconciliáveis se as causas fossem julgadas separadamente.

NOTAS

– *Vide* na anotação ao artigo 29º os considerandos vigésimo primeiro e vigésimo segundo do Regulamento.

1 – Corresponde ao artigo 22º da Convenção de Bruxelas e ao artigo 28º do Regulamento nº 44/2001.

– O conceito de conexão de ações não deve ser objeto de interpretação autónoma do direito interno dos Estados-Membros, para o qual remete o nº 2 deste artigo.

A concentração de litígios conexos visa evitar decisões inconciliáveis, ainda que não sejam proferidas entre as mesmas partes e não tenham o mesmo objeto, além de ter na sua base razões de economia processual.

2 – O artigo 22º da Convenção de Bruxelas deve ser interpretado no sentido de que, para que exista conexão entre, por um lado, uma ação intentada num Estado contratante por um determinado grupo de proprietários de mercadorias contra o proprietário de um navio com vista à reparação de um prejuízo causado a uma parte da carga transportada a granel no quadro de contratos distintos, mas idênticos, e, por outro, uma ação de indemnização intentada noutro Estado contratante contra o mesmo proprietário do navio pelos proprietários de uma outra parte da carga transportada nas mesmas condições e no quadro de contratos distintos, mas idênticos aos celebrados entre o primeiro grupo e o proprietário do navio, basta que a instrução e o julgamento das duas ações comportem o risco de uma contradição de decisões sem ser necessário que impliquem o risco de consequências jurídicas que mutuamente se excluem – acórdão do Tribunal de Justiça de 6.12.1994, no processo C-406/92 referido na nota 7 ao artigo anterior.

Artigo 31º

1. Se as ações forem da competência exclusiva de vários tribunais, todos eles devem declarar-se incompetentes em favor do tribunal demandado em primeiro lugar.

2. Sem prejuízo do artigo 26º, se for demandado um tribunal de um Estado-Membro ao qual é atribuída competência exclusiva por um pacto referido no artigo 25º, os tribunais dos outros Estados-Membros devem suspender a instância até ao momento em que o tribunal demandado com base nesse pacto declare que não é competente for força do mesmo.

3. Se o tribunal designado no pacto se atribuir competência por força desse pacto, os tribunais dos outros Estados-Membros devem declarar-se incompetentes a favor desse tribunal.

4. Os nºs 2 e 3 não se aplicam às matérias regidas pelas secções 3, 4 e 5 caso o requerente seja o tomador do seguro, o segurado, um beneficiário do contrato de seguro, o lesado, um consumidor ou um trabalhador e o pacto não seja válido nos termos de disposição constante daquelas secções.

NOTAS

- O artigo 31º – nº 1 corresponde ao artigo 29º do Regulamento nº 44/2001 e ao artigo 23º da Convenção de Bruxelas.
- *Vide* anotação ao artigo 29º – nota 1.
- *Vide* na anotação ao artigo 29º os considerandos vigésimo primeiro e vigésimo segundo do Regulamento.
- Os n. º s 2 a 4 protegem a competência exclusiva (cfr. artigo 25º – nº 1) resultante de um pacto de jurisdição, tendo o tribunal designado no pacto prioridade na apreciação da validade do pacto.

O novo regime abandona a orientação do acórdão do Tribunal de Justiça de 9.12.2003, no processo C-116/02, e põe cobro a ações instauradas num tribunal incompetente com o fim de bloquear a propositura da ação no tribunal designado no pacto de jurisdição, estando o tribunal onde primeiramente foi instaurada ação vinculado à decisão do tribunal designado no pacto sobre a validade e aplicabilidade do pacto de jurisdição – acórdão do Tribunal de Justiça de 15.11.2012, no processo C-546/11.

A este respeito é muito eloquente o considerando vigésimo segundo do preâmbulo do Regulamento que não é demais voltar a recordar:

> (22) Todavia, a fim de reforçar a eficácia dos acordos exclusivos de eleição do foro competente e de evitar táticas de litigação abusivas, é necessário prever uma exceção à regra geral de litispendência, a fim de lidar de forma satisfatória com uma situação particular no âmbito da qual poderão ocorrer processos concorrentes. Trata-se da situação em que é demandado um tribunal não designado num acordo exclusivo de eleição do foro competente, e o tribunal designado é demandado subsequentemente num processo com a mesma causa de pedir e com as mesmas partes. Nesse caso, o tribunal demandado em primeiro lugar deverá ser chamado a suspender a instância logo que o tribunal designado seja demandado e até que este declare que não é competente por força do acordo exclusivo de eleição do foro competente. Isto destina-se a, numa tal situação, dar prioridade ao tribunal designado para decidir da validade do acordo e em que medida o acordo se aplica ao litígio pendente. O tribunal designado deverá poder prosseguir a ação independentemente de o tribunal não designado já ter decidido da suspensão da instância.
>
> Esta exceção não deverá aplicar-se a situações em que as partes tenham celebrado acordos exclusivos de eleição do foro competente incompatíveis ou aos casos em que o tribunal designado num tal acordo tenha sido demandado em primeiro lugar. Nesses casos, deverá aplicar-se a regra geral de litispendência constante do presente regulamento.

Artigo 32º

1. Para efeitos da presente secção, considera-se que a ação foi submetida à apreciação do tribunal:

a) No momento em que for apresentado ao tribunal o documento que dá início à instância, ou documento equivalente, desde que o requerente tenha tomado posteriormente as medidas que lhe incumbem para que o requerido seja citado; ou

b) Se o documento tiver de ser notificado antes de ser apresentado a tribunal, no momento em que for recebido pela autoridade responsável pela notificação, desde que o requerente tenha tomado posteriormente as medidas que lhe incumbem para que o documento seja junto ao processo.

A autoridade responsável pela notificação prevista na alínea b) é a primeira autoridade a receber o documento a notificar.

2. Os tribunais ou as autoridades responsáveis pela notificação prevista no nº 1 registam, respetivamente, a data de apresentação do documento que dá início à instância ou documento equivalente ou a data da receção dos documentos a notificar.

NOTAS

O artigo 32º – nº 1 – a) e b) corresponde ao artigo 30º – nºs 1 e 2 do Regulamento nº 44/2001, não tendo neste correspondência o segundo parágrafo da alínea b) do nº 1 nem o nº 2.

Artigo 33º

1. Se a competência se basear nos artigos 4º, 7º, 8º ou 9º e estiver pendente uma ação num tribunal de um país terceiro no momento em que é demandado o tribunal de um Estado-Membro numa ação com a mesma causa de pedir e entre as mesmas partes que a ação no tribunal do país terceiro, o tribunal do Estado-Membro pode suspender a instância se:

a) For previsível que o tribunal do país terceiro profira uma decisão passível de ser reconhecida e, consoante os casos, executada no Estado-Membro em causa; e

b) O tribunal do Estado-Membro estiver convencido de que a suspensão da instância é necessária para a correta administração da justiça.

2. O tribunal do Estado-Membro pode dar continuação ao processo a qualquer momento se:

a) A instância no tribunal do país terceiro tiver sido suspensa ou encerrada;

b) O tribunal do Estado-Membro considerar improvável que a ação no tribunal do país terceiro se conclua num prazo razoável; ou

c) For necessário dar continuação ao processo para garantir a correta administração da justiça.

3. O tribunal do Estado-Membro encerra a instância se a ação no tribunal do país terceiro tiver sido concluída e resultar numa decisão passível de reconhecimento e, se for caso disso, de execução nesse Estado-Membro.

4. O tribunal do Estado-Membro aplica o presente artigo a pedido de qualquer das partes ou, caso a lei nacional o permita, oficiosamente.

NOTAS

- O artigo 33º não tem correspondente no Regulamento nº 44/2001.
- Sobre esta matéria nova são os seguintes os considerandos vigésimo terceiro e vigésimo quarto do Regulamento:

(23) O presente regulamento deverá prever um mecanismo flexível que permita aos tribunais dos Estados-Membros ter em conta as ações pendentes em tribunais de países terceiros, atento sobretudo o facto de as decisões judiciais de países terceiros serem suscetíveis de ser reconhecidas e executadas num dado Estado-Membro por força da legislação desse Estado-Membro, e a correta administração da justiça.

(24) Ao ter em conta a correta administração da justiça, o tribunal do Estado-Membro em causa deverá avaliar todas as circunstâncias do caso concreto. Estas circunstâncias podem incluir os vínculos entre os factos do processo e as partes e o país terceiro em questão, a fase em que se encontra o processo no país terceiro no momento é que é intentado o processo no tribunal do Estado-Membro, e se é previsível que o tribunal do país terceiro profira a sua decisão em prazo razoável.

Essa avaliação poderá ainda incluir a ponderação da questão de saber se o tribunal do país terceiro tem competência exclusiva no caso concreto nas mesmas circunstâncias em que o tribunal de um Estado-Membro teria competência exclusiva.

Artigo 34º

1. Se a competência se basear nos artigos 4º, 7º, 8º ou 9º e estiver pendente uma ação no tribunal de um país terceiro no momento em que é demandado o tribunal de um Estado-Membro numa ação conexa com a ação intentada no tribunal do país terceiro, o tribunal do Estado Membro pode suspender a instância se:

a) Houver interesse em que as ações conexas sejam instruídas e julgadas em conjunto para evitar decisões que poderiam ser inconciliáveis se as causas fossem julgadas separadamente;

b) For previsível que o tribunal do país terceiro tome uma decisão passível de reconhecimento e, se for caso disso, de execução nesse Estado Membro; e

c) O tribunal do Estado-Membro estiver convencido de que a suspensão da instância é necessária para uma correta administração da justiça.

2. O tribunal do Estado-Membro pode dar continuação ao processo a qualquer momento se:

a) Considerar que deixou de haver risco de decisões inconciliáveis;

b) A instância no tribunal do país terceiro tiver sido suspensa ou encerrada;

c) Considerar improvável que a ação intentada no tribunal do país terceiro se conclua num prazo razoável; ou

d) For necessário dar continuação ao processo para garantir a correta administração da justiça.

3. O tribunal do Estado-Membro pode encerrar a instância se a ação intentada no tribunal do país terceiro tiver sido concluída e resultar numa decisão passível de reconhecimento e, se for caso disso, de execução nesse Estado-Membro.

4. O tribunal do Estado-Membro aplica o presente artigo a pedido de qualquer das partes ou, caso a lei nacional o permita, oficiosamente.

NOTAS

- O artigo 34º não tem correspondente no Regulamento nº 44/2001.
- *Vide* na anotação ao artigo anterior os considerandos vigésimo terceiro e vigésimo quarto.
- Apesar da relevância da pendência de ações em países terceiros para efeitos de litispendência ou de conexão de ações, inexiste para um país terceiro o dever de um Estado-Membro de informar a data em que a ação lhe foi submetida, dever previsto no artigo 29º – nº 2.

SECÇÃO 10 – Medidas provisórias e cautelares

Artigo 35º

As medidas provisórias, incluindo as medidas cautelares, previstas na lei de um Estado-Membro podem ser requeridas às autoridades judiciais desse Estado-Membro, mesmo que os tribunais de outro Estado-Membro sejam competentes para conhecer do mérito da causa.

NOTAS

1 – Corresponde ao artigo 31º do Regulamento nº 44/2001 e ao artigo 24º da Convenção de Bruxelas.

- Nos termos do artigo 2º – nº 1 – a), para efeitos de reconhecimento e execução entende-se por "decisão" aquela que tenha decretado medidas provisórias e que provenha de um tribunal com competência par conhecer do mérito da causa, pelo que, apesar do disposto neste artigo 35º, a medida decretada por um tribunal que não tenha competência para conhecer do mérito, não será reconhecida nem executada em nenhum outro Estado-Membro. É o que resulta do considerando trigésimo terceiro:

(33) Se medidas provisórias, incluindo medidas cautelares, forem decididas por um tribunal competente para conhecer do mérito da causa, a sua livre circulação deverá ser garantida nos termos do presente regulamento. Todavia, as medidas provisórias, incluindo as medidas cautelares, impostas por esse tribunal sem que o requerido seja notificado para comparecer não deverão ser reconhecidas ou executadas nos termos do presente regulamento, a menos que a decisão que contém a medida seja notificada ao requerido antes da execução. Tal não deverá obstar ao reconhecimento e execução dessas medidas ao abrigo da lei nacional. Se medidas provisórias, incluindo medidas cautelares, forem decididas por um tribunal de um Estado-Membro que não seja competente para conhecer do mérito da causa, os seus efeitos deverão confinar-se, nos termos do presente regulamento, ao território desse Estado-Membro.

É o seguinte o considerando vigésimo quinto do Regulamento:

(25) O conceito de medidas provisórias, incluindo medidas cautelares, deverá abranger, por exemplo, as providências cautelares para obtenção de informações ou preservação de provas a que se referem os artigos 6º e 7º da Diretiva 2004/48/CE do Parlamento Europeu e do Conselho, de 29 de abril de 2004, relativa ao respeito dos direitos de propriedade intelectual. Aquele conceito não deverá abranger medidas cuja natureza não seja cautelar, como as medidas que ordenem a audição de testemunhas. Tal não deverá prejudicar a aplicação do Regulamento (CE) nº 1206/2001 do Conselho, de 28 de maio de 2001, relativo à cooperação entre os tribunais dos Estados-Membros no domínio da obtenção de provas em matéria civil ou comercial.

- O acórdão do Tribunal de Justiça (Primeira Secção) de 6.9.2012, no processo C-170/11, decidiu que as disposições do Regulamento citado neste considerando, em especial o seu artigo 1º – nº 1 devem ser interpretadas no sentido de que o tribunal competente de um Estado-Membro que pretenda inquirir como testemunha uma parte residente noutro Estado-Membro tem a faculdade de, para proceder a essa inquirição, convocar essa parte e de a inquirir em conformidade com o direito do Estado-Membro desse tribunal.
- Como dissemos na nota ao artigo 27º e como resulta do disposto naquele artigo, que se refere à instauração de uma ação, a título principal, mesmo que os tribu-

nais de um Estado-Membro tenham uma competência exclusiva, isto não prejudica a competência dos tribunais dos outros Estados-Membros para decretarem, nos termos do artigo 35º, medidas provisórias e cautelares nos litígios abrangidos pelas competências exclusivas.

Tem-se em vista assegurar a eficácia das medidas cautelares, conferindo competência aos órgãos jurisdicionais que, nos termos do direito interno dos Estados – Membros, estejam em melhor situação para as decretar. Assim, podem arrestar-se em Portugal bens do devedor, ainda que o seu domicílio seja em França e aí seja o lugar do cumprimento da sua obrigação, sendo um órgão jurisdicional francês o competente para a ação principal.

Mas é óbvio que não fica excluído que os órgãos jurisdicionais competentes para apreciar o mérito da causa sejam também competentes para as medidas cautelares.

2 – O artigo 5º – nº 1 da Convenção de Bruxelas deve ser interpretado no sentido de que o órgão jurisdicional competente por força desta disposição é igualmente competente para decretar medidas provisórias ou cautelares sem que esta última competência esteja dependente de outras condições.

Quando as partes subtraírem validamente um litígio resultante de um contrato à competência dos órgãos jurisdicionais estatais para o atribuírem a uma jurisdição arbitral, as medidas provisórias ou cautelares não podem ser ordenadas com fundamento no artigo 5º – nº 1 da Convenção.

Na medida em que o objeto de um pedido de medidas provisórias incide sobre uma questão abrangida pelo âmbito material da Convenção, esta aplica-se e o seu artigo 24º é suscetível de fundamentar a competência do juiz das medidas provisórias mesmo que já tenha sido ou possa ser instaurado um processo quanto ao mérito e mesmo que este processo deva correr os seus termos perante árbitros.

O artigo 24º da Convenção deve ser interpretado no sentido de que a sua aplicação está dependente, nomeadamente, da condição de existência de um elemento de conexão real entre o objeto desta medida e a competência territorial do Estado contratante do juiz a quem é requerida.

O pagamento a título provisório de uma contraprestação contratual não constitui uma medida provisória na aceção do artigo 24º da Convenção, a menos que, por um lado, o reembolso ao demandado da soma atribuída esteja garantido na hipótese de o demandado não obter ganho de causa quanto ao mérito e, por outro lado, a medida requerida apenas incida sobre bens determinados do demandado que se situam, ou se devam situar, na esfera da competência territorial do juiz a quem é pedida – acórdão do Tribunal de Justiça de 17.11.1998, no processo C-391/95.

- Quanto ao último ponto do acórdão, *vide*, no mesmo sentido, o acórdão de 27.4.1999, no processo C-99/96.

3 – *Vide* acórdão do Tribunal de Justiça (Quinta Secção) de 6.6.2002,no processo C-80/00, referido na nota 13 ao artigo 45º

4 – O artigo 24º da Convenção de Bruxelas deve ser interpretado no sentido de que uma medida que ordena uma inquirição de uma testemunha com o objetivo de permitir ao requerente avaliar a oportunidade de intentar uma eventual ação, de determinar o fundamento dessa ação e de apreciar a pertinência dos fundamentos suscetíveis de ser invocados nesse âmbito não é abrangida no conceito de "medidas provisórias e cautelares"- acórdão do Tribunal de Justiça (Primeira Secção) de 28.4.2005, no processo 104/03.

CAPÍTULO III – Reconhecimento e Execução

SECÇÃO 1 – Reconhecimento

Artigo 36º

1. As decisões proferidas num Estado-Membro são reconhecidas nos outros Estados-Membros sem quaisquer formalidades.

2. Quaisquer partes interessadas podem, nos termos da Subsecção 2 da Secção 3, requerer uma decisão que declare não haver motivos para recusar o reconhecimento, nos termos do artigo 45º.

3. Se o resultado de uma ação intentada no tribunal de um Estado-Membro depender da decisão de um incidente de recusa de reconhecimento, será o mesmo tribunal competente para conhecer do incidente.

NOTAS

1 – Corresponde ao artigo 33º do Regulamento nº 44/2001 e ao artigo 26º da Convenção de Bruxelas.

- As regras deste Capítulo III aplicam-se também ao reconhecimento e execução de decisões proferidas de acordo com regras de competência judiciária constantes de convenções especiais, nos termos do artigo 67º.
- Obviamente apenas se compreendem no âmbito deste capítulo o reconhecimento e execução de decisões em matéria civil e comercial, na aceção do artigo 1º, e o Estado requerido controla a sua aplicabilidade, sem que tal envolva uma revisão de mérito que é proibida pelo artigo 52º.
- É muito liberal o regime de reconhecimento e execução num Estado-Membro de decisões proferidas noutro Estado-Membro, com o fim de se conseguir a liberdade de circulação das decisões, o que exige as garantias asseguradas pelo disposto nos artigos 28º e 45º e 46º, sendo muito restrito o controlo a exercer

pelo tribunal do Estado-Membro requerido para o reconhecimento e execução de decisões.

- São os seguintes o vigésimo sexto e vigésimo sétimo considerandos do Regulamento:

(26) A confiança mútua na administração da justiça na União justifica o princípio de que as decisões proferidas num Estado-Membro sejam reconhecidas em todos os outros Estados-Membros sem necessidade de qualquer procedimento específico. Além disso, o objetivo de tornar a litigância transfronteiriça menos morosa e dispendiosa justifica a supressão da declaração de executoriedade antes da execução no Estado-Membro requerida. Assim, as decisões proferidas pelos tribunais dos Estados-Membros devem ser tratadas como se se tratasse de decisões proferidas no Estado-Membro requerido.

(27) Para efeitos da livre circulação de decisões, uma decisão proferida num Estado-Membro deverá ser reconhecida e executada em qualquer outro Estado-Membro mesmo que seja tomada em relação a uma pessoa não domiciliada num Estado-Membro.

- O reconhecimento noutro Estado-Membro, sem quaisquer formalidades, das decisões proferidas num Estado-Membro, princípio pelo qual não é necessária a sua revisão e confirmação, pode deixar de se verificar, pois logo o nº 2 deste artigo prevê que quaisquer partes interessadas podem requerer uma decisão que declare não haver motivos para recusar o reconhecimento nos termos do artigo 45º, requerimento, como prescreve o mesmo nº 2, nos termos da subsecção 2 da secção 3, subsecção que regula os termos da recusa da execução.

Assim, qualquer parte interessada no reconhecimento da decisão pode requerer o seu reconhecimento formal numa ação de simples apreciação negativa em que se declare que não há motivos para recusar o reconhecimento nos termos do artigo 45º, ação que segue os termos dos artigos 46º a 51º, com as devidas adaptações, só se verificando a improcedência da ação se vier a provar-se uma das causas de recusa do reconhecimento previstas no artigo 45º.

O pedido de uma decisão que declare não haver motivos para recusar o reconhecimento deve ser apresentado ao tribunal do Estado-membro que por este haja sido comunicado à Comissão, nos termos do artigo 75º, alínea a), como sendo o tribunal em que o pedido deve ser apresentado e, na medida em que não seja abrangido pelo Regulamento, o processo de reconhecimento é regido pela lei do Estado-Membro requerido (artigo 47º – nºs 1 e 2).

Mas o reconhecimento noutro Estado-Membro, sem quaisquer formalidades, das decisões proferidas num Estado-Membro, também pode deixar de verificar-se através de uma decisão do incidente de recusa do reconhecimento previsto no nº 3 do artigo 36º: "se o resultado de uma ação intentada no tribunal de um Estado-Membro depender da decisão de um incidente de recusa de reconhecimento, será o mesmo tribunal competente para conhecer do incidente".

Sendo automático o reconhecimento da decisão proveniente de outro Estado-Membro, o Regulamento não permite o reconhecimento expresso dessa decisão mas tão só a declaração de que não há fundamento para recusar o reconhecimento da decisão.

2 – O acórdão do Tribunal de Justiça (Terceira Secção) de 15.11.2012, no processo C-456/11, decidiu que o artigo 32º, a que corresponde o artigo 2º -a) do Regulamento nº 1215/2012, deve ser interpretado no sentido de que abrange igualmente uma decisão em que o tribunal de um Estado-Membro se declara incompetente com fundamento na existência de um pacto atributivo de jurisdição[10], independente da qualificação dada a essa decisão pelo direito de outro Estado-Membro; os artigos 32º e 33º do Regulamento nº 44/2001 devem ser interpretados no sentido de que o tribunal em que é invocado o reconhecimento de uma decisão em que o tribunal de outro Estado-Membro declarou a sua incompetência com fundamento na existência de um pacto atributivo de jurisdição está vinculado pela conclusão relativa à validade desse pacto, que figura nos fundamentos de um acórdão que transitou em julgado e declara a ação inadmissível.

Nos considerandos deste acórdão, salienta-se que o conceito de autoridade de caso julgado no direito da União não existe apenas no que respeita à parte decisória da decisão judicial em causa, mas abrange também os fundamentos desse acórdão que representam o alicerce necessário da sua parte decisória, dela sendo, por isso, indissociáveis (*vide*, designadamente, acórdãos de 1.6.2006, C-442/03 e C-471/03, Colet., p. I-4845 e de 19.4.2012, C-221/10).

Uma decisão em que um tribunal de um Estado-Membro se declara incompetente com fundamento num pacto atributivo de jurisdição, sustentando que esse pacto é válido, vincula os tribunais dos outros Estados-Membros tanto no que respeita à decisão de incompetência desse tribunal, contida no dispositivo da sua decisão, como no que respeita à conclusão relativa à validade desse pacto, contida nos fundamentos dessa decisão, que constituem o alicerce necessário desse dispositivo.

Artigo 37º

1. As partes que pretendam invocar num Estado-Membro uma decisão proferida noutro Estado-Membro devem apresentar:

a) Uma cópia da decisão que satisfaça as condições necessárias para atestar a sua autenticidade; e

[10] Quanto a pactos atributivos de jurisdição, *vide* o artigo 25º – extensão de competência – deste Regulamento nº 1215/2012.

b) Uma certidão emitida nos termos do artigo 53º.

2. O tribunal ou autoridade perante a qual seja invocada uma decisão proferida noutro Estado-Membro pode, se necessário, requerer que a parte que a invoca lhe forneça, nos termos do artigo 57º, uma tradução ou transliteração do conteúdo da certidão referida no nº 1, alínea b). Se o tribunal ou autoridade em causa não puder dar seguimento ao processo sem que a própria decisão seja traduzida, poderá exigir da parte essa tradução, em vez da tradução do conteúdo da certidão.

Artigo 38º

O tribunal ou autoridade perante a qual seja invocada uma decisão proferida noutro Estado-Membro pode suspender total ou parcialmente a instância se:

a) A decisão for impugnada no Estado-Membro de origem; ou

b) For apresentado um pedido de decisão que determine não haver fundamentos para recusar o reconhecimento nos termos do artigo 45º, ou de decisão que determine a recusa do reconhecimento com base num desses fundamentos.

NOTAS

- O Regulamento não exige o trânsito em julgado da decisão proferida num Estado-Membro para ela ser reconhecida noutro Estado-Membro sem outras formalidades, mas neste artigo e no artigo 44º faculta-se ao tribunal ou autoridade perante a qual seja invocada uma decisão proferida noutro Estado-Membro suspender total ou parcialmente a instância nos casos neles referidos, designadamente se a decisão for impugnada no Estado-Membro de origem.

E se a decisão proferida noutro Estado-Membro for revogada ou modificada deve o facto ser tido em conta pelo Estado-Membro requerido.

- A executoriedade não se confunde com o trânsito em julgado da decisão; é a data desta que marca a separação entre a exequibilidade provisória (em que o credor deve prestar caução se pretender intentar a execução e o devedor se a pretender evitar) e a definitiva (em que a execução da decisão não sofre qualquer condicionamento); uma sentença condenatória de que foi interposto recurso que veio a ser julgado totalmente improcedente pode constituir título executivo – acórdão do Supremo Tribunal de Justiça de 20.6.2013 – Relator Fernando Bento.

SECÇÃO 2 – Execução

Artigo 39º

Uma decisão proferida num Estado-Membro que aí tenha força executória pode ser executada noutro Estado-Membro sem que seja necessária qualquer declaração de executoriedade.

NOTAS

- São os seguintes o vigésimo sexto, vigésimo sétimo e vigésimo nono considerandos do Regulamento:

(26) A confiança mútua na administração da justiça na União justifica o princípio de que as decisões proferidas num Estado-Membro sejam reconhecidas em todos os outros Estados-Membros sem necessidade de qualquer procedimento específico. Além disso, o objetivo de tornar a litigância transfronteiriça menos morosa e dispendiosa justifica a supressão da declaração de executoriedade antes da execução no Estado-Membro requerida. Assim, as decisões proferidas pelos tribunais dos Estados-Membros devem ser tratadas como se se tratasse de decisões proferidas no Estado-Membro requerido.

(27) Para efeitos da livre circulação de decisões, uma decisão proferida num Estado-Membro deverá ser reconhecida e executada em qualquer outro Estado-Membro mesmo que seja tomada em relação a uma pessoa não domiciliada num Estado-Membro.

(29) A execução direta, no Estado-Membro requerido, de uma decisão proferida noutro Estado-Membro sem declaração de executoriedade não deverá comprometer o respeito pelos direitos da defesa. Assim sendo, a pessoa relativamente à qual a execução é requerida deverá poder requerer a recusa de reconhecimento ou de execução de uma decisão se considerar que se verifica um dos fundamentos de recusa do reconhecimento. Entre estes fundamentos deverá figurar o facto de a pessoa não ter podido assegurar a sua defesa caso a decisão tenha sido proferida à revelia numa ação cível ligada a um procedimento penal. Deverão igualmente incluir-se os fundamentos que poderiam ser invocados com base num acordo entre o Estado-Membro requerido e um Estado terceiro celebrado ao abrigo do artigo 59º da Convenção de Bruxelas de 1968.

- O artigo 31º da Convenção de Bruxelas previa que "as decisões proferidas num Estado contratante e que nesse Estado tenham força executiva podem ser executadas em outro Estado contratante depois de nele terem sido declaradas executórias, a requerimento de qualquer parte interessada" e o acórdão do Tribunal de Justiça (Quinta Secção) de 29.4.1999, no processo C-267/97, decidiu que o termo "executórias" deve ser interpretado no sentido de que o mesmo visa apenas o caráter executório do ponto de vista formal, das decisões estrangeiras e não as condições em que as mesmas podem ser executadas no Estado de origem, competindo ao órgão jurisdicional em que foi interposto um recurso nos termos do artigo 36º da Convenção determinar, segundo o seu próprio direito nacional, incluindo as normas de direito internacional privado, quais os efeitos jurídicos duma decisão proferida no Estado de origem no contexto de um processo de liquidação judicial de patrimónios.

- Foi abolido o processo de *exequatur* e hoje não é necessária qualquer declaração de executoriedade no Estado-Membro requerido, mas a decisão deve ter força executória no Estado-Membro de origem e, nos termos do artigo 53º, a pedido de qualquer interessado, o tribunal de origem deve emitir uma certidão utilizando o formulário que se reproduz no Anexo I, do qual consta, sob o nº 4.4 se a decisão é ou não executória no Estado-Membro de origem.
- Da regularidade de notificação de uma sentença estrangeira, segundo as formalidades estabelecidas para esse ato no país de origem da decisão, não se pode, sem mais, presumindo o respetivo trânsito em julgado, dar-se como verificada a sua força executiva, sem necessidade de qualquer "documento externo", tendo como satisfeito o requisito previsto no artigo 47º – nº 1 da Convenção de Bruxelas (hoje nos artigos 53º e 54º do Regulamento nº 44/2001); o concurso do requisito não pode aferir-se à luz das normas que estabelecem os pressupostos de exequibilidade no direito português, impondo-se a formulação do juízo de executoriedade à luz dos critérios do Direito do Estado de origem; o tribunal tem de se assegurar que a sentença é exequível no país de origem, acautelando o risco de lhe serem atribuídos efeitos executórios que não tinha no Estado onde foi proferida – acórdão do Supremo Tribunal de Justiça de 22.3.2007 – Relator ALVES VELHO.
- Condenada uma sociedade comercial portuguesa por um tribunal alemão no pagamento de determinadas quantias pecuniárias a uma sociedade alemã com fundamento em responsabilidade civil contratual bem como nas custas do processo, se aquela sociedade alemã pretender executar em Portugal tal sentença, quer quanto ao objeto da condenação quer quanto às custas, deve formular o respetivo requerimento de *exequatur*, indicando expressamente os atos judiciais (sentença) ou equiparados (despacho do secretário judicial de fixação de custas), juntando a documentação relativa a cada uma dessas decisões; se não mencionar expressamente no requerimento de concessão de executoriedade o despacho de fixação de custas, não supre tal omissão a mera junção da respetiva documentação e a indicação de um valor correspondente à soma dos valores da condenação da sentença e custas liquidadas; uma decisão constitui título executivo contra quem nela foi condenado, sendo irrelevantes as alterações da firma ou designação social que se verificarem na pendência do respetivo processo – *maxime*

quando não consta que haja sido cumprido o dever processual de informação do tribunal sobre tal alteração – caso em que a antiga designação deve ter-se por substituída pela nova, sem prejuízo da aptidão da sentença como título executivo – acórdão do Supremo Tribunal de Justiça de 20.6.2013 – Relator FERNANDO BENTO.

- Tendo nós a certeza de que, como refere a 1ª instância, e disso deu conta a Relação, não consta dos autos qualquer decisão a conferir executoriedade à sentença que foi proferida pelo tribunal francês e que se quer executar, tudo se passa como se inexistisse título executivo suscetível de fundamentar a execução ora em exame – acórdão do Supremo Tribunal de Justiça de 12.12.2013 – Relator SILVA GONÇALVES.

Artigo 40º

As decisões executórias implicam, de pleno direito, o poder de tomar quaisquer medidas cautelares que existam nos termos da lei do Estado-Membro requerido.

NOTAS

Sem disposição correspondente no Regulamento nº 44/2001.

Artigo 41º

1. Sem prejuízo do disposto na presente secção, o processo de execução de decisões proferidas noutro Estado-Membro rege-se pela lei do Estado-Membro requerido. Uma decisão proferida num Estado-Membro que seja executória no Estado-Membro requerido deve nele ser executada em condições iguais às de uma decisão proferida nesse Estado-Membro.

2. Não obstante o disposto no nº 1, os fundamentos de recusa ou suspensão da execução previstos na lei do Estado-Membro requerido são aplicáveis desde que não sejam incompatíveis com os fundamentos referidos no artigo 45º.

3. A parte que requer a execução de uma decisão proferida noutro Estado-Membro não é obrigada a ter um endereço postal no Estado-Membro requerido. Essa parte também não é obrigada a ter um representante autorizado no Estado-Membro requerido, salvo se a existência de um tal representante for obrigatória independentemente da nacionalidade ou do domicílio das partes.

NOTAS

- O princípio das equiparação entre a decisão estrangeira e a decisão nacional estabelecido na segunda parte do nº 1 implica que o princípio da aplicação da lei do Estado requerido ao processo de execução de decisões proferidas noutro Estado-Membro.

- É o seguinte o trigésimo considerando do Regulamento:

(30) A parte que conteste a execução de uma decisão proferida noutro Estado-Membro deverá, na medida do possível, e de acordo com o sistema jurídico do Estado-Membro requerido, poder invocar no mesmo processo, além dos fundamentos de recusa previstos no presente regulamento, também os fundamentos de recusa previstos na lei nacional e dentro dos prazos estabelecidos nessa lei.

No entanto, o reconhecimento de uma decisão só deverá ser recusado se se verificarem um ou mais dos fundamentos de recusa previstos no presente regulamento.

- O artigo 40º – nº 2 do Regulamento nº 44/2001 previa que o requerente deve escolher domicílio na área de jurisdição do tribunal em que tiver sido apresentado o requerimento, mas, se a lei do Estado requerido não previsse a escolha de domicílio, o requerente designaria um mandatário *ad litem*.

Artigo 42º

1. Para efeitos da execução num Estado-Membro de uma decisão proferida noutro Estado-Membro, o requerente deve facultar às autoridades de execução competentes:

a) Uma cópia da decisão que satisfaça as condições necessárias para atestar a sua autenticidade; e

b) Uma certidão emitida nos termos do artigo 53º que comprove que a decisão é executória e inclua um extrato da decisão, bem como, se for caso disso, informações relevantes sobre os custos processuais reembolsáveis e o cálculo dos juros.

2. Para efeitos da execução num Estado-Membro de uma decisão proferida noutro Estado-Membro que decrete medidas provisórias, incluindo medidas cautelares, o requerente deve facultar às autoridades de execução competentes:

a) Uma cópia da decisão que satisfaça as condições necessárias para atestar a sua autenticidade;

b) Uma certidão emitida nos termos do artigo 53º que contenha uma descrição da medida e ateste que:

i) o tribunal é competente para conhecer do mérito da causa,

ii) a decisão é executória no Estado-Membro de origem; e

c) Se a medida tiver sido decretada sem que o requerido tenha sido notificado para comparecer, o comprovativo da notificação da decisão.

3. A autoridade de execução competente pode, se necessário, exigir que o requerente apresente, nos termos do artigo 57º, uma tradução ou transliteração do conteúdo da certidão.

4. A autoridade de execução competente só pode exigir ao requerente uma tradução da própria decisão se sem ela não puder dar seguimento ao processo.

NOTAS

- Sobre o artigo 42º – nº 2 – c), *vide* o artigo 2º – nº 1 – a) – segunda parte.
- Como dissemos em nota ao artigo 35º, nos termos do artigo 2º – nº 1 – a), para efeitos de reconhecimento e execução entende-se por "decisão" aquela que tenha decretado medidas provisórias e que provenha de um tribunal com competência para conhecer do mérito da causa, pelo que, apesar do disposto neste artigo 35º, a medida decretada por um tribunal que não tenha competência para conhecer do mérito, não será reconhecida nem executada em nenhum outro Estado-Membro. É o que resulta do considerando trigésimo terceiro:

(33) Se medidas provisórias, incluindo medidas cautelares, forem decididas por um tribunal competente para conhecer do mérito da causa, a sua livre circulação deverá ser garantida nos termos do presente regulamento. Todavia, as medidas provisórias, incluindo as medidas cautelares, impostas por esse tribunal sem que o requerido seja notificado para comparecer não deverão ser reconhecidas ou executadas nos termos do presente regulamento, a menos que a decisão que contém a medida seja notificada ao requerido antes da execução. Tal não deverá obstar ao reconhecimento e execução dessas medidas ao abrigo da lei nacional. Se medidas provisórias, incluindo medidas cautelares, forem decididas por um tribunal de um Estado-Membro que não seja competente para conhecer do mérito da causa, os seus efeitos deverão confinar-se, nos termos do presente regulamento, ao território desse Estado-Membro.

- As decisões judiciais que autorizem providências cautelares sem que a parte contra a qual são dirigidas haja sido notificada para comparecer em juízo e que se destinem a ser executadas sem serem previamente notificadas a essa parte não são suscetíveis de reconhecimento e execução, como decorre do disposto nº 2 – b) – ii) deste artigo, o que pode ocorrer com as providências cautelares que, no regime processual civil português, podem ser decretadas sem audição da parte requerida, a não ser que lhe sejam notificadas antes de serem executadas.

Artigo 43º

1. Se for requerida a execução de uma decisão proferida noutro Estado-Membro, a certidão emitida nos termos do artigo 53º é notificada à pessoa contra a qual a execução é requerida antes da primeira medida de execução. A certidão deve ser acompanhada da decisão se esta ainda não tiver sido notificada a essa pessoa.

2. Se a pessoa contra a qual é requerida a execução tiver domicílio num Estado-Membro que não seja o Estado-Membro de origem, pode requerer a tradução da decisão, a fim de contestar a execução, se esta não estiver escrita ou acompanhada de uma tradução numa das seguintes línguas:

a) Uma língua que a pessoa contra a qual é requerida a execução entenda; ou

b) A língua oficial do Estado-Membro em que essa pessoa está domiciliada ou, caso existam várias línguas oficiais nesse Estado-Membro, a língua oficial ou as línguas oficiais do lugar onde a pessoa tem domicílio.

Se a tradução da decisão for requerida nos termos do primeiro parágrafo, não poderão ser tomadas medidas de execução que não sejam medidas cautelares enquanto essa tradução não tiver sido facultada à pessoa contra a qual é requerida a execução.

O presente número não se aplica caso a decisão já tenha sido notificada à pessoa contra a qual é requerida a execução numa das línguas a que se refere o primeiro parágrafo ou acompanhada de uma tradução para uma dessas línguas.

3. O presente artigo não se aplica à execução de medidas cautelares no âmbito de uma decisão ou quando a pessoa que requer a execução requer igualmente medidas cautelares ao abrigo do artigo 40º.

NOTAS

É o seguinte o trigésimo segundo considerando do Regulamento:

(32) A fim de informar da execução de uma decisão proferida noutro Estado-Membro a pessoa contra a qual tal execução é requerida, a certidão passada ao abrigo do presente regulamento, se necessário acompanhada da decisão, deverá ser notificada a essa pessoa em tempo razoável antes da primeira medida de execução. Neste contexto, deverá entender-se por primeira medida de execução a primeira medida de execução após aquela notificação.

Artigo 44º

1. Caso seja apresentado um pedido de recusa da execução de uma decisão nos termos da Subsecção 2 da Secção 3, o tribunal do Estado-Membro requerido pode, a pedido da pessoa contra a qual é requerida a execução:

a) Limitar o processo de execução a medidas cautelares;

b) Subordinar a execução à constituição de uma garantia que determinará; ou

c) Suspender total ou parcialmente o processo de execução.

2. A pedido da pessoa contra a qual é requerida a execução, a autoridade competente do Estado-Membro requerido suspende o processo de execução se a executoriedade da decisão for suspensa no Estado-Membro de origem.

NOTAS

É o seguinte o trigésimo primeiro considerando do Regulamento:

(31) Em caso de contestação à execução de uma decisão, os tribunais do Estado-Membro requerido deverão poder, durante todo o processo relativo à contestação, incluindo um eventual recurso, permitir a execução, embora restringindo-a ou impondo a constituição de uma garantia.

SECÇÃO 3 – Recusa de reconhecimento e execução

Subsecção 1 – Recusa de reconhecimento

Artigo 45º

1. A pedido de qualquer interessado, o reconhecimento de uma decisão é recusado se:

a) Esse reconhecimento for manifestamente contrário à ordem pública do Estado-Membro requerido;

b) Caso a decisão tenha sido proferida à revelia, o documento que iniciou a instância – ou documento equivalente – não tiver sido citado ou notificado ao requerido revel, em tempo útil e de modo a permitir-lhe deduzir a sua defesa, a menos que o requerido não tenha interposto recurso contra a decisão tendo embora a possibilidade de o fazer;

c) A decisão for inconciliável com uma decisão proferida no Estado-Membro requerido entre as mesmas partes;

d) A decisão for inconciliável com uma decisão anteriormente proferida noutro Estado-Membro ou num Estado terceiro entre as mesmas partes, em ação com a mesma causa de pedir, desde que a decisão proferida anteriormente reúna as condições necessárias para ser reconhecida no Estado-Membro requerido;

e) A decisão desrespeitar:

i) o disposto no Capítulo II, Secções 3, 4 ou 5, caso o requerido seja o tomador do seguro, o segurado, um beneficiário do contrato de seguro, o lesado, um consumidor ou um trabalhador, ou
ii) o disposto no Capítulo II, Secção 6.

2. Na sua apreciação dos critérios de competência referidos no nº 1, alínea e), o tribunal a quem foi apresentado o pedido fica vinculado à matéria de facto em que o tribunal de origem fundamentou a sua competência.

3. Sem prejuízo do disposto no nº 1, alínea e), não pode proceder-se à revisão da competência do tribunal de origem. O critério da ordem pública referido no nº 1, alínea a), não pode ser aplicado às regras de competência.

4. O pedido de recusa de reconhecimento deve ser apresentado nos termos da Subsecção 2, e, se for caso disso, da Secção 4.

NOTAS

1 – O artigo 45º – nº 1 – a) a d) corresponde ao artigo 34º do Regulamento nº 44//2001, correspondendo o artigo 45º nº 1 – a), b) e c) ao artigo 27º – nºs 1, 2 e 3 da Convenção de Bruxelas.

– Permite-se a instauração de uma ação de apreciação negativa para demonstrar que a decisão não pode ser reconhecida no Estado requerido.

Artigo 45º – nº 1 – a)

2 – O acórdão do Tribunal de Justiça (terceira Secção) de 23.10.2014, no processo C-302/13, citado na nota 3 ao artigo 1º e na nota 9 ao artigo 24º, decidiu que o artigo 34º – nº 1 do Regulamento nº 44/2001 deve ser interpretado no sentido de que nem as modalidades de determinação do montante das quantias sobre as quais incidem as medidas provisórias e cautelares decretadas numa decisão cujo reconhecimento e execução são requeridos, quando seja possível seguir a lógica do raciocínio subjacente à determinação do montante das referidas quantias, mesmo quando existiam e foram utilizados os meios processuais de impugnação de tais modalidades de cálculo, nem a mera invocação de consequências económicas graves constituem motivos determinantes da violação da ordem publica do Estado-Membro requerido que permitem recusar o reconhecimento e a execução nesse Estado-Membro de uma tal decisão proferida noutro Estado-Membro.

Nos considerandos deste acórdão refere-se que é jurisprudência constante que, embora os Estados-Membros permaneçam, em princípio, livres de determinar, ao abrigo da reserva constante do artigo 34º – nº 1, em conformidade com as suas conceções nacionais, as exigências da sua ordem pública, os limites deste conceito decorrem da interpretação do Regulamento e, assim, embora não caiba ao tribunal de Justiça definir o conteúdo do conceito de ordem pública de um Estado-Membro, incumbe-lhe, contudo, controlar os limites no quadro dos quais um Juiz de um Estado-Membro pode recorrer a este conceito para não reconhecer uma decisão de outro Estado-Membro (*vide* acórdãos do nos processos C-7/98 e C-38/98).

A este respeito, ao proibirem a revisão de mérito da decisão proferida noutro Estado-Membro, os artigos 36º e 45º – nº 2 do Regulamento nº 44/2001 vedam ao Juiz do Estado requerido a possibilidade de recusar o reconhecimento ou a execução da decisão com base apenas no facto de existir uma divergência entre a norma jurídica aplicada pelo Juiz do Estado de origem e a que seria aplicada pelo Juiz do Estado-Membro requerido se fosse ele a decidir o litígio. Do mesmo modo, o Juiz do Estado requerido não pode controlar a exatidão das apreciações jurídicas ou da matéria de facto levadas a cabo pelo Juiz do Estado de origem.

- O acórdão do Supremo Tribunal de Justiça de 22.9.2005 – Relator ARAÚJO DE BARROS – decidiu que as regras relativas à competência não dizem respeito à ordem pública do Estado-Membro requerido, pelo que a regra é de que o juiz requerido não pode verificar a competência do juiz de origem, salvo nos casos especialmente prevenidos nas secções: 3ª (competência em matéria de seguros artigos 8º a 12º); 4ª (competência em matéria de contratos celebrados por consumidores – artigos 15º a 17º); e 6ª (em matérias de competências exclusivas) do Regulamento nº 44/2001 (hoje haveria que acrescentar-se a secção 5ª do Regulamento nº 1215/2012, por força do disposto no artigo 45º – nº 1 – e) – i).
- O pagamento coercivo por incumprimento culposo de um contrato misto de empreitada e venda e custas do processo mediante a competente ação executiva harmoniza-se com a ordem pública portuguesa, nada impedindo que a parte faça valer em sede executiva a decisão condenatória proferida por tribunal alemão – acórdão do Supremo Tribunal de Justiça de 31.1.2007 – Relator URBANO DIAS.

3 – O artigo 27º – nº 1 da Convenção de Bruxelas deve ser interpretado no sentido de que o órgão jurisdicional do Estado requerido não pode relativamente a um arguido domiciliado no seu território, ter em conta, para efeitos da cláusula de ordem pública referida no artigo 27º – nº 1, apenas o facto de o órgão jurisdicional do Estado de origem ter baseado a sua competência na nacionalidade da vítima de uma infração, podendo, porém, ter em conta o facto de o órgão jurisdicional do Estado de origem ter recusado ao arguido o direito de se fazer representar para se defender sem comparecer pessoalmente – acórdão do Tribunal de Justiça de 28.3.2000, no processo C-7/98.

Nos considerandos do acórdão, depois de se ter recordado que o Tribunal Europeu dos Direitos do Homem declarou que, embora não absoluto, o direito de todo o arguido ser efetivamente defendido por um advogado, ainda que oficioso, figura entre os elementos fundamentais de um processo justo e que o arguido não deixa de poder beneficiar desse direito apenas por não estar presente nos debates, refere-se que o artigo 2º do Protocolo anexo à Convenção, que só reconhece o direito de se fazer representar para se defender sem comparecer pessoalmente nos órgãos jurisdicionais penais de um Estado contratante às pessoas não nacionais desse Estado e domiciliadas noutro Estado contratante desde que o processo que contra elas corre seja por infração não dolosa, não pode ser interpretado no sentido de que se opõe a que o órgão jurisdicional do Estado requerido possa, relativamente a um arguido domiciliado no seu território e acusado de uma infração dolosa, ter em conta, para efeitos de cláusula de ordem pública referida no artigo 27º – nº 1, o facto de o órgão jurisdicional do Estado de origem ter recusado ao arguido o direito de se fazer representar para se defender sem comparecer pessoalmente.

4 – O artigo 27º – nº 1 da Convenção de Bruxelas deve ser interpretado no sentido de que o juiz do Estado requerido pode ter em conta, à luz da cláusula relativa à ordem pública visada nesse artigo, o facto de o juiz do Estado de origem ter decidido do pedido do demandante sem ouvir o demandado, que compareceu regularmente perante ele mas foi excluído do processo por um despacho com o fundamento de que não cumpriu as obrigações que lhe foram impostas por um despacho proferido anteriormente no quadro do mesmo processo, quando, no termo de uma apreciação global desse mesmo processo e face a todas as circunstâncias, concluir que a referida medida de exclusão constituiu uma violação manifesta e desmesurada do direito do demandado a ser ouvido – acórdão do Tribunal de Justiça (Primeira Secção) de 2.4.2009, no processo C-294/07.

Artigo 45º – nº 1 – b)

– É o seguinte o vigésimo nono considerando do Regulamento:

> (29) A execução direta, no Estado-Membro requerido, de uma decisão proferida noutro Estado-Membro sem declaração de executoriedade não deverá comprometer o respeito pelos direitos da defesa. Assim sendo, a pessoa relativamente à qual a execução é requerida deverá poder requerer a recusa de reconhecimento ou de execução de uma decisão se considerar que se verifica um dos fundamentos de recusa do reconhecimento. Entre estes fundamentos deverá figurar o facto de a pessoa não ter podido assegurar a sua defesa caso a decisão tenha sido proferida à revelia numa ação cível ligada a um procedimento penal. Deverão igualmente incluir-se os fundamentos que poderiam ser invocados com base num acordo entre o Estado-Membro requerido e um Estado terceiro celebrado ao abrigo do artigo 59º da Convenção de Bruxelas de 1968.

5 – O artigo 34º – nº 2 do Regulamento nº 44/2001 deve ser interpretado no sentido de que o requerido só tem a "possibilidade" de interpor recurso de uma decisão condenatória proferida à revelia se tiver tido efetivamente conhecimento do seu conteúdo, através de comunicação ou notificação efetuada em tempo útil para lhe permitir defender-se no tribunal do Estado de origem.

Com efeito, a efetiva possibilidade de o requerido interpor um recurso, pressupõe que possa tomar conhecimento dos fundamentos da decisão proferida à revelia, para que possa contestá-la eficazmente, não sendo suficiente, para esse efeito, o mero conhecimento da existência dessa decisão.

Todavia, a comunicação ou notificação regular de decisão proferida à revelia, ou seja, o cumprimento de todas as regras aplicáveis a essas formalidades, não é um requisito necessário para que se considere que o requerido teve a possibilidade de interpor recurso. Por conseguinte, a economia do Regulamento nº 44/2001 não impõe a sujeição da comunicação ou da notificação de uma decisão proferida à revelia a requisitos mais estritos dos que os previstos para a comunicação ou notificação de um ato que determina o início da instância. Com efeito, a comunicação ou notificação do ato que determinou o início da instância e da decisão proferida à revelia, efetuadas em tempo útil e de modo a permitir ao requerido defender-se, dão-lhe a possibilidade de assegurar o respeito pelos seus direitos no tribunal do Estado de origem. Ora, no que diz respeito ao ato que determina o início da instância, o artigo 34º – nº 2 do regulamento nº 44/2001 eliminou o requisito necessário de regularidade formal enunciado no artigo 27º -nº 2 da Convenção de Bruxelas. Consequentemente, uma mera irregularidade formal, que não prejudique os direitos de defesa, não deve ser suficiente para afastar a aplicação da exceção ao motivo justificativo do não reconhecimento ou da não execução – acórdão do Tribunal de Justiça (Primeira Secção) de 14.12.2006, no processo 283/05.

Nos considerandos deste acórdão, refere-se que há que interpretar o artigo 34º -nº 2 do Regulamento, em primeiro lugar, à luz dos seus objetivos da livre circulação das decisões dos Estados-Membros em matéria civil e comercial, simplificando as formalidades para que o respetivo reconhecimento e execução sejam rápidos e simples, como resulta dos seus considerandos segundo, sexto e décimo sétimo, mas sem que este objetivo seja alcançado à custa dos direitos de defesa, como o Tribunal de Justiça decidiu a propósito do artigo 27º – nº 2 da Convenção da Bruxelas, designadamente nos acórdãos de 11.6.1985, no processo 49/84, (Recueil, p. 1779), de 13.10.2005, no processo C-522/03 (Colet., I-3689) e de 16.2.2006, no processo C-3/05 (Colet., p. I-1579).

Esta mesma exigência resulta do considerando décimo oitavo do Regulamento, nos termos do qual o respeito pelos direitos de defesa impõe que o requerido possa interpor recurso, examinado de forma contraditória, contra a declaração de executoriedade de uma decisão, se entender que é aplicável qualquer fundamento para a não execução.

Segundo jurisprudência assente, os direitos fundamentais são efetivamente parte integrante dos princípios gerais de direito cujo respeito é assegurado pelo Tribunal de Justiça, que se inspira nas tradições constitucionais comuns aos Estados-Membros, bem como nas indicações fornecidas pelos instrumentos internacionais relativos à proteção dos direitos do Homem em que os Estados-Membros colaboraram ou a que aderiram, revestindo-se de um significado particular a Convenção Europeia dos Direitos do Homem, como se vê, designadamente, dos acórdãos de 15.5.1986, no processo 222/84 (Colet., p. 1651) e de 28.3.2000, no processo C-98 (Colet., p. I-1935).

Ora resulta da Convenção Europeia dos Direitos do Homem, tal como interpretada pelo Tribunal Europeu dos Direitos do Homem, que os direitos de defesa, que decorrem do direito a um processo equitativo consagrado no artigo 6º dessa Convenção, impõem uma proteção concreta e eficaz, adequada a garantir o exercício efetivo dos direitos do demandado – *vide* acórdãos do TEDH de 13.5.1980, série A, nº 37, e de 12.10.1992, série A, nº 245 C.

O TEDH também decidiu, embora em matéria penal, que o desconhecimento pelo arguido dos fundamentos do acórdão do tribunal de recurso, dentro do prazo fixado para recorrer desse acórdão para o tribunal superior, constitui uma violação do disposto no nº 1, em conjugação com o nº 3, ambos do artigo 6º da CEDH, pois o interessado ficou impossibilitado de interpor recurso de forma útil e efetiva – acórdão de 16.12.1992, série A, nº 252.

Em segundo lugar, quanto ao sistema instituído pelo Regulamento nº 44/2001, em matéria de reconhecimento e execução, importa referir, que o respeito pelos direitos do requerido revel, é garantido por uma dupla fiscalização: no processo inicial no Estado de origem, resulta efetivamente da aplicação conjugada dos artigos 26º – nº 2 do Regulamento nº 44/2001 e 19º – nº 1 do Regulamento nº 1348/2000 que o juiz deve sobrestar na decisão enquanto não se verificar que o requerido revel teve oportunidade de receber o ato que determinou o início da instância ou ato equivalente em tempo útil para apresentar a sua defesa ou que foram feitas todas as diligências nesse sentido; no processo de reconhecimento e execução no Estado requerido, se o requerido interpuser recurso da decisão que confere força executiva à decisão proferida no Estado de origem, o tribunal que decide esse recurso pode ter que examinar um motivo de recusa de reconhecimento ou da execução como o previsto no artigo 34º – nº 2 do Regulamento nº 44/2001.

6 – O artigo 27º – nº 2 da Convenção de Bruxelas e o artigo IV do Protocolo anexo à referida Convenção devem ser interpretados no sentido de que, quando um Convenção internacional seja aplicável na matéria entre o Estado de origem e o Estado requerido, a regularidade da notificação do ato que determinou o início da instância a um requerido revel deve ser apreciada na perspetiva das disposições dessa Convenção, sem prejuízo da utilização do modo de transmissão direta entre oficiais de justiça, desde que o Estado requerido a isso não se oponha oficialmente, em conformidade com o artigo IV, segundo parágrafo, do Protocolo – acórdão do Tribunal de Justiça (Primeira Secção) de 13.10.2005, no processo C-522/03.

Nos considerandos deste acórdão refere-se que o caráter exaustivo das normas constantes do artigo IV do Protocolo é confirmado pelo facto de que, a fim de garantir ao requerido revel uma proteção efetiva dos seus direitos, a Convenção de Bruxelas confia o controlo da regularidade da notificação do ato que determinou o início da instância não só ao órgão jurisdicional do Estado requerido, na fase do reconhecimento e da execução, mas também, na fase do exame da competência, ao órgão do Estado de origem, que é convidado, por força do artigo 20º da referida Convenção, a proceder a esse controlo (acórdãos de 15.7.1982, no processo 228/81, e de 3.7.1990, C-305/88).

Para este efeito, o artigo 20º da Convenção de Bruxelas estabelece, no seu segundo parágrafo, que, quando o requerido domiciliado no território de um Estado contratante for demandado perante um tribunal de outro Estado contratante e não compareça, o juiz deve suspender a instância enquanto não se provar que a esse requerido foi dada a oportunidade de receber o ato que iniciou a instância em tempo útil para apresentar a sua defesa. Por força do terceiro parágrafo do mesmo artigo, esta última disposição é substituída pelo disposto no artigo 15º da Convenção da Haia, de 15 de Novembro de 1965 relativa à citação e à notificação no estrangeiro de atos judiciais e extrajudiciais em matérias civil e comercial, se o ato que iniciou a instância tiver sido transmitido em execução dessa Convenção.

Do mesmo modo que o artigo 20º, segundo parágrafo, da Convenção de Bruxelas, embora de acordo com regras sensivelmente mais completas e mais exatas, o artigo 15º da Convenção da Haia indica as condições em que um ato que determinou o início da instância pode considerar-se ter sido objeto de citação, notificação ou entregue ao demandado que, domiciliado no estrangeiro, não comparece (citado acórdão de 15.7.1982).

7 – O conceito de ato que determinou o início da instância ou ato equivalente, na aceção do artigo 27º – nº 2 da Convenção de Bruxelas designa o ato ou atos cuja comunicação ou notificação ao requerido, efetuada regularmente e em tempo útil, dá a este a possibilidade de fazer valer os seus direitos antes de ser proferida no Estado de origem uma decisão com força executiva e é assim que o "decreto ingiuntivo" a que se refere o Livro IV do Código de Processo Civil italiano (artigos 633-656), acompanhado do requerimento que determinou o início da instância deve ser considerado um "ato que determinou o início da instância ou ato equivalente" na aceção do artigo 27º – nº 2 da Convenção – acórdão do Tribunal de Justiça (Terceira Secção) de 13.7.1995, no processo C-474/93.

Nos considerandos deste acórdão refere-se que o facto de o artigo 633º – nº 3, último parágrafo, do CPC determinar que "a injunção não pode ser decretada se a comunicação ao requerido, que é prevista no artigo 643º, tiver de ser efetuada fora de Itália ou dos territórios sujeitos à soberania italiana" não permite ao juiz do Estado requerido recusar o reconhecimento e execução de uma decisão em virtude de uma eventual violação de outras disposições do direito do Estado de origem que não as relativas à regularidade da notificação e tal eventual violação não constitui uma das causas de recusa de reconhecimento previstas pelas outras disposições do artigo 27º nem uma das hipóteses taxativamente enumeradas no artigo 28º da Convenção, em que o juiz do Estado requerido está autorizado a verificar a competência do juiz do Estado de origem.

8 – O artigo 27º – nº 2 da Convenção de Bruxelas aplica-se às decisões proferidas contra um requerido a quem não foi comunicado ou notificado, regularmente e em tempo útil, o ato que determinou o início da instância e que nesta não foi validamente representado, numa situação em que, em consequência da comparência, no tribunal de origem, de um pretenso representante do requerido, as decisões não foram proferidas à revelia – acórdão do Tribunal de Justiça (Quinta Secção) de 10.10.1996, no processo C-78/95.

9 – O artigo 27º – nº 2 da Convenção de Bruxelas deve ser interpretado no sentido de que se opõe a que uma decisão proferida à revelia num Estado contratante seja reconhecida noutro Estado contratante quando o ato que determinou o início da instância não tenha sido regularmente notificado ao requerido revel, mesmo que este tenha posteriormente tomado conhecimento da decisão proferida e não tenha utilizado as vias de recurso disponíveis nos termos da lei de processo do Estado de origem – acórdão do Tribunal de Justiça (Quarta Secção) de 12.11.1992, no processo C-123/91.

10 – Nos termos do disposto no nº 1 do artigo 45º conjugado com o artigo 44º – nº 2 do Regulamento nº 44/2001 não pode ser declarada executória uma sentença condenatória, proferida à revelia e sem qualquer intervenção do réu no processo, por um tribunal alemão, contra um cidadão, também alemão, mas residente em Portugal, se o ato que iniciou a instância, ou equivalente, não lhe tiver sido notificado em tempo útil e de modo a permitir-lhe apresentar a sua defesa, tratando-se, aliás, de uma condição cujo preenchimento se pode verificar através da certidão prevista no artigo 54º conjugado com o anexo V do Regulamento e que deve ser apresentada quando se requer a declaração de executoriedade (artigo 53º – nº 2 do mesmo Regulamento); a falta de apresentação dessa certidão não preclude a possibilidade de demonstração do preenchimento dos requisitos necessários à obtenção da declaração de executoriedade e o tribunal de recurso – como, no caso, fez a Relação de Lisboa – pode fixar um prazo para a sua junção, aceitar documentos equivalentes ou, se considerar que tem os elementos suficientes, dispensá-los nos termos previstos no nº 1 do artigo 55º do Regulamento; no caso, foi junta a referida certidão, mas é omissa quanto à indicação da data da citação ou notificação do ato que iniciou a instância, não estando também demonstrado que o requerido, podendo ter recorrido da decisão, o não fez (nº 2 do artigo 34º), e a recorrente já informou o tribunal de que, para além dos documentos já juntos aos autos, não há mais nenhum que possa requerer ao tribunal alemão, pelo que, não dispondo o STJ de elementos para se julgar suficientemente esclarecido, como se prevê no nº 1 do artigo 55º, nem sendo viável convidar a recorrente, de novo, a juntar documentos que provem o preenchimento do requisito em falta, não pode o mesmo tribunal declarar a executoriedade pretendida pela requerente – acórdão do Supremo Tribunal de Justiça de 18.10.2007 – Relator Maria dos Prazeres Beleza.

- Note-se que o artigo 55º – nº 1 do Regulamento nº 44/2001 não tem correspondente no Regulamento nº 1215/2012.
- Se a requerida no *exequatur* foi citada no processo e aí se defendeu, exercendo os direitos processuais que a lei lhe permitia e se tal resulta inequivocamente da decisão para a qual é pedido o *exequatur*, não há nulidade por omissão de pronúncia se a Relação constatar isso mesmo pela documentação junta pelo requerente – acórdão do Supremo Tribunal de Justiça de 20.6.2013 – Relator FERNANDO BENTO.
- A relevância da falta de notificação a que alude o nº 2 do artigo 34º do Regulamento nº 44/2001 reporta-se ao ato que iniciou a instância e não à notificação da decisão – acórdão do Supremo Tribunal de Justiça de24.9.2013 – Relator ALVES VELHO.
- A recusa, no âmbito do Regulamento nº 44/2001, de reconhecimento e de concessão de executoriedade a sentenças judiciais estrangeiras "se o ato que iniciou a instância, ou ato equivalente, não tiver sido comunicado ou notificado ao requerido revel, em tempo útil e de modo a permitir-lhe a defesa, a menos que o requerido não tenha interposto recurso contra a decisão, embora tendo a possibilidade de o fazer", visa acautelar o reconhecimento e execução de decisões judiciais estrangeiras com violação dos direitos de defesa de quem nelas figura como condenado; logo não é aplicável se quem nela figura como condenado é o próprio requerente ou demandante – acórdão do Supremo Tribunal de Justiça de 14.11.2013 – Relator FERNANDO BENTO.
- o Regulamento nº 44/2001 distingue entre reconhecimento e executoriedade da sentença: o reconhecimento da decisão proferida num Estado-Membro é, em regra, automático, ou seja, não carece de qualquer processo prévio (artigo 33º – nº 1); o mesmo não sucede com a atribuição de força executiva que, em regra, deve ser objeto de uma declaração de executoriedade – as decisões proferidas num Estado-Membro e que nesse Estado tenham força executiva podem ser executadas noutro Estado-Membro, depois de nele terem sido declaradas executórias, a requerimento de qualquer parte interessada (artigo 38º – nº 1); para que o requerido tenha possibilidade de se defender é necessário que, através da citação, tenha sido informado dos elementos do litígio, competindo ao tribunal do reconhecimento da decisão verificar se a notificação/citação foi feita m tempo útil e de modo a permitira defesa do réu; à luz do referido Regulamento, não se exige a prova de que o réu tenha tido, efetivamente, conhecimento do ato que iniciou a instância, bastando que o tribunal do reconhecimento da decisão possa partir do princípio de que o réu está em posição de defender os seus interesses a partir do momento em que o ato lhe foi notificado, podendo o tribunal limitar-se, em regra, a examinar se o prazo a contar da data em que a notificação ou citação foi feita deixa ao réu

tempo para a sua defesa – acórdão do Supremo Tribunal de Justiça de 4.2.2014 – Relator MARTINS DE SOUSA.

Vide nota 5 supra, a propósito do decidido neste último acórdão.

Artigo 45º – nº 1 – c)

11 – O artigo 27º – nº 3 da Convenção de Bruxelas deve ser interpretado no sentido de que uma transação com força executiva celebrada perante um juiz do Estado requerido com vista a pôr termo a um litígio pendente não constitui "uma decisão proferida quanto às mesmas partes no Estado requerido", prevista nesta disposição, que possa constituir obstáculo, em conformidade com as disposições da mesma Convenção, ao reconhecimento e à execução de uma decisão judicial proferida num outro Estado contratante – acórdão do Tribunal de Justiça (Sexta Secção) de 2.6.1994, no processo C-414/92.

Nos considerandos deste acórdão salienta-se que o próprio texto do artigo 25º da Convenção correspondente ao artigo 2º – a) deste Regulamento revela que o conceito de "decisão"que aí vem definido visa, para efeitos de aplicação das diversas disposições da Convenção nas quais este termo é utilizado, unicamente as decisões judiciais efetivamente proferidas por um órgão jurisdicional de um Estado contratante.

Como vem explicado no relatório de peritos sobre a Convenção (JO 1979, C 59, p. 42, in fine), o artigo 25º qualifica expressamente como "decisão" a fixação pelo secretário do tribunal do montante das custas do processo, uma vez que, em conformidade com o código de processo civil alemão, que prevê esta possibilidade, o secretário atua na qualidade de órgão do tribunal que conheceu do mérito da questão e que, em caso de contestação, um órgão jurisdicional propriamente dito decide sobre as custas.

Decorre do que antecede que, para poder ser qualificado como "decisão" na aceção das Convenção, o ato deve emanar de um órgão jurisdicional pertencente a um Estado contratante e que decide por sua própria autoridade sobre as questões controvertidas entre as partes.

Ora esta condição não se mostra preenchida no caso de uma transação, mesmo que esta tenha sido efetuada perante um juiz de um Estado contratante e posto termo a um litígio. Com efeito, as transações judiciais revestem um caráter essencialmente contratual, no sentido de que o seu conteúdo depende, antes de tudo, da vontade das partes, como refere o citado relatório de peritos (p. 56).

Deve acrescentar-se que não poderá ser consagrada uma interpretação diferente para efeitos do artigo 27º – nº 3 da Convenção. Com efeito, a definição do conceito de "decisão", que figura no artigo 25º, é válida para todas as disposições da Convenção nas quais este termo é utilizado. Além disso, o artigo 27º constitui um obstáculo à realização de um dos objetivos fundamentais da Convenção, que visa facilitar, em toda a medida do possível, a livre circulação das decisões prevendo um processo de *exequatur* simples e rápido. Esta disposição de exceção deve, portanto, ser objeto de uma interpretação estrita que se opõe à equiparação de uma transação judicial a uma decisão proferida por um órgão jurisdicional. Além disso, o relatório de peritos já referido (p. 45) esclarece a propósito do fundamento de recusa de reconhecimento contido no artigo 27º – nº 3 da Convenção que "a ordem social de um Estado seria perturbada se nele pudessem ser invocadas duas decisões contraditórias". Tal perturbação, com efeito, só reveste o caráter de gravidade exigido para justificar, em conformidade com a Convenção, a recusa de reconhecimento e de execução de uma decisão proferida num Estado contratante, e cuja incompatibilidade com a decisão proferida quanto às mesmas partes no Estado requerido é invocada, se este último ato constituir uma decisão emanada de um órgão jurisdicional que decide, ele próprio, uma questão em litígio.

Aliás, verifica-se que o caso das transações judiciais é regulado expressamente pelo artigo 51º da Convenção – correspondente ao artigo 58º deste Regulamento – que faz parte do título IV da mesma, intitulado "Atos autênticos e transações judiciais", e que prevê regras específicas para a sua execução.

Artigo 45º – nº 1 – d)

12 – O artigo 34º – nº 4 do Regulamento nº 44/2001 deve ser interpretado no sentido de que não abrange decisões inconciliáveis proferidas por órgãos jurisdicionais do mesmo Estado-Membro – acórdão do Tribunal de Justiça (Quarta Secção) de 26.9.2013, C-157/12.

Nos considerandos deste acórdão escreve-se: "No que respeita, , ao motivo de não execução que assenta na inconciliabilidade de duas decisões, resulta da redação do artigo 34º, nº 4, do Regulamento nº 44/2001, lido à luz do conceito de "decisão" na aceção do artigo 32º deste regulamento, como referido pelo advogado geral no nº 42 das suas conclusões, que o referido artigo 34º, nº 4, deve ser compreendido no sentido de que "uma decisão [proferida por um tribunal de um Estado-Membro] não será reconhecida [...] se for inconciliável com uma decisão anteriormente proferida noutro Estado-Membro ou num Estado terceiro".

Deste modo, neste artigo 34º, nº 4, prevê-se uma situação em que as decisões inconciliáveis provêm de dois Estados distintos.

Esta interpretação assenta no princípio da confiança mútua que está na base do sistema de reconhecimento e de execução das decisões provenientes de outro Estado-Membro conforme previsto no Regulamento nº 44/2001.

Com efeito, este regime de reconhecimento e de execução baseia-se, conforme resulta dos considerandos 16 e 17 deste regulamento, na confiança recíproca na justiça da União, a qual exige que as decisões judiciais proferidas num Estado-Membro sejam não apenas reconhecidas de pleno direito noutro Estado-Membro mas também que o procedimento para tornar essas decisões executórias neste último seja eficaz e rápido (...).

O bom funcionamento deste sistema assente na confiança implica que os órgãos jurisdicionais do Estado-Membro de origem continuem a ser competentes para apreciar, no âmbito das vias de recurso criadas pela ordem jurídica desse Estado-Membro, a regularidade da decisão a executar, ficando excluídos, em princípio, os órgãos jurisdicionais do Estado-Membro requerido, e que o resultado definitivo da verificação da regularidade da referida decisão não seja posto em causa.

É neste contexto que o artigo 46º, nº 1, do Regulamento nº 44/2001 prevê a possibilidade de suspender a instância se a decisão estrangeira for ou puder vir a ser objeto de recurso ordinário no Estado-Membro de origem.

(...)

Ora a interpretação do artigo 34º, nº 4, deste regulamento segundo a qual esta disposição abrange igualmente situações de conflito entre duas decisões provenientes do mesmo Estado-Membro é incompatível com o princípio da confiança recíproca (...). Com efeito, semelhante interpretação permitiria que os órgãos jurisdicionais do Estado-Membro requerido substituíssem a apreciação dos órgãos jurisdicionais do Estado-Membro de origem pela sua própria apreciação.

Tal possibilidade de revisão de mérito constituiria, de facto, uma via de recurso adicional contra uma decisão que adquiriu força de caso julgado no Estado-Membro de origem. (...).

Por último, há que notar que, na medida em que a lista dos motivos de não execução é exaustiva (...), os referidos motivos devem ser objeto de interpretação estrita e, por conseguinte, (...), não se prestam a uma interpretação analógica, segundo a qual estariam também incluídas as decisões inconciliáveis proferidas por órgãos jurisdicionais do mesmo Estado-Membro".

Assim, em face do artigo 34º – nº 4 do Regulamento nº 44/2001 correspondente ao artigo 45º – nº 1 – d) do Regulamento nº 1215/2012, fica impossibilitado o exercício do direito reconhecido pelo artigo 625º do Código de Processo Civil, onde se prescreve que, havendo duas decisões contraditórias sobre a mesma pretensão, cumpre-se a que passou em julgado em primeiro lugar, podendo os exequentes invocar, como fundamento de oposição a uma eventual execução baseada em sentença o caso julgado anterior à posterior sentença que se executasse, invocação nos termos do artigo 729º – f) do Código de Processo Civil.

Ora importava que o Regulamento nº 1215/2012 abrangesse decisões inconciliáveis proferidas por órgãos jurisdicionais do mesmo Estado-Membro.

Se uma decisão proferida por um tribunal de um Estado-Membro não é reconhecida se for inconciliável com uma decisão anteriormente proferida noutro Estado-Membro ou num Estado terceiro entre as mesmas partes, prevendo-se uma situação em que as decisões inconciliáveis provêm de dois Estados distintos, mas desde que a decisão proferida anteriormente reúna as condições necessárias para ser reconhecida no Estado-Membro requerido, devemos concluir que não é absoluto, mas muito relativo o princípio da confiança mútua que está na base do sistema de reconhecimento e de execução das decisões provenientes de outro Estado-Membro conforme previsto no Regulamento nº 44/2001 e do Regulamento nº 1215/2012, pois este regime de reconhecimento e de execução baseia-se, conforme resulta dos considerandos 16 e 17 do primeiro Regulamento e 26 e 27 do segundo, na confiança recíproca na justiça da União, a qual exige que as decisões judiciais proferidas num Estado-Membro sejam não apenas reconhecidas de pleno direito noutro Estado-Membro mas também que o procedimento para tornar essas decisões executórias neste último seja eficaz e rápido.

Na verdade, os órgãos jurisdicionais do Estado-Membro requerido não reconhecerão de pleno direito a decisão proferida noutro Estado-Membro ou num Estado terceiro, se ela for inconciliável com outra anteriormente proferida entre as mesmas partes, desde que esta ultima reúna as condições necessárias para ser reconhecida no Estado-Membro requerido, podendo este afinal optar por reconhecer e executar a decisão anteriormente proferida no Estado-Membro de origem ou no Estado terceiro entre as mesmas partes e possibilitando, assim, o exercício do direito reconhecido pelo artigo 625º do Código de Processo Civil, onde se prescreve que, havendo duas decisões contraditórias sobre a mesma pretensão, cumpre-se a que passou em julgado em primeiro lugar.

Fica, pois, permitido que os órgãos jurisdicionais do Estado-Membro requerido substituam pela sua própria apreciação, a dos órgãos jurisdicionais do Estado-Membro de origem, que até não poderão reapreciar, a não ser em sede de execução, nenhuma das decisões, porque ambas transitaram em julgado.

E se assim é quanto a decisões inconciliáveis proferidas num outro Estado-Membro ou num Estado terceiro, não se compreende que o mesmo não se preveja quanto a decisões inconciliáveis proferidas por órgãos jurisdicionais do mesmo Estado-Membro, decisões que o Regulamento nº 1215/2012 devia abranger, prevendo-as também na alínea d) do nº 1 do artigo 45º.

13 – O artigo 27º – nº 3 da Convenção de Bruxelas deve ser interpretado no sentido de que uma decisão estrangeira de medidas provisórias que decreta uma medida que intima o devedor a abster-se de praticar determinados atos é inconciliável com uma decisão de medidas provisórias que recusa decretar essa medida proferida entre as mesmas partes no Estado requerido e na medida em que constate a inconciliabilidade de uma decisão proferida por um órgão jurisdicional de outro Estado contratante com uma decisão proferida entre as mesmas partes por um órgão jurisdicional do Estado requerido, o órgão jurisdicional deste último Estado é obrigado a negar o reconhecimento da decisão estrangeira – acórdão do Tribunal de Justiça (Quinta Secção) de 6.6.2002, no processo C-80/00.

Artigo 45º – nº 1 – e)

14 – O artigo 45º nº 1 – e) corresponde ao artigo 35º – nº 1 do Regulamento nº 44/2001, sendo equivalentes os nºs 2 e 3 do artigo 45º aos nºs 2 e 3 do artigo 35º desse

Regulamento, que não tinha correspondente ao nº 4 do artigo 45º do Regulamento nº 1215/2012.

- Constitui inovação a verificação da competência do tribunal de origem em matéria de contrato de trabalho e explicita-se que o controlo da competência do tribunal de origem em matéria de contratos de seguro, de consumo ou de trabalho só se verifica quando o requerido seja o tomador do seguro, o segurado, um beneficiário do seguro, o lesado, um consumidor ou um trabalhador.
- *Vide* o acórdão do Tribunal de Justiça (Quarta Secção) de 20.5.2010, C-111/09, referido em nota 4 ao artigo 26º.
- O acórdão do Tribunal de Justiça (Grande Secção) de 28.4.2009, no processo C-420/07, decidiu que:
  1) a suspensão do acervo comunitário nas zonas da República de Chipre onde o governo deste Estado-Membro não exerce um controlo efetivo, determinada pelo artigo 1º – nº 1 do Protocolo nº 10 sobre Chipre do ato relativo às condições de adesão à União Europeia da República Checa, da República da Estónia, da República de Chipre, da República da Letónia, da República da Lituânia, da República da Hungria, da República de Malta, da República da Polónia, da República da Eslovénia e da República Eslovaca e às adaptações dos Tratados em que se funda a União Europeia não obsta à aplicação do Regulamento nº 44/2001 a uma decisão proferida por um tribunal cipriota situado na zona da ilha efetivamente controlada pelo governo de Chipre relativamente a um imóvel sito nas referidas zonas não controladas por esse governo.
  2) O artigo 35º – nº 1 do Regulamento nº 44/2001 não permite a um tribunal de um Estado-membro recusar o reconhecimento ou a execução de uma decisão proferida por um tribunal de outro Estado-Membro relativamente a um imóvel sito numa zona deste último Estado onde o respetivo governo não exerce um controlo efetivo.
  3) O facto de uma decisão proferida pelos tribunais de um Estado-Membro relativamente a um imóvel sito numa zona desse Estado-Membro onde o respetivo governo não exerce um controlo efetivo não poder, na prática, ser executada no local onde se situa o imóvel não constitui um motivo de recusa de reconhecimento ou de execução ao abrigo do artigo 34º – nº 1 do Regulamento nº 44/2001 nem implica a falta de executoriedade da decisão no sentido do artigo 38º – nº 1[11] do Regulamento nº 44/2001.
  4) O reconhecimento ou a execução de uma decisão proferida à revelia não podem ser recusados ao abrigo do artigo 34º – nº 2 do Regulamento nº 44/2001, se o requerido tiver exercido o direito de recurso da decisão pro-

[11] Sem correspondente no Regulamento nº 1215/2012.

ferida à revelia e se esse recurso lhe tiver permitido alegar que o ato que iniciou a instância ou o ato equivalente não lhe foram comunicados ou notificados em tempo útil e de modo a permitir-lhe a defesa.

15 – Ver o acórdão do Tribunal de Justiça (Terceira Secção) de 3.4.2014, no processo C-438/12 referido em nota ao artigo 24º.

16 – Ver o acórdão do Tribunal de Justiça (Terceira Secção) de 14.10.2004, no processo C-39/02, referido em nota ao artigo 29º.

17 – Ver o acórdão do Tribunal de Justiça de 21.4.1993, no processo C-172/91, referido em nota ao artigo 1º.

Artigo 45 – nºs 2 e 3

18 – *Vide*, a propósito do disposto nestes números do artigo 45º, o artigo 52º, onde se dispõe que as decisões proferidas num Estado-Membro não podem em caso algum ser revistas quanto ao mérito da causa no Estado-Membro requerido, e o acórdão do Supremo Tribunal de Justiça de 22.9.2005 – Relator ARAÚJO DE BARROS – acima citado em anotação ao artigo 45º – nº 1 – a).

Subsecção 2 – Recusa de execução

Artigo 46º

A pedido da pessoa contra a qual é requerida a execução, a execução de uma decisão é recusada por qualquer dos fundamentos referidos no artigo 45º.

Artigo 47º

1. O pedido de recusa de execução deve ser apresentado ao tribunal do Estado-Membro que por este tenha sido comunicado à Comissão, nos termos do artigo 75º, alínea a), como sendo o tribunal em que o pedido deve ser apresentado.
2. Na medida em que não seja abrangido pelo presente regulamento, o processo de recusa de execução é regido pela lei do Estado-Membro requerido.
3. O requerente deve apresentar ao tribunal uma cópia da decisão e, se necessário, uma tradução ou transliteração da mesma.

O tribunal pode dispensar a apresentação dos documentos referidos no primeiro parágrafo se já os tiver na sua posse ou se considerar que não é razoável exigir que o requerente os apresente. Neste último caso, o tribunal pode exigir que a outra parte apresente os referidos documentos.

4. A parte que requer a recusa de execução de uma decisão proferida noutro Estado-Membro não é obrigada a ter um endereço postal no Estado-Membro requerido. Essa parte também não é obrigada a ter um representante autorizado no Estado-Membro requerido, salvo se tal representante for obrigatório independentemente da nacionalidade ou do domicílio das partes.

NOTAS

É o seguinte o trigésimo considerando do Regulamento:

(30) A parte que conteste a execução de uma decisão proferida noutro Estado-Membro deverá, na medida do possível, e de acordo com o sistema jurídico do Estado-Membro requerido, poder invocar no mesmo processo, além dos fundamentos de recusa previstos no presente regulamento, também os fundamentos de recusa previstos na lei nacional e dentro dos prazos estabelecidos nessa lei.

No entanto, o reconhecimento de uma decisão só deverá ser recusado se se verificarem um ou mais dos fundamentos de recusa previstos no presente regulamento.

Artigo 48º

O tribunal decide sem demora do pedido de recusa de execução.

Artigo 49º

1. Qualquer das partes pode interpor recurso da decisão sobre o pedido de recusa de execução.

2. O recurso deve ser interposto no tribunal do Estado-Membro que por este tenha sido comunicado à Comissão, nos termos do artigo 75º, alínea b), como sendo o tribunal no qual o recurso deve ser interposto.

NOTAS

- Trata-se recurso para o Tribunal da Relação.
- Corresponde ao artigo 40º da Convenção de Bruxelas, que previa o indeferimento do pedido de execução e ao artigo 43º do Regulamento nº 44/2001, que previa o recurso da decisão sobre o pedido da declaração de executoriedade, hoje desnecessária, em face do artigo 39º deste Regulamento. O acórdão do Tribunal de Justiça de 21.4.1993, no processo 172/91, referido na nota 8 ao artigo 1º, decidiu que deve ser interpretado no sentido de que exclui todo e qualquer recurso de terceiros interessados da decisão proferida no quadro de um recurso interposto da autorização de execução de uma decisão proferida em outro

Estado contratante, inclusive quando o direito interno do Estado de execução confira a esses terceiros uma via processual.

Artigo 50º

A decisão proferida no recurso só pode ser contestada por novo recurso se o tribunal para o qual deva ser interposto o recurso subsequente tiver sido comunicado à Comissão pelo Estado-Membro em causa nos termos do artigo 75º, alínea c).

NOTAS

- Trata-se de recurso para o Supremo Tribunal de Justiça.
- O artigo 44º do Regulamento nº 44/2001 e o seu anexo IV previam o recurso para o Supremo Tribunal de Justiça da decisão do Tribunal da Relação, para o qual se recorria, nos termos do seu artigo 43º, da decisão da 1ª instância sobre o pedido de declaração de executoriedade, que hoje não é necessária, em face do artigo 39º deste Regulamento, e o acórdão do Supremo Tribunal de Justiça de 21.4.2009 – Relator CARDOSO DE ALBUQUERQUE – decidiu que, estando em causa, no caso, questões de natureza processual ou adjetiva, é de alterar a espécie de recurso de revista para agravo, uma vez que é sempre admissível recurso para o STJ, nos termos do artigo 44º do Regulamento nº 44/2001, diploma que prima ou prevalece sobre as disposições internas que no nosso país limitam a possibilidade do agravo para este tribunal; enquanto tribunal que só conhece de direito, o STJ não pode definir e isolar os factos a ter em conta para resolver as questões de índole processual suscitadas e tão pouco à Relação caberia fazê-lo, como expressamente resulta do artigo 44º do Regulamento e do seu anexo IV, havendo que reportar-se aos factos tais como eles constam da documentação junta do tribunal francês; tendo o requerido tido conhecimento do ato que iniciou a instância, do pedido e dos seus termos, não podendo deixar de saber que, bem ou mal, era a ele e não à firma que a requerente viera pedir o pagamento do preço e que a referência à firma funcionava como endereço e não como identificação da parte demandada, o artigo 34º -nº 2 do Regulamento nº 44/2001 não tem aplicação ao caso; estando a Relação como este Supremo vinculada à decisão da matéria de facto com base na qual o tribunal francês se julgou implicitamente competente, por ela se vê que não se torna possível extrair a ilação de que a aquisição dos três veículos usados se fizera para finalidade que pudesse considerar-se estranha à atividade comercial ou profissional do comprador, pois nada se refere sobre a finalidade dessa compra pelo recorrido, sabendo-se apenas que foi dado como provado que ele adquiriu três veículos usados à requerente e foi nesse contexto que o tribunal de Rennes entendeu ser competente, nos termos

definidos no artigo 5º – nº 1 – a) do Regulamento e, assim, também não se verifica a previsão do artigo 35º – nº 1 do Regulamento, o qual refere que as decisões proferidas com violação dos preceitos relativos à competência do tribunal (artigos 15º – nº 1 – a) e 16º – nº 2) não devem ser reconhecidas.

- *Vide*, num caso semelhante, no mesmo sentido, o acórdão do Supremo Tribunal de Justiça de 11.3.2010 – Relator BARRETO NUNES.
- Mas, diferentemente, o acórdão do Supremo Tribunal de Justiça de 8.2.2011 – Relator MOREIRA CAMILO – decidiu: "o que resulta dos artigos 43º e 44º do Regulamento (CE) 44/2001, de 22-12-2000, e respetivos Anexos III e IV, é que, independentemente do valor da ação e da sucumbência (cfr. artigo 678º, nº 1, do CPC), há sempre a possibilidade de recurso da decisão da 1ª instância para o Tribunal da Relação, embora restrito à matéria de direito"; e, "quanto à possibilidade de haver recurso do acórdão da Relação para o STJ, o Regulamento nada diz, pelo que, forçosamente, terão de ser aplicados os pressupostos da admissibilidade dos recursos previstos na lei processual civil portuguesa".
- Também o acórdão do Supremo Tribunal de Justiça de 5.3.2013 – Relator GRANJA DA FONSECA com voto de vencida de ANA PAULA BOULAROT – decidiu que o artigo 44º do Regulamento nº 44/2001 encerra uma restrição ao regime regra dos recursos – não interferindo com as condições e requisitos de recorribilidade adotados por cada um dos Estados-Membros – e não um regime de recurso próprio e independente daquele regime, pelo que, quanto à admissibilidade de recurso para o STJ, se aplicam os pressupostos previstos na lei processual civil portuguesa, ficando aquela vedada pela existência de dupla conforme[12].
- Mas já o acórdão do Supremo Tribunal de Justiça de 12.3.013 – Relator SALRETA PEREIRA – decidiu que o Regulamento nº 44/2001, na medida em que se aplica aos vários Estados-Membros, estabelece algumas especificidades relativamente ao regime regra dos recursos de cada Estado e, no tocante ao Estado português, estabelece uma restrição ao regime de recursos vigente, ao dispor no artigo 44º e no Anexo IV, que a decisão do Tribunal das Relação apenas pode ser objeto de recurso restrito à matéria de direito, tratando-se de uma restrição ao regime regra e não de um regime de recurso próprio e independente daquele e não constituindo óbice à aplicação do regime de recurso previsto na lei processual interna, com exceção da restrição ali consagrada.

[12] Decisão da 1ª instância confirmada pelo Tribunal da Relação.

Artigo 51º

1. O tribunal a que é apresentado um pedido de recusa de execução ou que conhece de um recurso interposto nos termos dos artigos 49º ou 50º pode suspender a instância, se tiver sido interposto recurso ordinário contra a decisão no Estado-Membro de origem ou se o prazo para o interpor não tiver expirado. Neste último caso, o tribunal pode fixar um prazo para a interposição do recurso.

2. Caso a decisão tenha sido proferida na Irlanda, em Chipre ou no Reino Unido, qualquer tipo de recurso existente no Estado-Membro de origem será tratado como recurso ordinário para efeitos do nº 1.

NOTAS

Ver nota ao artigo 38º sobre a não exigência de trânsito em julgado para o reconhecimento ou execução de decisões proferidas noutro Estado-Membro

SECÇÃO 4 – Disposições comuns

Artigo 52º

As decisões proferidas num Estado-Membro não podem em caso algum ser revistas quanto ao mérito da causa no Estado-Membro requerido.

NOTAS

Corresponde ao artigo 29º da Convenção de Bruxelas e ao artigo 36º do Regulamento nº 44/2001.

Artigo 53º

A pedido de qualquer interessado, o tribunal de origem emite uma certidão utilizando o formulário que se reproduz no Anexo I.

NOTAS

- Corresponde ao artigo 54º do Regulamento nº 44/2001 e ao artigo 47º – nº 1 da Convenção de Bruxelas.
- *Vide* anotação ao artigo 39º
- Para que uma sentença proferida por um Tribunal de um Estado-Membro da União Europeia possa ser executada em Portugal, da respetiva decisão deve constar a sua parte decisória, a sua exequibilidade, não sendo necessária uma reprodução gráfica nem sequer literal de tal sentença; a livre circulação de decisões judiciais no espaço da União baseia-se na confiança mútua dos sistemas

judiciais que a integram, não havendo que sindicar a bondade processual de cada sistema – acórdão do Supremo Tribunal de Justiça de 10.4.2008 – Relator BETTENCOURT FARIA.

Artigo 54º

1. Se a decisão contiver uma medida ou injunção que não seja conhecida na lei do Estado-Membro requerido, essa medida ou injunção deve ser adaptada, na medida do possível, a uma medida ou injunção conhecida na lei desse Estado-Membro que tenha efeitos equivalentes e vise objetivos e interesses semelhantes.

Tal adaptação não pode ter efeitos que vão além dos previstos na lei do Estado-Membro de origem.

2. Qualquer das partes pode contestar em tribunal a adaptação da medida ou injunção.

3. Se necessário, pode exigir-se que a parte que invoca a decisão ou requer a respetiva execução forneça uma tradução ou transliteração da decisão.

NOTAS

– É o seguinte o vigésimo oitavo considerando do Regulamento:

(28) Se a decisão contiver uma medida ou injunção que não seja conhecida na lei do Estado-Membro requerido, essa medida ou injunção, incluindo qualquer direito que nela figure, deverá, na medida do possível, ser adaptada a uma medida ou injunção prevista na lei desse Estado-Membro que tenha efeitos equivalentes e vise objetivos semelhantes. Deverá caber a cada Estado-Membro determinar como e por quem tal adaptação deverá ser efetuada.

– O acórdão do Tribunal de Justiça de 12.4.2011, no processo C-235/09, decidiu que o artigo 98º – nº 1, segundo período, do Regulamento nº 40/94, conforme alterado pelo Regulamento nº 3288/94, deve ser interpretado no sentido de que uma medida coerciva, como uma sanção pecuniária compulsória, imposta por um tribunal de marcas comunitárias em aplicação do seu direito nacional para garantir o respeito de uma proibição de continuar a cometer actos de contrafacção ou de ameaça de contrafacção que pronunciou, produz efeitos nos outros Estados-Membros, diferentes daquele ao qual pertence esse tribunal, aos quais se estende o âmbito territorial dessa proibição, nas condições previstas no capítulo III do Regulamento nº 44/2001 no que respeita ao reconhecimento e à execução das decisões judiciais. Quando o direito nacional de um desses outros Estados-Membros não contemple nenhuma medida coerciva análoga à pronunciada pelo referido tribunal, o objectivo tido em vista por essa medida deve ser prosseguido pelo tribunal competente desse Estado-Membro recorrendo às disposições pertinentes do seu direito interno que permitam garantir de forma equivalente o respeito da referida proibição.

Artigo 55º

Uma decisão proferida num Estado-Membro que condene em sanção pecuniária compulsória só é executória no Estado-Membro requerido se o montante do pagamento tiver sido definitivamente fixado pelo tribunal de origem.

Artigo 56º

Não pode ser exigida qualquer caução ou depósito, seja qual for a sua designação, à parte que num Estado-Membro requeira a execução de uma decisão proferida noutro Estado-Membro com fundamento na sua qualidade de estrangeiro ou na falta de domicílio ou de residência no Estado-Membro requerido.

Artigo 57º

1. Se for exigida uma tradução ou transliteração nos termos do presente regulamento, essa tradução ou transliteração deve ser feita na língua oficial do Estado-Membro em questão ou, se este tiver várias línguas oficiais, na língua oficial ou numa das línguas oficiais dos processos judiciais do lugar em que se invoca uma decisão proferida noutro Estado-Membro ou se apresenta um requerimento nos termos da lei desse Estado-Membro.

2. Para efeitos dos formulários referidos nos artigos 53º e 60º, as traduções ou transliterações podem também ser feitas em qualquer outra das línguas oficiais das instituições da União que o Estado-Membro em causa tenha declarado poder aceitar.

3. As traduções feitas por força do presente regulamento devem ser feitas por pessoas qualificadas para traduzir num dos Estados-Membros.

CAPÍTULO IV – Instrumentos Autênticos e Transações Judiciais

Artigo 58º

1. Os instrumentos autênticos que sejam executórios no Estado-Membro de origem são executórios nos outros Estados-Membros. A execução de um

instrumento autêntico só pode ser recusada se for manifestamente contrária à ordem pública do Estado-Membro requerido.

Aplicam-se aos instrumentos autênticos, consoante os casos, a Secção 2, a Subsecção 2 da Secção 3 ou a Secção 4 do Capítulo III.

2. O instrumento autêntico apresentado deve satisfazer as condições necessárias para comprovar a sua autenticidade no Estado-Membro de origem.

NOTAS

- O artigo 58º corresponde ao artigo 57º do Regulamento nº 44/2001 e ao artigo 50º da Convenção de Bruxelas.
- Sobre o conceito de ordem pública, ver anotação ao artigo 45º – nº 1 – a).
- Não carecem de revisão os títulos exarados em pais estrangeiro, nos termos do disposto neste artigo e também no artigo 706º – nº 2 do Código de Processo Civil português, e a oposição à execução pelos fundamentos a que se refere o artigo 731º do mesmo Código não fica prejudicada pelo disposto neste artigo, matéria que é disciplinada pelo direito interno do Estado – Membro onde é requerida a execução.
- É dispensada a legalização dos instrumentos autênticos, nos termos do artigo 61º do Regulamento.

Artigo 59º

As transações judiciais que tenham força executiva no Estado-Membro de origem devem ser executadas nos outros Estados-Membros nas mesmas condições que os instrumentos autênticos.

NOTAS

- As transações judiciais, mesmo não homologadas por sentença, como nas leis processuais alemã e holandesa, têm força executiva, mas ainda que homologadas por sentença não são "decisões" na aceção do artigo 2º deste Regulamento – ver anotação ao artigo 45º – nº 1 – c) – e, por isso, são abrangidas por este artigo.
- Se a transação for celebrada por escritura pública posteriormente homologada por sentença, pode, desde logo, o exequente promover a execução com base na escritura, aplicando-se então o disposto no artigo anterior.

Artigo 60º

A pedido de qualquer interessado, o tribunal ou a autoridade competente do Estado-Membro de origem emite a certidão cujo formulário consta do Anexo II, que deverá incluir um resumo da obrigação executória consignada no instrumento autêntico ou do acordo entre as partes consignado na transação judicial.

CAPÍTULO V – Disposições Gerais

Artigo 61º

Não é exigida legalização ou outras formalidades análogas para os documentos emitidos nos Estados-Membros no contexto do presente regulamento.

Artigo 62º

1. Para determinar se uma parte tem domicílio no Estado-Membro a cujos tribunais é submetida a questão, o juiz aplica a sua lei interna.

2. Caso a parte não tenha domicílio no Estado-Membro a cujos tribunais foi submetida a questão, o juiz, para determinar se a parte tem domicílio noutro Estado-Membro, aplica a lei desse Estado-Membro.

NOTAS

- Inexistindo, nos Estados-membros uma definição comum de domicílio, este será definido pelo direito interno do Estado-Membro, a cujos tribunais foi submetida a questão.

Assim, é pelo critério do artigo 82º do Código Civil que o tribunal português determina se a parte tem domicílio em Portugal, isto é, a parte considera-se domiciliada em Portugal, se aqui tiver a sua residência habitual.

- Quanto ao disposto no artigo 62º – nº 2, o nº 1 do artigo 348º do Código Civil prescreve que "àquele que invocar direito consuetudinário, local ou estrangeiro, compete fazer a prova da sua existência e conteúdo; mas o tribunal deve procurar, oficiosamente, obter o respetivo conhecimento"e o nº 2 que "o conhecimento oficioso incumbe também ao tribunal, sempre que este tenha de decidir com base no direito consuetudinário, local ou estrangeiro, e nenhuma das partes o tenha invocado, ou a parte contrária tenha reconhecido a sua existência e conteúdo ou não haja deduzido oposição".

- O disposto neste artigo não evita, porém, conflitos positivos e negativos de competência, os primeiros resultantes de vários ordenamentos jurídicos considerarem a mesma parte domiciliada no seu território e os segundos de nenhum dos ordenamentos a considerarem aí domiciliada, mas, no caso de conflito positivo entre o ordenamento jurídico do Estado-Membro a cujos tribunais foi submetida a questão e a lei de outro Estado-Membro, o nº 1 dá prevalência à lei do primeiro Estado--Membro. Ver também o disposto nos artigos 29º e 30º, quanto a litispendência e conexão, para resolver outros conflitos positivos de competência.
- Conflitos negativos em matéria de contratos de consumo podem ser resolvidos por recurso ao critério do domicílio ou residência habitual a que o artigo 19º – nº 3 dá relevância.
- Quando o domicílio de uma das partes se situa fora do território de qualquer dos Estados-Membros, deve o Estado-Membro a cujos tribunais foi submetida a questão recorrer ao seu direito internacional privado.

Artigo 63º

1. Para efeitos do presente regulamento, uma sociedade ou outra pessoa coletiva ou associação de pessoas singulares ou coletivas tem domicílio no lugar em que tiver:

a) A sua sede social;

b) A sua administração central; ou

c) O seu estabelecimento principal.

2. No que respeita à Irlanda, a Chipre e ao Reino Unido, «sede social» significa registered office ou, se este não existir, place of incorporation (lugar de constituição) ou, se este não existir, o lugar sob cuja lei ocorreu a formation (formação).

3. Para determinar se um trust tem domicílio no Estado-Membro a cujos tribunais tenha sido submetida a questão, o juiz aplica as normas do seu direito internacional privado.

NOTAS

Vide anotação ao artigo 7º – 6).

Artigo 64º

Sem prejuízo de disposições nacionais mais favoráveis, as pessoas domiciliadas num Estado-Membro e contra quem decorre processo por infração involuntária nos tribunais com competência penal de outro Estado-Membro de que não sejam nacionais podem entregar a sua defesa a pessoas para tanto habilitadas, mesmo que não compareçam pessoalmente. Todavia, o tribunal a que foi submetida a questão pode ordenar a comparência pessoal; se tal não ocorrer, a decisão proferida na ação cível sem que a pessoa em causa tenha tido a possibilidade de assegurar a sua defesa pode não ser reconhecida nem executada nos outros Estados-Membros.

NOTAS

Vide anotação ao artigo 7º – 3) e o acórdão do Tribunal de Justiça de 28.3.2000, no processo C-7/98, citado na nota 3 ao artigo 45º.

Artigo 65º

1. A competência a que se referem o artigo 8º, ponto 2, e o artigo 13º em ações com chamamento de um garante à ação ou em qualquer incidente de intervenção de terceiros só pode ser invocada nos Estados-Membros constantes da lista estabelecida pela Comissão nos termos do artigo 76º, nº 1, alínea b), e nº 2, nas condições previstas na lei nacional. As pessoas domiciliadas noutro Estado-Membro podem ser chamadas à ação perante os tribunais desses Estados-Membros, nos termos das regras de intervenção de terceiros indicadas nessa lista.

2. As decisões proferidas nos Estados-Membros por força do artigo 8º, ponto 2, e do artigo 13º são reconhecidas e executadas nos termos do capítulo III em qualquer outro Estado-Membro. Quaisquer efeitos que as decisões proferidas nos Estados-Membros constantes da lista referida no nº 1 possam produzir, nos termos da lei desses Estados-Membros, em relação a terceiros por força do nº 1 são reconhecidos em todos os Estados-Membros.

3. Os Estados-Membros constantes da lista referida no nº 1 prestam, no âmbito da Rede Judiciária Europeia em matéria civil e comercial criada pela Decisão 2001/470/CE do Conselho ("Rede Judiciária Europeia"), informações sobre a forma de determinar, nos termos da respetiva lei nacional, os efeitos das decisões referidas no segundo período do nº 2.

NOTAS

A competência a que se refere o artigo 8º – nº 2 e o artigo 13º, em ações com chamamento à ação de um garante ou em qualquer incidente de intervenção de terceiros só pode ser invocada nos Estados-Membros constantes da lista elaborada pela Comissão, nos termos do artigo 76º – nº 1 – b) e nº 2, nas condições previstas na lei nacional e as pessoas domiciliadas noutro Estado-Membro podem ser chamadas à ação perante os tribunais desses Estados-Membros nos termos das regras de intervenção de terceiros indicadas nessas listas; e as decisões proferidas nos Estados-Membros por força do artigo 8º – nº 2 e do artigo 13º são reconhecidas e executadas nos termos do capítulo III em qualquer outro Estado-Membro os seus efeitos em relação a terceiros nos termos do nº 1 são reconhecidos em todos os Estados-Membros.

E as informações referidas no artigo 76º foram publicadas no JO C 4 de 9.1.2015, p. 2-14, constando da **Lista 2** as regras de competência nacionais mencionadas no artigo 65º do Regulamento que, em Portugal, não é aplicável, como consta dessa Lista.

CAPÍTULO VI – Disposições Transitórias

Artigo 66º

1. O presente regulamento aplica-se apenas às ações judiciais intentadas, aos instrumentos autênticos formalmente redigidos ou registados e às transações judiciais aprovadas ou celebradas em 10 de janeiro de 2015 ou em data posterior.

2. Não obstante o artigo 80º, o Regulamento (CE) nº 44/2001 continua a aplicar-se às decisões proferidas em ações judiciais intentadas, aos instrumentos autênticos formalmente redigidos ou registados e às transações judiciais aprovadas ou celebradas antes de 10 de janeiro de 2015 e abrangidas pelo âmbito de aplicação daquele regulamento.

CAPÍTULO VII – Relação com Outros Instrumentos

Artigo 67º

O presente regulamento não prejudica a aplicação das disposições que, em matérias específicas, regulam a competência judiciária, o reconhecimento e a execução de decisões, contidas nos atos da União ou nas leis nacionais harmonizadas nos termos desses atos.

Notas

- Este artigo consagra o princípio do primado do direito comunitário derivado, bem como do direito nacional adotado em aplicação daquele direito sobre o Regulamento.
- O acórdão do Supremo Tribunal de Justiça de 14.11.2006 – Relator Faria Antunes citado na anotação ao artigo 25º decidiu que, não encerrando o artigo 38º do Decreto-lei nº 178/86, de 3 de julho (que regulamenta o contrato de agência ou representação comercial) qualquer norma de competência judi-

ciária, não é aplicável o artigo 67º do Regulamento nº 44/2001, não obstante aquele Decreto-lei, alterado pelo Decreto-lei nº 118/93, de 13 de Abril, ter transposto para a ordem jurídica interna a Diretiva nº 86/653/CEE do Conselho, de 18 de Dezembro de 1986, que nada estabelece sobre competência judiciária.

Artigo 68º

1. O presente regulamento substitui, entre os Estados-Membros, a Convenção de Bruxelas de 1968, exceto no que se refere aos territórios dos Estados-Membros que são abrangidos pelo âmbito de aplicação territorial daquela Convenção e que estão excluídos do âmbito de aplicação do presente regulamento por força do artigo 355º do TFUE.

2. Na medida em que o presente regulamento substitui entre os Estados-Membros as disposições da Convenção de Bruxelas de 1968, as remissões feitas para esta convenção entendem-se como remissões para o presente regulamento.

NOTAS

É o seguinte o considerando trigésimo quarto deste Regulamento:

(34) Para assegurar a continuidade entre a Convenção de Bruxelas de 1968, o Regulamento (CE) nº 44/2001 e o presente regulamento, há que prever disposições transitórias. A mesma continuidade deverá ser assegurada no que diz respeito à interpretação, pelo Tribunal de Justiça da União Europeia, da Convenção de Bruxelas de 1968 e dos regulamentos que a substituem.

Artigo 69º

Sem prejuízo do disposto nos artigos 70º e 71º, o presente regulamento substitui, entre os Estados-Membros, as convenções que abrangem as mesmas matérias a que o presente regulamento se aplica. São substituídas, em especial, as convenções constantes da lista estabelecida pela Comissão nos termos do artigo 76º, nº 1, alínea c), e nº 2.

NOTAS

As informações referidas no artigo 76º foram publicadas no JO C 4 de 9.1.2015, p. 2-14, constando da **Lista 3** as convenções a que se refere o artigo 69º Regulamento que, em Portugal, é a convenção entre a República Checoslovaca e Portugal relativa ao reconhecimento e execução de decisões judiciais assinada em Lisboa a 23 de novembro de 1927.

Artigo 70º

1. As convenções referidas no artigo 69º continuam a produzir efeitos quanto às matérias a que o presente regulamento não se aplica.

2. Essas convenções continuam a produzir efeitos relativamente às decisões proferidas, aos instrumentos autênticos formalmente redigidos ou registados e às transações judiciais aprovadas ou celebradas antes da data de entrada em vigor do Regulamento (CE) nº 44/2001.

Artigo 71º

1. O presente regulamento não prejudica as convenções em que os Estados-Membros são partes e que, em matérias especiais, regulem a competência judiciária, o reconhecimento ou a execução de decisões.

2. Para assegurar a sua interpretação uniforme, o nº 1 deve ser aplicado do seguinte modo:

a) O presente regulamento não impede que um tribunal de um Estado-Membro que seja parte numa convenção relativa a uma matéria especial se declare competente, nos termos de tal convenção, mesmo que o requerido tenha domicílio no território de um Estado-Membro que não seja parte nessa convenção. Em qualquer caso, o tribunal chamado a pronunciar-se deve aplicar o artigo 28º do presente regulamento;

b) As decisões proferidas num Estado-Membro por um tribunal cuja competência se funde numa convenção relativa a uma matéria especial são reconhecidas e executadas nos outros Estados-Membros nos termos do presente regulamento.

Se uma convenção relativa a uma matéria especial, de que sejam partes o Estado-Membro de origem e o Estado-Membro requerido, estabelecer as condições para o reconhecimento e execução de decisões, tais condições devem ser respeitadas. Em qualquer caso, pode aplicar-se o disposto no presente regulamento sobre reconhecimento e execução de decisões.

NOTAS

– É o seguinte o considerando trigésimo quinto deste Regulamento:

(35) O respeito pelos compromissos internacionais subscritos pelos Estados-Membros implica que o presente regulamento não prejudique as convenções em que são parte os Estados-Membros e que incidam sobre matérias específicas.

1 – Corresponde ao artigo 71º do Regulamento nº 44/2001 e ao artigo 57º da Convenção de Bruxelas.

2 – O artigo 71º do Regulamento nº 44/2001 deve ser interpretado no sentido de que as regras de competência judiciária, de reconhecimento e de execução previstas numa convenção relativa a uma matéria especial, tal como a regra de litispendência enunciada no artigo 31º – nº 2 da Convenção Relativa ao Contrato de Transporte de Mercadorias por Estrada, assinada em Genebra, em 19 de maio de 1956, alterada pelo protocolo assinado em Genebra em 5 de julho de 1978 e a regra relativa à executoriedade prevista no seu artigo 31º – nº 3 são aplicáveis desde que ofereçam um elevado nível de certeza jurídica, facilitem a boa administração da justiça e permitam reduzir ao mínimo o risco de processos concorrentes e assegurem, em condições pelo menos tão favoráveis como as previstas no referido Regulamento, a livre circulação das decisões em matéria civil e comercial e a confiança recíproca na administração da justiça no seio da União (*favor executionis*).

O Tribunal de Justiça não é competente para interpretar o artigo 31º da Convenção Relativa ao Contrato de Transporte Internacional de Mercadorias por Estrada – acórdão do Tribunal de Justiça (Grande Secção) de 4.5.2010, no processo C-533/08.

3 – O artigo 71º do Regulamento nº 44/2001 deve ser interpretado no sentido de que se opõe a que uma convenção internacional seja interpretada de uma forma que não assegure, em condições pelo menos tão favoráveis como as previstas no referido Regulamento, o respeito dos objetivos e dos princípios que o norteiam e de que se opõe a uma interpretação do artigo 31º – nº 2 da Convenção Relativa ao Transporte Internacional de Mercadorias por Estrada, assinada em Genebra em 19 de maio de 1956, alterada pelo Protocolo assinado em Genebra em 5 de julho de 1978, segundo o qual uma ação de declaração negativa ou uma sentença declarativa negativa num Estado-Membro não tem o mesmo objeto e a mesma causa de pedir que uma ação de regresso intentada a título do mesmo dano e entre as mesmas partes ou os seus sucessores noutro Estado-Membro – acórdão do Tribunal de Justiça (Terceira Secção) de 19.12.2013, no processo 452/12.

Nos considerandos deste acórdão, recorda-se que, segundo jurisprudência do Tribunal de Justiça relativa à interpretação do artigo 27º do Regulamento nº 44/2001, um pedido que visa fazer declarar que o demandado é responsável por um prejuízo assim como obter a sua condenação no pagamento de uma indemnização por perdas e danos tem a mesma causa de pedir e o mesmo objeto que uma ação anterior de declaração negativa desse demandado que visa fazer declarar que este não é responsável pelo referido prejuízo (*vide* acórdãos de 6.12.1994, C-406/92, Colet., p. I-5439; e de 25.1.2012, C-133/11).

4 – O artigo 57º da Convenção de Bruxelas deve ser interpretado no sentido de que, quando um Estado contratante é igualmente signatário de uma outra convenção sobre matéria específica, que contém regras sobre a competência judiciária, esta convenção especial só se opõe à aplicação das disposições da Convenção de Bruxelas aos casos em que ela própria regula e não aos que não são abrangidos por ela – acórdão do Tribunal de Justiça de 6.12.1994, no processo C-406/92.

5 – O artigo 57º – nº 2 – a) da Convenção de Bruxelas deve ser interpretado no sentido de que o tribunal de um Estado contratante, perante o qual o réu domiciliado no território de um outro Estado contratante foi demandado, pode declarar-se competente com base numa convenção especial de que o primeiro Estado seja igualmente parte e que contenha regras específicas sobre a competência judiciária, mesmo quando o réu, no âmbito do processo em causa, não se pronuncia quanto ao mérito – acórdão do Tribunal de Justiça (Terceira Secção) de 28.10.2004, no processo C-148/03.

6 – *Vide* o acórdão do Tribunal de Justiça (Primeira Secção) de 4.9.2014 (C-157/13), na anotação ao artigo 1º (nota 11).

«Artigo 71º-A[13]

1. Para efeitos do presente regulamento, um tribunal comum a vários Estados-Membros, conforme especificado no nº 2, ("tribunal comum") é con-

[13] Os artigos 71º – A, 71º – B, 71º C e 71º – D foram introduzidos pelo Regulamento nº 542/2014 de 15.5.2014, cujos considerandos são os seguintes:

O PARLAMENTO EUROPEU E O CONSELHO DA UNIÃO EUROPEIA,

Tendo em conta o Tratado sobre o Funcionamento da União Europeia, nomeadamente o artigo 81º, nº 2, alíneas a), c) e e),

Tendo em conta a proposta da Comissão Europeia,

Após transmissão do projeto de ato legislativo aos parlamentos nacionais,

Tendo em conta o parecer do Comité Económico e Social Europeu,

Deliberando de acordo com o processo legislativo ordinário,

Considerando o seguinte:

(1) Em 19 de fevereiro de 2013, o Reino da Bélgica, a República da Bulgária, a República Checa, o Reino da Dinamarca, a República Federal da Alemanha, a República da Estónia, a Irlanda, a República Helénica, a República Francesa, a República Italiana, a República de Chipre, a República da Letónia, a República da Lituânia, o Grão-Ducado do Luxemburgo, a Hungria, a República de Malta, o Reino dos Países Baixos, a República da Áustria, a República Portuguesa, a Roménia, a República da Eslovénia, a República Eslovaca, a República da Finlândia, o Reino da Suécia e o Reino Unido da Grã-Bretanha e Irlanda do Norte assinaram o Acordo relativo ao Tribunal Unificado de Patentes ("Acordo relativo ao TUP"). O Acordo relativo ao TUP dispõe que a sua entrada em vigor não terá lugar antes do primeiro dia do quarto mês após a data de entrada em vigor das alterações ao Regulamento (UE) nº 1215/2012 do Parlamento Europeu e do Conselho relativas à relação desse regulamento com o Acordo relativo ao TUP.

(2) Em 15 de outubro de 2012, o Reino da Bélgica, o Grão-Ducado do Luxemburgo e o Reino dos Países Baixos, partes no Tratado relativo à instituição e ao estatuto do Tribunal de Justiça do Benelux, de 31 de março de 1965, ("Tratado do Tribunal de Justiça do Benelux") assinaram um Protocolo que altera o referido Tratado. Esse Protocolo tornou possível a transferência da competência judiciária para o Tribunal de Justiça do Benelux em matérias específicas abrangidas pelo âmbito do Regulamento (UE) nº 1215/2012.

(3) É necessário regular a relação do Regulamento (UE) nº 1215/2012 com o Acordo relativo ao TUP e o Tratado do Tribunal de Justiça do Benelux, introduzindo alterações nesse regulamento.
(4) O Tribunal Unificado de Patentes e o Tribunal de Justiça do Benelux deverão ser considerados tribunais na aceção do Regulamento (UE) nº 1215/2012, a fim de garantir segurança jurídica e previsibilidade aos requeridos que possam vir a ser demandados nesses dois tribunais em local situado num Estado-Membro que não o designado pelas regras estabelecidas no Regulamento (UE) nº 1215/2012.
(5) As alterações ao Regulamento (UE) nº 1215/2012 previstas no presente regulamento em relação ao Tribunal Unificado de Patentes destinam-se a estabelecer a competência judiciária internacional daquele Tribunal e não afetam a repartição interna de processos entre as divisões daquele Tribunal, nem as disposições previstas no Acordo relativo ao TUP no que diz respeito ao exercício da competência, incluindo a competência exclusiva, durante o período de transição previsto no referido Acordo.
(6) Enquanto tribunais comuns a vários Estados-Membros, o Tribunal Unificado de Patentes e o Tribunal de Justiça do Benelux não podem, ao contrário de um tribunal de um Estado-Membro, exercer competência judiciária com base no direito nacional em relação a requeridos que não tenham domicílio num Estado-Membro. A fim de permitir que esses dois tribunais exerçam a competência judiciária em relação a esses requeridos, as regras estabelecidas no Regulamento (UE) nº 1215/2012 deverão assim, relativamente às matérias abrangidas, respetivamente, pela competência judiciária do Tribunal Unificado de Patentes e do Tribunal de Justiça do Benelux, aplicar-se igualmente aos requeridos domiciliados em Estados terceiros. As normas de competência do Regulamento (UE) nº 1215/2012 em vigor asseguram uma estreita conexão entre os processos a que esse regulamento se aplica e o território dos Estados-Membros. É, pois, apropriado estender essas regras aos processos contra todos os requeridos, independentemente do seu domicílio. Ao aplicar as regras de competência judiciária do Regulamento (UE) nº 1215/2012, o Tribunal Unificado de Patentes e o Tribunal de Justiça do Benelux (adiante designados individualmente «tribunal comum») deverão aplicar apenas as regras que são apropriadas às matérias para as quais lhes foi conferida competência.
(7) Um tribunal comum deverá poder decidir litígios que envolvam requeridos de Estados terceiros com base numa regra subsidiária de competência judiciária em processos relativos à violação de uma patente europeia que dê origem a danos tanto dentro como fora da União. Essa competência judiciária subsidiária deverá ser exercida nos casos em que os bens pertencentes ao requerido estejam localizados em qualquer Estado-Membro que seja parte no instrumento que estabelece o tribunal comum e o litígio em questão tenha conexão suficiente com esse Estado-Membro, por exemplo porque o requerente nele está domiciliado ou os elementos de prova relativos ao litígio nele estão disponíveis. Ao estabelecer a sua competência judiciária, o tribunal comum deverá ter em conta o valor dos bens em questão, que não deverá ser insignificante e deverá ser suficiente para tornar possível, pelo menos parcialmente, a execução da decisão nos Estados-Membros que são partes no instrumento que estabelece o tribunal comum.
(8) As regras estabelecidas no Regulamento (UE) nº 1215/2012 em matéria de litispendência e conexão, que visam evitar processos concorrentes e decisões inconciliáveis, deverão aplicar-se quando os processos são intentados num tribunal comum e num tribunal de um Estado-Membro em que o Acordo relativo ao TUP ou, consoante o caso, o Tratado do Tribunal de Justiça do Benelux não se aplique.
(9) As regras estabelecidas no Regulamento (UE) nº 1215/2012 em matéria de litispendência e conexão deverão ser igualmente aplicadas se, durante o período transitório previsto no Acordo relativo ao TUP, forem intentados processos relativos a determinados tipos de litígios, por um lado, no Tribunal Unificado de Patentes e, por outro, num tribunal nacional de um Estado-Membro parte no Acordo relativo ao TUP.

siderado um tribunal de um Estado-Membro quando, nos termos do seu ato constitutivo, esse tribunal comum exerce a sua competência em matérias abrangidas pelo âmbito do presente regulamento.

2. Para efeitos do presente regulamento, cada um dos seguintes tribunais é um tribunal comum:

a) O Tribunal Unificado de Patentes, estabelecido pelo Acordo relativo ao Tribunal Unificado de Patentes assinado em 19 de fevereiro de 2013 (a seguir designado "Acordo relativo ao TUP"); e

b) O Tribunal de Justiça do Benelux, estabelecido pelo Tratado relativo à instituição e ao estatuto do Tribunal de Justiça do Benelux, de 31 de março de 1965 ("Tratado do Tribunal de Justiça do Benelux").

Artigo 71º-B

A competência judiciária dos tribunais comuns é determinada da seguinte forma:

1) Um tribunal comum é competente quando, nos termos do presente regulamento, os tribunais de um Estado-Membro que seja parte no ato que

(10) As decisões proferidas pelo Tribunal Unificado de Patentes ou pelo Tribunal de Justiça do Benelux deverão ser reconhecidas e executadas nos termos do Regulamento (UE) nº 1215/2012 num Estado-Membro que não seja parte, consoante o caso, no Acordo relativo ao TUP ou no Tratado do Tribunal de Justiça do Benelux.

(11) As decisões proferidas pelos tribunais de um Estado-Membro que não seja parte, consoante o caso, no Acordo relativo ao TUP ou no Tratado do Tribunal de Justiça do Benelux deverão ser reconhecidas e executadas noutro Estado-Membro nos termos do Regulamento (UE) nº 1215/2012.

(12) O Regulamento (UE) nº 1215/2012 deverá, pois, ser alterado em conformidade.

(13) Atendendo a que o objetivo do presente regulamento não pode ser suficientemente alcançado pelos Estados-Membros, mas pode, devido à sua dimensão e aos seus efeitos, ser mais bem alcançado a nível da União, a União pode tomar medidas em conformidade com o princípio da subsidiariedade consagrado no artigo 5º do Tratado da União Europeia (TUE). Em conformidade com o princípio da proporcionalidade consagrado no mesmo artigo, o presente regulamento não excede o necessário para alcançar esse objetivo.

(14) Nos termos do artigo 3º e do artigo 4º-A, nº 1, do Protocolo nº 21 relativo à posição do Reino Unido e da Irlanda em relação ao espaço de liberdade, segurança e justiça, anexo ao TUE e ao Tratado sobre o Funcionamento da União Europeia (TFUE), esses Estados-Membros notificaram a sua intenção de participar na adoção e na aplicação do presente regulamento.

(15) Nos termos dos artigos 1º e 2º do Protocolo nº 22 relativo à posição da Dinamarca, anexo ao TUE e ao TFUE, a Dinamarca não participa na adoção do presente regulamento e não está a ele vinculada nem sujeita à sua aplicação, sem prejuízo da possibilidade de a Dinamarca aplicar as alterações ao Regulamento (UE) nº 1215/2012 previstas no presente regulamento de acordo com o artigo 3º do Acordo entre a Comunidade Europeia e o Reino da Dinamarca de 19 de outubro de 2005 relativo à competência judiciária, ao reconhecimento e à execução de decisões em matéria civil e comercial,

ADOTARAM O PRESENTE REGULAMENTO:

estabelece o tribunal comum sejam competentes nas matérias reguladas por esse ato;

2) Nos casos em que o requerido não tenha domicílio num Estado-Membro e o presente regulamento não tenha de outra forma atribuído competência a seu respeito, o Capítulo II aplica-se, sempre que adequado, independentemente do domicílio do requerido.

Podem ser pedidas a um tribunal comum medidas provisórias, incluindo medidas de proteção, mesmo que os tribunais de um Estado terceiro tenham competência relativamente ao fundo da questão;

3) Nos casos em que um tribunal comum tenha competência relativamente a um requerido nos termos do ponto 2 num litígio relativo à violação de uma patente europeia que dê origem a danos no interior da União, esse tribunal pode igualmente exercer a competência relativamente a danos verificados fora da União resultantes de uma violação desse tipo.

Essa competência judiciária só pode ser estabelecida nos casos em que os bens pertencentes ao requerido estejam localizados em qualquer Estado-Membro que seja parte no ato que estabelece o tribunal comum e em que o litígio tenha uma conexão suficiente com qualquer desses Estados-Membros.

Artigo 71º-C

1. Os artigos 29º a 32º aplicam-se quando forem intentados processos num tribunal comum e num tribunal de um Estado-Membro que não seja parte no ato que estabelece o tribunal comum.

2. Os artigos 29º a 32º aplicam-se quando, durante o período transitório referido no artigo 83º do Acordo relativo ao TUP, os processos são intentados no Tribunal Unificado de Patentes e num tribunal de um Estado-Membro que seja parte no Acordo relativo ao TUP.

Artigo 71º-D

O presente regulamento aplica-se ao reconhecimento e execução de:

a) Decisões proferidas por um tribunal comum que devam ser reconhecidas e executadas num Estado-Membro que não seja parte no ato que estabelece o tribunal comum; e

b) Decisões proferidas pelos tribunais de um Estado-Membro que não seja parte no ato que estabelece o tribunal comum e que necessitam de ser reconhecidas e executadas num Estado-Membro que seja parte nesse ato.

Contudo, sempre que for solicitado o reconhecimento ou a execução de uma decisão proferida por um tribunal comum num Estado-Membro que seja parte no ato que estabelece o tribunal comum, aplicam-se as regras do referido ato relativas ao reconhecimento e execução, em vez das regras do presente regulamento.»

Artigo 72º

O presente regulamento não prejudica os acordos por meio dos quais os Estados-Membros se comprometeram, antes da entrada em vigor do Regulamento (CE) nº 44/2001, nos termos do artigo 59º da Convenção de Bruxelas de 1968, a não reconhecer decisões proferidas, nomeadamente noutro Estado contratante da referida convenção, contra requeridos com domicílio ou residência habitual num Estado terceiro se, nos casos previstos no artigo 4º da referida convenção, a decisão só possa fundar-se numa competência referida no artigo 3º, segundo parágrafo, da mesma convenção.

Notas

- É o seguinte o vigésimo nono considerando do Regulamento, considerando que só interessa aqui na sua parte final:

  (29) A execução direta, no Estado-Membro requerido, de uma decisão proferida noutro Estado-Membro sem declaração de executoriedade não deverá comprometer o respeito pelos direitos da defesa. Assim sendo, a pessoa relativamente à qual a execução é requerida deverá poder requerer a recusa de reconhecimento ou de execução de uma decisão se considerar que se verifica um dos fundamentos de recusa do reconhecimento. Entre estes fundamentos deverá figurar o facto de a pessoa não ter podido assegurar a sua defesa caso a decisão tenha sido proferida à revelia numa ação cível ligada a um procedimento penal. Deverão igualmente incluir-se os fundamentos que poderiam ser invocados com base num acordo entre o Estado-Membro requerido e um Estado terceiro celebrado ao abrigo do artigo 59º da Convenção de Bruxelas de 1968.

  E o considerando trigésimo sexto diz o seguinte:

  (36) Sem prejuízo das obrigações dos Estados-Membros decorrentes dos Tratados, o presente regulamento não deverá prejudicar a aplicação de convenções e acordos bilaterais entre Estados-Membros e países terceiros celebrados antes da data de entrada em vigor do Regulamento (CE) nº 44/2001 que abrangem matérias regidas pelo presente regulamento

- O artigo 4º da Convenção de Bruxelas dispunha que, se o requerido não tiver domicílio no território de um Estado contratante, a competência será regulada em cada Estado contratante pela lei desse Estado, sem prejuízo da aplicação do disposto no artigo 16º, que previa as competências exclusivas. E, no segundo parágrafo desse artigo, dispunha que qualquer pessoa, independentemente da sua nacionalidade, com domicílio no território de um Estado contratante, pode, tal como os nacionais, invocar contra esse requerido as regras de competência que estejam em vigor nesse Estado e, nomeadamente, as previstas no segundo parágrafo do artigo 3º.

Por sua vez, o artigo 3º dispunha que as pessoas domiciliadas no território de um Estado contratante só podem ser demandadas perante os tribunais de um outro Estado contratante por força das regras enunciadas nas secções II a VI do Título II, secções que previam as competências especiais e concorrentes, pois do artigo 3º resultava que a competência do tribunal do domicílio do requerido era eletiva ou alternativa, uma vez que o requerente podia escolher entre instaurar a ação neste tribunal ou num dos que são definidos através dos fatores de conexão consagrados nas secções II a VI do Título II.

Das disposições combinadas do artigo 6º com os artigos 36º e 39º resulta que os tribunais dos Estados-Membros não podem recusar o reconhecimento e a execução, nos termos do capítulo III do Regulamento, das decisões proferidas noutros Estados-Membros contra pessoas domiciliadas fora da União Europeia ao abrigo de regras nacionais que consagrem a sua competência, regras que, assim, o Regulamento acolhe em sede de reconhecimento e execução de decisões proferidas pelos tribunais de outros Estados-Membros, o que, parecendo à primeira vista incompatível com os objetivos gerais do Regulamento, não poderia deixar de ser acolhido no Regulamento, sob pena de o devedor domiciliado fora da União Europeia poder subtrair os seus bens à execução através da sua transferência para um Estado-Membro diferente do Estado-Membro onde foi proferida a decisão.

Contudo, o artigo 72º dispõe que o Regulamento não prejudica os acordos por meio dos quais os Estados-Membros se comprometeram, antes da entrada em vigor do Regulamento nº 44/2001, nos termos do artigo 59º da Convenção de Bruxelas de 1968, a não reconhecer decisões proferidas, nomeadamente noutro Estado contratante da referida Convenção, contra requeridos com domicílio ou residência habitual num Estado terceiro, se, nos casos previstos no artigo 4º da Convenção, a decisão só possa fundar-se numa competência referida no artigo 3º, segundo parágrafo, da referida Convenção.

Este segundo parágrafo do artigo 3º previa, por exemplo, que em Portugal, contra as pessoas domiciliadas noutro Estado contratante não podia ser invocada, designadamente a disposição do artigo 65º – A, alínea c), que atribuía competência exclusiva aos tribunais portugueses para as ações relativas a direitos reais e pessoais de gozo sobre bens imóveis sitos em território português, disposição a que corresponde hoje, no atual Código de Processo Civil, ao artigo 63º – a), com uma redação que está de acordo com a competência exclusiva consagrada no artigo 24º – 1) do Regulamento, como não podia ser invocado o disposto no artigo 11º do então vigente Código do Processo de Trabalho, a que corresponde o artigo 10º do atual.

Assim, se a competência do tribunal do Estado-Membro que proferiu a decisão se basear não apenas numa das regras de competência referidas no artigo 3º, segundo parágrafo, mas também noutras do seu direito interno, a recusa do reconhecimento e da execução não é admissível.

A faculdade conferida aos Estados contratantes pelo artigo 59º da Convenção de Bruxelas só foi utilizada em 1977 pela Alemanha numa convenção celebrada com a Noruega, convenção que foi substituída pela Convenção de Lugano; pelo Reino Unido numa convenção com o Canadá em 1984 e com a Austrália em 1990; e pela Dinamarca em 1977, em convenção com a Finlândia, a Islândia, a Noruega e a Suécia, mas com a entrada em vigor da Convenção de Lugano, a derrogação das competências exorbitantes dela constante passou a beneficiar também as pessoas domiciliadas no território desses países.

Artigo 73º

1. O presente regulamento não prejudica a aplicação da Convenção de Lugano de 2007.

2. O presente regulamento não prejudica a aplicação da Convenção de Nova Iorque de 1958.

3. O presente regulamento não prejudica a aplicação das convenções e acordos bilaterais entre países terceiros e Estados-Membros celebrados antes da data de entrada em vigor do Regulamento (CE) nº 44/2001 que dizem respeito a matérias regidas pelo presente regulamento.

NOTAS

O décimo segundo considerando do Regulamento diz o seguinte:

O presente regulamento não deverá aplicar-se à arbitragem. Nada no presente regulamento deverá impedir que os tribunais de um Estado-Membro, caso lhes seja submetida uma ação numa matéria para a qual as partes celebraram um acordo de arbitragem, remetam as partes para a arbitragem, suspendam ou encerrem o processo ou examinem se a convenção de arbitragem é nula, ineficaz ou insuscetível de aplicação nos termos da lei nacional.

As decisões proferidas pelos tribunais dos Estados-Membros que determinam se uma convenção de arbitragem é nula, ineficaz ou insuscetível de aplicação não deverão estar sujeitas às regras de reconhecimento e execução estabelecidas no presente regulamento, independentemente de o tribunal ter decidido destes aspetos a título principal ou incidental.

Por outro lado, se um tribunal de um Estado-Membro, exercendo a sua competência por força do presente regulamento ou da lei nacional, determinar que uma convenção de arbitragem é nula, ineficaz ou insuscetível de aplicação, tal não deverá impedir que a decisão do tribunal quanto ao mérito da questão seja reconhecida ou, consoante o caso, executada nos termos do presente regulamento. Tal não deverá prejudicar a competência dos tribunais dos Estados-Membros para decidirem do reconhecimento e execução de sentenças arbitrais de acordo com a Convenção sobre o Reconhecimento e a Execução de Decisões Arbitrais Estrangeiras, celebrada em Nova Iorque em 10 de junho de 1958 (a «Convenção de Nova Iorque de 1958»), que prevalece sobre o presente regulamento.

O presente regulamento não deverá aplicar-se a ações ou processos conexos relativos, nomeadamente, à criação de um tribunal arbitral, aos poderes dos árbitros, à condução do processo arbitral ou a quaisquer outros aspetos desse processo, nem a ações ou decisões em matéria de anulação, revisão, recurso, reconhecimento ou execução de sentenças arbitrais.

- Mas, como resulta deste considerando, a exclusão das arbitragens não impede a relevância das convenções de arbitragem e a competência dos tribunais dos Estados-Membros para decidirem do reconhecimento e execução de sentenças arbitrais de acordo com a Convenção sobre o Reconhecimento e a Execução de Decisões Arbitrais Estrangeiras, celebrada em Nova Iorque em 10 de junho de 1958 (a «Convenção de Nova Iorque de 1958»), que prevalece sobre o presente regulamento, como se diz no seu décimo segundo considerando.
- Não ficando prejudicada a aplicação da Convenção de Nova Iorque, se houver uma decisão proferida pelo tribunal de um Estado-Membro e uma decisão proveniente de um tribunal arbitral sobre o mesmo objeto, nada impedirá que esta última seja reconhecida em detrimento da primeira – *vide* anotação ao artigo 1º – nº 2 – d).
- A Convenção de Nova Iorque foi ratificada pelo Decreto do Presidente da República nº 52/94 de 8 de julho, com a formulação da seguinte reserva, nos termos do nº 3 do artigo 1º da Convenção: no âmbito do princípio da reciprocidade, Portugal só aplicará a Convenção no caso de as sentenças arbitrais terem sido proferidas no território de Estados a ela vinculados.

CAPÍTULO VIII – Disposições Finais

Artigo 74º

Os Estados-Membros fornecem, no âmbito da Rede Judiciária Europeia, para efeitos da sua divulgação ao público, uma descrição dos processos e normas de execução nacionais, incluindo as autoridades competentes para a execução, e informações sobre eventuais restrições neste domínio, em especial normas de proteção dos devedores e prazos de limitação ou prescrição.

Os Estados-Membros devem manter estas informações permanentemente atualizadas.

Artigo 75º

Até 10 de janeiro de 2014, os Estados-Membros comunicam à Comissão:

a) Os tribunais aos quais deve ser submetido o pedido de recusa de execução, nos termos do artigo 47º, nº 1;

b) Os tribunais nos quais deve ser interposto recurso da decisão sobre o pedido de recusa de execução, nos termos do artigo 49º, nº 2;

c) Os tribunais nos quais devem ser interpostos quaisquer recursos subsequentes, nos termos do artigo 50º;

d) As línguas aceites para a tradução dos formulários, nos termos do artigo 57º, nº 2.

A Comissão divulga estas informações ao público através de todos os meios adequados, sobretudo através da Rede Judiciária Europeia.

Artigo 76º

1. Os Estados-Membros notificam à Comissão:

a) As regras de competência referidas no artigo 5º, nº 2, e no artigo 6º, nº 2;

b) As regras sobre intervenção de terceiros referidas no artigo 65º; e

c) As convenções referidas no artigo 69º.

2. Com base nas informações notificadas pelos Estados-Membros a que se refere o nº 1, a Comissão estabelece as respetivas listas.

3. Os Estados-Membros notificam à Comissão qualquer alteração dessas listas que venha a ser requerida. A Comissão altera as listas em conformidade.

4. A Comissão publica as listas e as eventuais alterações posteriores às mesmas no Jornal Oficial da União Europeia.

5. A Comissão divulga ao público todas as informações notificadas por força dos nºs 1 e 3 através de todos os meios adequados, em especial através da Rede Judiciária Europeia.

Artigo 77º

A Comissão fica habilitada a adotar atos delegados, nos termos do artigo 78º, no que diz respeito às alterações aos anexos I e II.

NOTAS

O considerando trigésimo sétimo do Regulamento refere o seguinte:

(37) A fim de garantir que as certidões a usar no quadro do reconhecimento ou da execução de decisões, os instrumentos autênticos e as transações judiciais concluídas ao abrigo do presente regulamento sejam atualizados, o poder de adotar atos nos termos do artigo 290º do TFUE deverá ser delegado na Comissão no que diz respeito às alterações aos Anexos I e II do presente regulamento. É particularmente importante que a Comissão proceda às consultas adequadas durante os trabalhos preparatórios, inclusive a nível de peritos. A Comissão, quando preparar e redigir atos delegados, deverá assegurar a transmissão simultânea, atempada e adequada dos documentos relevantes ao Parlamento Europeu e ao Conselho.

Artigo 78º

1. O poder de adotar atos delegados é conferido à Comissão nas condições estabelecidas no presente artigo.
2. O poder de adotar atos delegados referido no artigo 77º é conferido à Comissão por prazo indeterminado a partir de 9 de janeiro de 2013.
3. A delegação de poderes referida no artigo 77º pode ser revogada em qualquer momento pelo Parlamento Europeu ou pelo Conselho. A decisão de revogação põe termo à delegação dos poderes nela especificados. A decisão de revogação produz efeitos a partir do dia seguinte ao da sua publicação no Jornal Oficial da União Europeia ou de uma data posterior nela especificada. A decisão de revogação não afeta os atos delegados já em vigor.
4. Assim que adotar um ato delegado, a Comissão notifica-o simultaneamente ao Parlamento Europeu e ao Conselho.
5. Os atos delegados adotados nos termos do artigo 77º só entram em vigor se não tiverem sido formuladas objeções pelo Parlamento Europeu ou pelo Conselho no prazo de dois meses a contar da notificação desse ato ao Parlamento Europeu e ao Conselho, ou se, antes do termo desse prazo, o Parlamento Europeu e o Conselho tiverem informado a Comissão de que não têm objeções a formular. O referido prazo é prorrogado por dois meses por iniciativa do Parlamento Europeu ou do Conselho.

Artigo 79º

Até 11 de janeiro de 2022, a Comissão apresenta ao Parlamento Europeu, ao Conselho e ao Comité Económico e Social Europeu um relatório sobre a aplicação do presente regulamento. Esse relatório deve incluir uma avaliação da eventual necessidade de um novo alargamento das regras sobre competência judiciária a requeridos que não estejam domiciliados num Estado-Membro, tendo em conta o funcionamento do presente regulamento e a possível evolução da situação a nível internacional. O relatório deve ser acompanhado, se for caso disso, de uma proposta de alteração do presente regulamento.

Artigo 80º

O presente regulamento revoga o Regulamento (CE) nº 44/2001. As referências ao regulamento revogado devem entender-se como sendo feitas para o presente regulamento, e devem ser lidas de acordo com o quadro de correspondência constante do Anexo III.

NOTAS

É o seguinte o considerando trigésimo quarto deste Regulamento:

(34) Para assegurar a continuidade entre a Convenção de Bruxelas de 1968, o Regulamento (CE) nº 44/2001 e o presente regulamento, há que prever disposições transitórias. A mesma continuidade deverá ser assegurada no que diz respeito à interpretação, pelo Tribunal de Justiça da União Europeia, da Convenção de Bruxelas de 1968 e dos regulamentos que a substituem.

Artigo 81º

O presente regulamento entra em vigor no vigésimo dia seguinte ao da sua publicação no Jornal Oficial da União Europeia.

Aplica-se a partir de 10 de janeiro de 2015, com exceção dos artigos 75º e 76º, que se aplicam a partir de 10 de janeiro de 2014.

O presente regulamento é obrigatório em todos os seus elementos e diretamente aplicável nos Estados-Membros nos termos dos Tratados.

NOTAS

São os seguintes os considerandos quadragésimo e quadragésimo primeiro:

(40) O Reino Unido e a Irlanda, nos termos do artigo 3º do Protocolo nº 21 relativo à posição do Reino Unido e da Irlanda, anexo ao TUE e ao então Tratado que Institui a Comunidade Europeia, participaram na adoção e aplicação do Regulamento (CE) nº 44/2001. Nos termos do artigo 3º do Protocolo nº 21 relativo à posição do Reino Unido e da Irlanda em relação ao espaço de liberdade, segurança e justiça, anexo ao TUE e ao TFUE, o Reino Unido e a Irlanda notificaram a sua intenção de participar na aprovação e na aplicação do presente regulamento.

(41) Nos termos dos artigos 1º e 2º do Protocolo nº 22 sobre a posição da Dinamarca, anexo ao TUE e ao TFUE, a Dinamarca não participa na aprovação do presente regulamento, não fica por ele vinculada nem sujeita à sua aplicação, sem prejuízo da possibilidade de a Dinamarca aplicar as alterações ao Regulamento (CE) nº 44/2001, de acordo com o disposto no artigo 3º do Acordo de 19 de outubro de 2005 entre a Comunidade Europeia e o Reino da Dinamarca relativo à competência judiciária, ao reconhecimento e à execução de decisões em matéria civil e comercial.

Feito em Estrasburgo, em 12 de dezembro de 2012.

Pelo Parlamento Europeu	Pelo Conselho
O Presidente M. SCHULZ	O Presidente A. D. MAVROYIANN

ANEXO I

A este anexo bem como ao anexo II foi dada nova redação pelo

REGULAMENTO DELEGADO (UE) 2015/281 DA COMISSÃO de 26 de novembro de 2014

Publicado no JO L 54 de 25.2.2015, que substitui os anexos I e II do Regulamento (UE) nº 1215/2012 do Parlamento Europeu e do Conselho relativo à competência judiciária, ao reconhecimento e à execução de decisões em matéria civil e comercial

A COMISSÃO EUROPEIA,

Tendo em conta o Tratado sobre o Funcionamento da União Europeia,

Tendo em conta o Regulamento (UE) nº 1215/2012 do Parlamento Europeu e do Conselho, de 12 de dezembro de 2012, relativo à competência judiciária, ao reconhecimento e à execução de decisões em matéria civil e comercial, nomeadamente o artigo 77º,

Considerando o seguinte:

(1) O Regulamento (UE) nº 1215/2012 prevê a circulação de decisões, instrumentos autênticos e transações judiciais na União. Será aplicável a partir de 10 de janeiro de 2015.

(2) O Regulamento (UE) nº 1215/2012 estabelece, nos anexos I e II, o formulário da certidão relativa a uma decisão em matéria civil e comercial e o formulário da certidão de instrumento autêntico/transação judicial em matéria civil e comercial.

(3) A Letónia adotou o euro a partir de 1 de janeiro de 2014. Por conseguinte, todas as referências à antiga moeda da Letónia devem ser suprimidas dos formulários. A Lituânia adotará o euro a partir de 1 de Janeiro de 2015. Por conseguinte, todas as referências à antiga moeda da Lituânia devem ser suprimidas dos formulários.

(4) A Croácia aderiu à União em 1 de julho de 2013. Por conseguinte, as referências à Croácia e à sua moeda devem ser incluídas nos formulários.

(5) Nos termos dos artigos 1º e 2º do Protocolo (nº 22) relativo à posição da Dinamarca, anexo ao Tratado da União Europeia e ao Tratado sobre o Funcionamento da União Europeia, a Dinamarca não participou na adoção do Regulamento (UE) nº 1215/2012, não estando por ele vinculada nem sujeita à sua aplicação.

(6) Contudo, em conformidade com o artigo 3º, nº 2, do Acordo entre a União Europeia e a Dinamarca, este Estado-Membro, por carta de 20 de dezembro de 2012, notificou a Comissão da sua decisão

de aplicar o conteúdo do Regulamento (UE) nº 1215/2012. Por conseguinte, as referências à Dinamarca e à sua moeda devem ser incluídas nos formulários.

(7) Por razões de clareza, é conveniente substituir os anexos I e II.

(8) O Regulamento (UE) nº 1215/2012 deve, portanto, ser alterado em conformidade,

ADOTOU O PRESENTE REGULAMENTO:

Artigo 1º

Os anexos I e II do Regulamento (UE) nº 1215/2012 são substituídos pelo texto que figura no anexo do presente regulamento.

Artigo 2º

O presente regulamento entra em vigor no dia seguinte à data da sua publicação no *Jornal Oficial da União Europeia*.

O presente regulamento é obrigatório em todos os seus elementos e diretamente aplicável nos Estados-Membros nos termos dos Tratados.

Feito em Bruxelas, em 26 de novembro de 2014.

Pela Comissão
O Presidente
Jean-Claude JUNCKER

ANEXO I

CERTIDÃO DE DECISÃO EM MATÉRIA CIVIL E COMERCIAL

Artigo 53.º do Regulamento (UE) n.º 1215/2012 do Parlamento Europeu e do Conselho relativo à competência judiciária, ao reconhecimento e à execução de decisões em matéria civil e comercial

1. TRIBUNAL DE ORIGEM

1.1. Nome:

1.2. Morada:

1.2.1. Rua e número/Caixa postal:

1.2.2. Localidade e código postal:

1.2.3. Estado-Membro:

AT ☐ BE ☐ BG ☐ CY ☐ CZ ☐ DK ☐ DE ☐ EE ☐ EL ☐ ES ☐ FI ☐ FR ☐ HR ☐ HU ☐ IE ☐ IT ☐ LT ☐ LU ☐ LV ☐ MT ☐ NL ☐ PL ☐ PT ☐ RO ☐ SE ☐ SI ☐ SK ☐ UK ☐

1.3 Telefone:

1.4. Fax:

1.5. Correio eletrónico (se disponível):

2. REQUERENTE(S) ([1])

2.1. Apelido e nome(s) próprio(s)/nome da empresa ou organização:

2.2. Número de identificação (se aplicável e disponível):

2.3. Data (dd/mm/aaaa) e local de nascimento ou, em caso de pessoa coletiva, da constituição/formação/registo (se aplicável e disponível):

2.4. Morada:

2.4.1. Rua e número/Caixa postal:

2.4.2. Localidade e código postal:

2.4.3. País:

AT ☐ BE ☐ BG ☐ CY ☐ CZ ☐ DK ☐ DE ☐ EE ☐ EL ☐ ES ☐ FI ☐ FR ☐ HR ☐ HU ☐ IE ☐ IT ☐ LT ☐ LU ☐ LV ☐ MT ☐ NL ☐ PL ☐ PT ☐ RO ☐ SE ☐ SI ☐ SK ☐ UK ☐ Outro [queira especificar (código ISO)] ☐

2.5. Correio eletrónico (se disponível):

3. REQUERIDO(S) ([2])

3.1. Apelido e nome(s) próprio(s)/nome da empresa ou organização:

3.2. Número de identificação (se aplicável e disponível):

3.3. Data (dd/mm/aaaa) e local de nascimento ou, em caso de pessoa coletiva, da constituição/formação/registo (se aplicável e disponível):

3.4. Morada:

3.4.1. Rua e número/Caixa postal:

3.4.2. Localidade e código postal:

3.4.3. País:

AT ☐ BE ☐ BG ☐ CY ☐ CZ ☐ DK ☐ DE ☐ EE ☐ EL ☐ ES ☐ FI ☐ FR ☐ HR ☐ HU ☐ IE ☐ IT ☐ LT ☐ LU ☐ LV ☐ MT ☐ NL ☐ PL ☐ PT ☐ RO ☐ SE ☐ SI ☐ SK ☐ UK ☐ Outro [queira especificar (código-ISO)] ☐

3.5. Correio eletrónico (se disponível):

4. DECISÃO

4.1. Data (dd/mm/aaaa) da decisão:

4.2. Número de referência da decisão:

4.3. A decisão foi proferida à revelia:

4.3.1. ☐ Não

4.3.2. ☐ Sim [indicar a data (dd/mm/aaaa) em que o documento que dá início à instância ou documento equivalente foi notificado ao requerido]:

4.4. A decisão é executória no Estado-Membro de origem sem que outras condições tenham de ser preenchidas:

4.4.1. ☐ Sim [indicar a data (dd/mm/aaaa) em que a decisão foi declarada executória, se for caso disso]:

4.4.2. ☐ Sim, mas apenas relativamente às seguintes pessoas (queira especificar):

4.4.3. ☐ Sim, mas circunscrita a partes da decisão (queira especificar):

4.4.4. ☐ O julgamento não contém uma obrigação executória

4.5. À data da emissão da certidão, a decisão tinha sido notificada ao(s) requerido(s):

4.5.1. ☐ Sim [indicar a data da notificação (dd/mm/aaaa), se conhecida]:

4.5.1.1. A decisão foi notificada na(s) seguinte(s) língua(s):

BG ☐ ES ☐ CS ☐ DK ☐ DE ☐ ET ☐ EL ☐ EN ☐ FR ☐ HR ☐ GA ☐ IT ☐ LV ☐ LT ☐ HU ☐ MT ☐ NL ☐ PL ☐ PT ☐ RO ☐ SK ☐ SL ☐ FI ☐ SV ☐ Outra [queira especificar (código ISO)] ☐

4.5.2. ☐ Não é do conhecimento do tribunal

4.6. Termos da decisão e juros:

4.6.1. Decisão sobre um crédito pecuniário ([3])

4.6.1.1. Breve descrição do objeto da ação:

4.6.1.2. O tribunal condenou:

.... [apelido e nome(s) próprio(s)/nome da empresa ou organização] ([4])

a pagar a:

.... [apelido e nome(s) próprio(s)/nome da empresa ou organização]

4.6.1.2.1. Se mais de uma pessoa estiver vinculada a uma única e mesma obrigação, o montante pode ser cobrado na sua totalidade a qualquer dessas pessoas:

4.6.1.2.1.1. ☐ Sim

4.6.1.2.1.2. ☐ Não

4.6.1.3. Moeda:

☐ euro (EUR) ☐ Lev búlgaro (BGN) ☐ Coroa checa (CZK) ☐ Coroa dinamarquesa (DKK) ☐ Kuna croata (HRK) ☐ Forint húngaro (HUF) ☐ Zlóti polaco (PLN) ☐ Libra esterlina (GBP) ☐ Leu romeno (RON) ☐ Coroa sueca (SEK) ☐ Outra [queira especificar (código ISO)]:

4.6.1.4. Montante principal:

4.6.1.4.1. ☐ Montante a pagar de uma só vez

4.6.1.4.2. ☐ Montante a pagar em prestações ([5])

Data de vencimento (dd/mm/aaaa)	Montante

4.6.1.4.3. ☐ Montante a pagar periodicamente

4.6.1.4.3.1. ☐ Por dia

4.6.1.4.3.2. ☐ Por semana

4.6.1.4.3.3. ☐ Outro (especificar periodicidade):

4.6.1.4.3.4. A partir de ... [data (dd/mm/aaaa) ou evento]:

4.6.1.4.3.5. Se for caso disso, até [data (dd/mm/aaaa) ou evento]:

4.6.1.5. Juros, se forem devidos:

4.6.1.5.1. Juros:

4.6.1.5.1.1. ☐ Não especificados na decisão

4.6.1.5.1.2. ☐ Sim, especificados na decisão do seguinte modo:

4.6.1.5.1.2.1. Montante:

ou:

4.6.1.5.1.2.2. Taxa ... %

4.6.1.5.1.2.3. Juros devidos desde .... [data (dd/mm/aaaa) ou evento] até .... [data (dd/mm/aaaa) ou evento] ([6])

4.6.1.5.2. ☐ Juros à taxa legal (se aplicável) a calcular de acordo com (queira especificar a lei aplicável):

4.6.1.5.2.1. Juros devidos desde .... [data (dd/mm/aaaa) ou evento] até .... [data (dd/mm/aaaa) ou evento] ([6])

4.6.1.5.3. ☐ Capitalização dos juros (se aplicável, especificar):

4.6.2. Decisão que decrete medidas provisórias, incluindo medidas cautelares:

4.6.2.1. Breve descrição do objeto da ação e da medida decretada:

4.6.2.2. A medida foi decretada por um tribunal competente para conhecer do mérito da causa:

4.6.2.2.1. ☐ Sim

4.6.3. Outro tipo de decisão:

4.6.3.1. Breve descrição dos factos do processo e da fundamentação do tribunal:

4.7. Custos ([7]):

4.7.1. Moeda:

☐ euro (EUR) ☐ Lev búlgaro (BGN) ☐ Coroa checa (CZK) ☐ Coroa dinamarquesa (DKK) ☐ Kuna croata (HRK) ☐ Forint húngaro (HUF) ☐ Zlóti polaco (PLN) ☐ Libra esterlina (GBP) ☐ Leu romeno (RON) ☐ Coroa sueca (SEK) ☐ Outra [queira especificar (código ISO)]:

4.7.2. A ou as pessoas seguintes contra a qual é requerida a execução foram condenadas a pagar os custos:

4.7.2.1. Apelido e nome(s) próprio(s)/nome da empresa ou organização: ([8])

4.7.2.2. Se mais de uma pessoa tiver sido condenada a pagar os custos, o total do montante pode ser cobrado a qualquer uma dessas pessoas:

4.7.2.2.1. ☐ Sim

4.7.2.2.2. ☐ Não

4.7.3. Os custos cuja cobrança é requerida são os seguintes: ([9])

4.7.3.1. ☐ Os custos foram fixados na decisão sob a forma de um montante global (queira especificar):

4.7.3.2. ☐ Os custos foram fixados na decisão sob a forma de uma percentagem dos custos totais (especificar a percentagem do total):

4.7.3.3. ☐ A responsabilidade em relação aos custos foi determinada na decisão e os montantes exatos são os seguintes:

4.7.3.3.1. ☐ Custas judiciais:

4.7.3.3.2. ☐ Honorários de advogados:

4.7.3.3.3. ☐ Custo da notificação de documentos:

4.7.3.3.4. ☐ Outro:

4.7.3.4. ☐ Outros (queira especificar):

4.7.4. Juros sobre os custos:

4.7.4.1. ☐ Não aplicável

4.7.4.2. ☐ Juros especificados na decisão

4.7.4.2.1. ☐ Montante:

ou

4.7.4.2.2. ☐ Taxa ... %

4.7.4.2.2.1. Juros devidos desde .... [data (dd/mm/aaaa) ou evento] até .... [data (dd/mm/aaaa) ou evento] ([6])

4.7.4.3. ☐ Juros à taxa legal (se aplicável) a calcular de acordo com (queira especificar a lei aplicável):

4.7.4.3.1. Juros devidos desde .... [data (dd/mm/aaaa) ou evento] até .... [data (dd/mm/aaaa) ou evento] ([6])

4.7.4.4. ☐ Capitalização dos juros (se aplicável, especificar):

Feito em: ...

Assinatura e/ou carimbo do tribunal de origem:

([1]) Inserir o número de requerentes se a decisão respeitar a mais de um requerente.
([2]) Inserir o número de requeridos se a decisão respeitar a mais de um requerido.
([3]) Se a decisão apenas se reportar aos custos de uma ação objeto de decisão anterior, não preencher o ponto 4.6.1 e ir para o ponto 4.7.
([4]) Se mais de uma pessoa tiver sido condenada a pagar, inserir informações referentes a todas essas pessoas.
([5]) Inserir o número de prestações.
([6]) Inserir informações referentes a todos os períodos, se existir mais do que um.
([7]) Este ponto cobre também os casos em que os custos foram decretados em decisão distinta.
([8]) Inserir informações referentes a todas as pessoas, se existir mais do que uma.
([9]) Caso os custos possam ser cobrados a várias pessoas, inserir a repartição por cada pessoa separadamente.

ANEXO II

CERTIDÃO DE INSTRUMENTO AUTÊNTICO/TRANSAÇÃO JUDICIAL ([1]) **EM MATÉRIA CIVIL E COMERCIAL**

Artigo 60.° do Regulamento (UE) n.° 1215/2012 do Parlamento Europeu e do Conselho relativo à competência judiciária, ao reconhecimento e à execução de decisões em matéria civil e comercial

1. TRIBUNAL OU AUTORIDADE COMPETENTE QUE EMITE A CERTIDÃO

1.1. Nome:

1.2. Morada:

1.2.1. Rua e número/Caixa postal:

1.2.2. Localidade e código postal:

1.2.3. Estado-Membro:

AT ☐ BE ☐ BG ☐ CY ☐ CZ ☐ DK ☐ DE ☐ EE ☐ EL ☐ ES ☐ FI ☐ FR ☐ HR ☐ HU ☐ IE ☐ IT ☐ LT ☐
LU ☐ LV ☐ MT ☐ NL ☐ PL ☐ PT ☐ RO ☐ SE ☐ SI ☐ SK ☐ UK ☐

1.3. Telefone:

1.4. Fax:

1.5. Correio eletrónico (se disponível):

2. INSTRUMENTO AUTÊNTICO

2.1. Autoridade que emitiu o instrumento autêntico (se diferente da autoridade que emite a certidão)

2.1.1. Nome e designação da autoridade:

2.1.2. Morada:

2.2. Data (dd/mm/aaaa) em que o instrumento autêntico foi emitido pela autoridade referida no ponto 2.1:

2.3. Número de referência do instrumento autêntico (se aplicável):

2.4. Data (dd/mm/aaaa) em que o instrumento autêntico foi registado no Estado-Membro de origem (a preencher unicamente se a data de registo determinar os efeitos jurídicos do instrumento e se esta data divergir da data indicada no ponto 2.2):

2.4.1. Número de referência no registo (se aplicável):

3. TRANSAÇÃO JUDICIAL

3.1. Tribunal que homologou a transação judicial ou perante o qual a transação judicial foi celebrada (se divergir do tribunal que emite a certidão)

3.1.1. Designação do tribunal:

3.1.2. Morada:

3.2. Data (dd/mm/aaaa) da transação judicial:

3.3. Número de referência da transação judicial:

4. PARTES NO INSTRUMENTO AUTÊNTICO/NA TRANSAÇÃO JUDICIAL:

4.1. Nome(s) do(s) credor(es) (apelido e nome próprio/nome da empresa ou organização) ([2]):

4.1.1. Número de identificação (se aplicável e disponível):

4.1.2. Data (dd/mm/aaaa) e local de nascimento ou, em caso de pessoa coletiva, da constituição/formação/registo (se aplicável e disponível):

4.2. Nome(s) do(s) devedor(es) (apelido e nome próprio/nome da empresa ou organização) ([3])

4.2.1. Número de identificação (se aplicável e disponível):

4.2.2. Data (dd/mm/aaaa) e local de nascimento ou, em caso de pessoa coletiva, da constituição/formação/registo (se aplicável e disponível):

4.3. Nome de outras partes, se as houver (apelido e nome(s) próprio(s)/nome da empresa ou organização) ([4]):

4.3.1. Número de identificação (se aplicável e disponível):

4.3.2. Data (dd/mm/aaaa) e local de nascimento ou, em caso de pessoa coletiva, da constituição/formação/registo (se aplicável e disponível):

5. EXECUTORIEDADE DO INSTRUMENTO AUTÊNTICO/TRANSAÇÃO JUDICIAL NO ESTADO-MEMBRO DE ORIGEM

5.1. O instrumento autêntico/transação judicial é executório no Estado-Membro de origem:

5.1.1. ☐ Sim

5.2. Termos do instrumento autêntico/transação judicial e juros

5.2.1. Instrumento autêntico/transação judicial sobre crédito pecuniário

5.2.1.1. Breve descrição dos factos do processo:

5.2.1.2. Por força do instrumento autêntico/da transação judicial:

.... [apelido e nome(s) próprio(s)/nome da empresa ou organização] ([5])

tem a pagar a:

.... [apelido e nome(s) próprio(s)/nome da empresa ou organização]

5.2.1.2.1. Se mais de uma pessoa estiver vinculada a uma única e mesma obrigação, o montante pode ser cobrado na sua totalidade a qualquer dessas pessoas:

5.2.1.2.1.1. ☐ Sim

5.2.1.2.1.2. ☐ Não

5.2.1.3. Moeda:

☐ euro (EUR) ☐ Lev búlgaro (BGN) ☐ Coroa checa (CZK) ☐ Coroa dinamarquesa (DKK) ☐ Kuna croata (HRK) ☐ Forint húngaro (HUF) ☐ Zlóti polaco (PLN) ☐ Libra esterlina (GBP) ☐ Leu romeno (RON) ☐ Coroa sueca (SEK) ☐ Outra [queira especificar (código ISO)]:

5.2.1.4. Montante principal:

5.2.1.4.1. ☐ Montante a pagar de uma só vez

5.2.1.4.2. ☐ Montante a pagar em prestações ([6])

Data de vencimento (dd/mm/aaaa)	Montante

5.2.1.4.3. ☐ Montante a pagar periodicamente

5.2.1.4.3.1. ☐ Por dia

5.2.1.4.3.2. ☐ Por semana

5.2.1.4.3.3. ☐ Outro (especificar periodicidade):

5.2.1.4.3.4. A partir de ... [data (dd/mm/aaaa) ou evento]:

5.2.1.4.3.5. Se for caso disso, até .... [data (dd/mm/aaaa) ou evento]

5.2.1.5. Juros, se forem devidos

5.2.1.5.1. Juros:

5.2.1.5.1.1. ☐ Não especificados no instrumento autêntico/transação judicial

5.2.1.5.1.2. ☐ Sim, especificados no instrumento autêntico/transação judicial do seguinte modo:

5.2.1.5.1.2.1. Montante:

ou

5.2.1.5.1.2.2. Taxa ... %

5.2.1.5.1.2.3. Juros devidos desde .... [data (dd/mm/aaaa) ou evento] até .... [data (dd/mm/aaaa) ou evento] (7)

5.2.1.5.2. ☐ Juros à taxa legal (se aplicável) a calcular de acordo com (queira especificar a lei aplicável):

5.2.1.5.2.1. Juros devidos desde .... [data (dd/mm/aaaa) ou evento] até .... [data (dd/mm/aaaa) ou evento] (7)

5.2.1.5.3. ☐ Capitalização dos juros (se aplicável, especificar):

5.2.2. Instrumento autêntico/transação judicial sobre uma obrigação executória não pecuniária:

5.2.2.1. Breve descrição da obrigação executória

5.2.2.2. A obrigação referida no ponto 5.2.2.1. é executória em relação à(s) seguinte(s) pessoa(s) (8) apelido e nome(s) próprio(s)/nome da empresa ou organização]:

Feito em: ...

Carimbo e/ou selo branco e assinatura da autoridade ou organismo competente que emite a certidão:

(1) Suprimir as menções não aplicáveis em toda a certidão.
(2) Inserir informações referentes a todos os credores, caso exista mais do que um.
(3) Inserir informações referentes a todos os devedores, caso exista mais do que um.
(4) Inserir informações referentes às outras partes (se for o caso).
(5) Se mais de uma pessoa tiver sido condenada a pagar, inserir informações referentes a todas essas pessoas.
(6) Inserir o número de prestações.
(7) Inserir informações referentes a todos os períodos, se existir mais do que um.
(8) Inserir informações referentes a todas as pessoas, se existir mais do que uma.»

Preferências – As minhas fontes RSS

ANEXO III
QUADRO DE CORRESPONDÊNCIAS

Regulamento (CE) nº 44/2001	Presente Regulamento
Artigo 1º, nº 1	Artigo 1º, nº 1
Artigo 1º, nº 2, proémio	Artigo 1º, nº 2, proémio
Artigo 1º, nº 2, alínea a)	Artigo 1º, nº 2, alíneas a) e f)
Artigo 1º, nº 2, alíneas b) a d)	Artigo 1º, nº 2, alíneas b) a d)
—	Artigo 1º, nº 2, alínea e)
Artigo 1º, nº 3	—
—	Artigo 2º
Artigo 2º	Artigo 4º
Artigo 3º	Artigo 5º
Artigo 4º	Artigo 6º

Artigo 5º, proémio	Artigo 7º, proémio
Artigo 5º, ponto 1	Artigo 7º, ponto 1
Artigo 5º, ponto 2	—
Artigo 5º, pontos 3 e 4	Artigo 7º, pontos 2 e 3
—	Artigo 7, ponto 4
Artigo 5º, pontos 5 a 7	Artigo 7º, pontos 5 a 7
Artigo 6º	Artigo 8º
Artigo 7º	Artigo 9º
Artigo 8º	Artigo 10º
Artigo 9º	Artigo 11º
Artigo 10º	Artigo 12º
Artigo 11º	Artigo 13º
Artigo 12º	Artigo 14º
Artigo 13º	Artigo 15º
Artigo 14º	Artigo 16º
Artigo 15º	Artigo 17º
Artigo 16º	Artigo 18º
Artigo 17º	Artigo 19º
Artigo 18º	Artigo 20º
Artigo 19º, pontos 1 e 2	Artigo 21º, nº 1
—	Artigo 21º, nº 2
Artigo 20º	Artigo 22º
Artigo 21º	Artigo 23º
Artigo 22º	Artigo 24º
Artigo 23º, nºs 1 e 2	Artigo 25º, nºs 1 e 2
Artigo 23º, nº 3	—
Artigo 23º, nºs 4 e 5	Artigo 25º, nºs 3 e 4
—	Artigo 25º, nº 5
Artigo 24º	Artigo 26º, nº 1
—	Artigo 26º, nº 2
Artigo 25º	Artigo 27º
Artigo 26º	Artigo 28º
Artigo 27º, nº 1	Artigo 29º, nº 1
—	Artigo 29º, nº 2
Artigo 27º, nº 2	Artigo 29º, nº 3
Artigo 28º	Artigo 30º
Artigo 29º	Artigo 31º, nº 1
—	Artigo 31º, nº 2
—	Artigo 31º, nº 3

—	Artigo 31º, nº 4
Artigo 30º	Artigo 32º, nº 1, alíneas a) e b)
—	Artigo 32º, nº 1, segundo parágrafo
—	Artigo 32º, nº 2
—	Artigo 33º
—	Artigo 34º
Artigo 31º	Artigo 35º
Artigo 32º	Artigo 2º, alínea a)
Artigo 33º	Artigo 36º
—	Artigo 37º
—	Artigo 39º
—	Artigo 40º
—	Artigo 41º
—	Artigo 42º
—	Artigo 43º
—	Artigo 44º
Artigo 34º	Artigo 45º, nº 1, alíneas a) a d)
Artigo 35º, nº 1	Artigo 45º, nº 1, alínea e)
Artigo 35º, nº 2	Artigo 45º, nº 2
Artigo 35º, nº 3	Artigo 45º, nº 3
—	Artigo 45º, nº 4
Artigo 36º	Artigo 52º
Artigo 37º, nº 1	Artigo 38º, alínea a)
Artigo 38º	—
Artigo 39º	—
Artigo 40º	—
Artigo 41º	—
Artigo 42º	—
Artigo 43º	—
Artigo 44º	—
Artigo 45º	—
Artigo 46º	—
Artigo 47º	—
Artigo 48º	—
—	Artigo 46º
—	Artigo 47º
—	Artigo 48º
—	Artigo 49º
—	Artigo 50º

—	Artigo 51º
—	Artigo 54º
Artigo 49º	Artigo 55º
Artigo 50º	—
Artigo 51º	Artigo 56º
Artigo 52º	—
Artigo 53º	—
Artigo 54º	Artigo 53º
Artigo 55º, nº 1	—
Artigo 55º, nº 2	Artigo 37º, nº 2, artigo 47º, nº 3, e artigo 57º
Artigo 56º	Artigo 61º
Artigo 57º, nº 1	Artigo 58º, nº 1
Artigo 57º, nº 2	—
Artigo 57º, nº 3	Artigo 58º, nº 2
Artigo 57º, nº 4	Artigo 60º
Artigo 58º	Artigos 59º e 60º
Artigo 59º	Artigo 62º
Artigo 60º	Artigo 63º
Artigo 61º	Artigo 64º
Artigo 62º	Artigo 3º
Artigo 63º	—
Artigo 64º	—
Artigo 65º	Artigo 65º, nºs 1 e 2
—	Artigo 65º, nº 3
Artigo 66º	Artigo 66º
Artigo 67º	Artigo 67º
Artigo 68º	Artigo 68º
Artigo 69º	Artigo 69º
Artigo 70º	Artigo 70º
Artigo 71º	Artigo 71º
Artigo 72º	Artigo 72º
—	Artigo 73º
Artigo 73º	Artigo 79º
Artigo 74º, nº 1	Artigo 75º, primeiro parágrafo, alíneas a), b) e c), e artigo 76º, nº 1, alínea a)
Artigo 74º, nº 2	Artigo 77º
—	Artigo 78º
—	Artigo 80º
Artigo 75º	—

Artigo 76º	Artigo 81º
Anexo I	Artigo 76º, nº 1, alínea a)
Anexo II	Artigo 75º, alínea a)
Anexo III	Artigo 75º, alínea b)
Anexo IV	Artigo 75º, alínea c)
Anexo V	Anexos I e II
Anexo VI	Anexo II
—	Anexo III

Informações referidas no artigo 76º do Regulamento (UE) nº 1215/2012 do Parlamento Europeu e do Conselho relativo à competência judiciária, ao reconhecimento e à execução de decisões em matéria civil e comercial (2015/C 4/02)

Lista 1

As regras de competência nacionais mencionadas nos artigos 5º, nº 2, e 6º, nº 2, são as seguintes:

- na Bélgica, nenhuma,
- na Bulgária, artigo 4º, nº s 1 e 2, do Código de Direito Internacional Privado,
- na República Checa, Lei nº 91/2012 relativa ao direito internacional privado, em especial o artigo 6º,
- na Dinamarca, artigo 246º, nº s 2 e 3, da lei da administração da justiça,
- na Alemanha, artigo 23º do Código de Processo Civil,
- na Estónia, artigo 86º (competência determinada pela localização dos bens) do Código de Processo Civil, na medida em que o pedido não está relacionado com o património da pessoa; artigo 100º (pedido de termo da aplicação de cláusulas gerais) do Código de Processo Civil, na medida em que ação deve ser instaurada no tribunal em cuja área de competência territorial a cláusula geral foi aplicada,
- na Grécia, artigo 40º do Código de Processo Civil,
- em Espanha, nenhuma,
- em França, artigos 14º e 15º do Código Civil,
- na Croácia, artigo 54º da lei da resolução de conflitos de leis com a legislação de outros países em determinadas relações,
- na Irlanda, normas de competência indicadas no ato que iniciou a instância, notificado ao requerido que se encontra temporariamente na Irlanda,
- em Itália, artigos 3º e 4º da Lei nº 218, de 31 de maio de 1995,

- em Chipre, artigo 21º da Lei nº 14/60 (lei dos tribunais),
- na Letónia: artigos 27º, nº 2, 28º, nº s 3, 5, 6 e 9, da lei de processo civil,
- na Lituânia, artigos 783º, nº 3, 787º e 789º, nº 3, do Código de Processo Civil,
- no Luxemburgo, artigos 14º e 15º do Código Civil,
- na Hungria, artigo 57º-A do Decreto Legislativo nº 13 de 1979 sobre o Direito Internacional Privado,
- em Malta, artigos 742º, 743º e 744º do Código de Organização e Processo Civil (capítulo 12 das Leis de Malta) e artigo 549º Código Comercial (capítulo 13 das Leis de Malta),
- nos Países Baixos, nenhuma
- na Áustria, artigo 99º da lei da competência judiciária,
- na Polónia, artigos 1103º, nº 4, e 1110º do Código de Processo Civil, na medida em que prevê a competência dos tribunais polacos exclusivamente com base numa das seguintes circunstâncias relativas ao requerente: nacionalidade polaca, domicílio, residência habitual ou sede na Polónia,
- em Portugal, artigo 63º, nº 1, do Código de Processo Civil, na medida em que prevê a competência extraterritorial dos tribunais, nomeadamente do tribunal da sede da sucursal, agência, filial, delegação ou representação (se localizada em Portugal), se for pedida a citação da administração principal (se localizada em território estrangeiro), e artigo 10º do Código de Processo do Trabalho, na medida em que prevê a competência extraterritorial dos tribunais, nomeadamente do tribunal da residência do autor nas ações relativas ao contrato de trabalho instauradas pelo trabalhador contra o empregador,
- na Roménia, artigos 1065º a 1081º, do título I («Competência internacional dos tribunais romenos»), livro VII («Processo civil internacional») da Lei nº 134/2010 que aprova o Código de Processo Civil,
- na Eslovénia, artigo 58º da lei de direito internacional privado e processo internacional,
- na Eslováquia, artigos 37º a 37º-E da Lei nº 97/1963 relativa ao direito internacional privado e respetivas normas processuais,
- na Finlândia, primeiro e segundo parágrafos do artigo 18º, nº 1, do capítulo 10 do Código de Processo Judicial,
- na Suécia, Capítulo 10, artigo 3º, primeira frase, do Código de Processo Judicial,
- no Reino Unido:

a) no ato que inicia a instância notificado ao requerido que se encontra temporariamente no Reino Unido; ou

b) na existência, no Reino Unido, de bens pertencentes ao requerido; ou
c) no pedido do requerente de apreensão de bens situados no Reino Unido.

Os mesmos princípios aplicam-se em Gibraltar.

Lista 2

As regras de intervenção de terceiros referidas no artigo 65º são os seguintes:

- na Bélgica, não aplicável,
- na Bulgária, não aplicável,
- na República Checa, não aplicável,
- na Dinamarca, não aplicável,
- na Alemanha, artigos 68º e 72º a 74º do Código de Processo Civil,
- na Estónia, artigos 212º a 216º do Código de Processo Civil,
- na Grécia, não aplicável,
- em Espanha, não aplicável,
- em França, não aplicável,
- na Croácia, artigo 211º da lei do processo civil,
- na Irlanda, não aplicável,
- em Itália, não aplicável,
- em Chipre, Ordem 10 das normas de processo civil sobre a intervenção de terceiros,
- na Letónia, artigos 78º, 79º, 80º, 81º e 75º, do Código de Processo Civil,
- na Lituânia, artigos 46º e 47º do Código Civil,
- no Luxemburgo, não aplicável,
- na Hungria, artigos 58º a 60º-A da Lei III de 1952 relativo ao Código de Processo Civil (intervenção de terceiros),
- em Malta, artigos 960º a 962º do Código de Organização e Processo Civil (capítulo 12 das Leis de Malta),
- nos Países Baixos, não aplicável,
- na Áustria, artigo 21º do Código de Processo Civil,
- na Polónia, artigos 84º e 85º do Código de Processo Civil, relativos à intervenção de terceiros,
- em Portugal, não aplicável,
- na Roménia, não aplicável,
- na Eslovénia, artigo 204º do Código de Processo Civil, que regula a intervenção de terceiros,
- na Eslováquia, não aplicável,

- na Finlândia, não aplicável,
- na Suécia, não aplicável,
- no Reino Unido, não aplicável.

Lista 3

As Convenções a que se refere o artigo 69.o são as seguintes:

- na Áustria:
  - convenção entre a Alemanha e a Áustria relativa ao reconhecimento e execução recíprocos de decisões e transações judiciais e atos autênticos em matéria civil e comercial, assinada em Viena a 6 de junho de 1959,
  - acordo entre a República Popular da Bulgária e a República da Áustria relativo à assistência jurídica em matéria civil, assinado em Sófia a 20 de outubro de 1967,
  - convenção entre a Bélgica e a Áustria relativa ao reconhecimento e execução recíprocos de decisões judiciais, sentenças arbitrais e atos autênticos em matéria civil e comercial, assinada em Viena a 16 de junho de 1959,
  - convenção entre o Reino Unido e a Áustria relativa ao reconhecimento e execução recíprocos de decisões judiciais em matéria civil e comercial, assinada em Viena a 14 de julho de 1961, acompanhada de um protocolo assinado em Londres a 6 de março de 1970,
  - convenção entre os Países Baixos e a Áustria relativa ao reconhecimento e execução recíprocos de decisões judiciais e atos autênticos em matéria civil e comercial, assinada em Haia a 6 de fevereiro de 1963,
  - convenção entre a França e a Áustria relativa ao reconhecimento e execução de decisões judiciais e atos autênticos em matéria civil e comercial, assinada em Viena a 15 de julho de 1966,
  - convenção entre o Luxemburgo e a Áustria relativa ao reconhecimento e execução de decisões judiciais e atos autênticos em matéria civil e comercial, assinada no Luxemburgo a 29 de julho de 1971,
  - convenção entre a Itália e a Áustria relativa ao reconhecimento e execução de decisões e transações judiciais e atos autênticos em matéria civil e comercial, assinada em Roma a 16 de novembro de 1971,
  - convenção entre a Áustria e a Suécia relativa ao reconhecimento e execução de decisões em matéria civil, assinada em Estocolmo a 16 de setembro de 1982,

- convenção entre a Áustria e a Espanha relativa ao reconhecimento e execução de decisões e transações judiciais e de atos executórios autênticos em matéria civil e comercial, assinada em Viena a 17 de fevereiro de 1984,
- convenção entre a Finlândia e a Áustria relativa ao reconhecimento e execução de decisões em matéria civil, assinada em Viena a 17 de novembro de 1986,
- tratado entre a República Socialista Federal da Jugoslávia e a República da Áustria relativa à cooperação judiciária mútua, assinada em Viena a 16 de dezembro de 1954,
- convenção entre a República Popular da Polónia e a República da Áustria sobre relações mútuas em matéria civil, assinada em Viena a 11 de dezembro de 1963,
- convenção entre a República Socialista da Roménia e a República da Áustria relativa à assistência jurídica no domínio do direito civil e da família e à validade dos documentos e sua notificação, assinada em Viena a 17 de novembro de 1965;

- na Bélgica:
  - convenção entre a Bélgica e a França relativa à competência judiciária, ao valor e execução de decisões judiciais, sentenças arbitrais e atos autênticos, assinada em Paris a 8 de julho de 1899,
  - convenção entre a Bélgica e os Países Baixos relativa à competência judiciária territorial, à falência e ao valor e execução de decisões judiciais, sentenças arbitrais e atos autênticos, assinada em Bruxelas a 28 de março de 1925,
  - convenção entre o Reino Unido e o Reino da Bélgica relativa à execução recíproca de decisões em matéria civil e comercial, acompanhada de um protocolo, assinada em Bruxelas a 2 de maio de 1934,
  - convenção entre a Alemanha e a Bélgica relativa ao reconhecimento e execução recíprocos de decisões judiciais, sentenças arbitrais e atos autênticos em matéria civil e comercial, assinada em Bona a 30 de junho de 1958,
  - convenção entre a Bélgica e a Áustria relativa ao reconhecimento e execução recíprocos de decisões judiciais, sentenças arbitrais e atos autênticos em matéria civil e comercial, assinada em Viena a 16 de junho de 1959,
  - convenção entre a Bélgica e a Itália relativa ao reconhecimento e execução de decisões judiciais e outros títulos executivos em matéria civil e comercial, assinada em Roma a 6 de abril de 1962,

  - tratado entre a Bélgica, os Países Baixos e o Luxemburgo relativo à competência judiciária, à falência e ao valor e execução de decisões judiciais, sentenças arbitrais e atos autênticos, assinado em Bruxelas a 24 de novembro de 1961, na parte que estiver em vigor;

- na Bulgária:

  - convenção entre a Bulgária e a Bélgica relativa a certas questões no domínio judiciário, assinada em Sófia a 2 de julho de 1930,
  - acordo entre a República Popular da Bulgária e a República Socialista Federal da Jugoslávia sobre assistência jurídica mútua, assinado em Sófia a 23 de março de 1956, ainda em vigor entre a Bulgária, a Eslovénia e a Croácia,
  - tratado entre a República Popular da Bulgária e a República Popular da Roménia relativo à assistência jurídica em matéria civil, de família e penal, assinado em Sófia a 3 de dezembro de 1958;
  - acordo entre a República Popular da Bulgária e a República Popular da Polónia relativo à assistência jurídica e às relações jurídicas em matéria civil, de família e penal, assinado em Varsóvia a 4 de dezembro de 1961;
  - acordo entre a República Popular da Bulgária e a República Popular da Hungria relativo à assistência jurídica em matéria civil, de família e penal, assinada em Sófia a 16 de maio de 1966,
  - acordo entre a República Popular da Bulgária e a República Helénica relativo à assistência jurídica em matéria civil e penal, assinado em Atenas a 10 de abril de 1976,
  - acordo entre a República Popular da Bulgária e a República Socialista da Checoslováquia relativo à assistência jurídica e à regulação de relações em matéria civil, de família e penal, assinado em Sófia a 25 de novembro de 1976,
  - acordo entre a República Popular da Bulgária e a República de Chipre relativo à assistência jurídica em matéria civil e penal, assinado em Nicósia a 29 de abril de 1983,
  - acordo entre o Governo da República Popular da Bulgária e o Governo da República Francesa relativo à assistência jurídica mútua em matéria civil, assinado em Sófia a 18 de janeiro de 1989,
  - acordo entre a República Popular da Bulgária e a República Italiana relativo à assistência jurídica e à execução de decisões em matéria civil, assinado em Roma a 18 de maio de 1990,

  - acordo entre a República Popular da Bulgária e o Reino de Espanha relativo à assistência jurídica mútua em matéria civil, assinado em Sófia a 23 de maio de 1993,
  - acordo entre a República Popular da Bulgária e a República da Áustria relativo à assistência jurídica em matéria civil, assinado em Sófia a 20 de outubro de 1967;

- na República Checa:

  - acordo entre a República Popular da Bulgária e a República Socialista da Checoslováquia relativo à assistência jurídica e às relações jurídicas em matéria civil, assinado em Sófia a 25 de novembro de 1976,
  - tratado entre a República Socialista da Checoslováquia e a República de Chipre relativo à assistência jurídica em matéria civil e penal, assinado em Nicósia a 23 de abril de 1982,
  - tratado entre a República Socialista da Checoslováquia e a República Helénica relativo à assistência jurídica em matéria civil e penal, assinado em Atenas a 22 de outubro de 1980,
  - tratado entre a República Socialista da Checoslováquia e o Reino de Espanha relativo à assistência jurídica, reconhecimento e execução de decisões judiciais em matéria civil, assinado em Madrid a 4 de maio de 1987,
  - tratado entre o Governo da República Socialista da Checoslováquia e o Governo da República Francesa relativo à assistência jurídica, reconhecimento e execução de decisões em matéria civil, de família e comercial, assinado em Paris a 10 de maio de 1984,
  - tratado entre a República Socialista da Checoslováquia e a República Popular da Hungria relativo à assistência jurídica e à regulação de relações jurídicas em matéria civil, assinado em Bratislava a 28 de março de 1989,
  - tratado entre a República Socialista da Checoslováquia e a República Italiana relativo à assistência jurídica em matéria civil e penal, assinado em Praga a 6 de dezembro de 1985,
  - tratado entre a República Socialista da Checoslováquia e a República Popular da Polónia relativo à assistência jurídica e às relações jurídicas em matéria civil, de família, laboral e penal, assinado em Varsóvia a 21 de dezembro de 1987, na aceção do tratado entre a República Checa e a República da Polónia que altera e completa o tratado entre a República Socialista da Checoslováquia e a República Popular da Polónia relativo à assistência jurídica e às relações jurídicas em matéria civil, de família, laboral e penal, assinado em

Varsóvia a 21 de dezembro de 1987, assinado em Mojmírovce a 30 de outubro de 2003,

- convenção entre a República Checoslovaca e Portugal relativa ao reconhecimento e execução de decisões judiciais, assinado em Lisboa a 23 de novembro de 1927,
- tratado entre a República Checa e a Roménia relativo a assistência jurídica em matéria civil, assinado em Bucareste a 11 de julho de 1994,
- tratado entre a República Socialista da Checoslováquia e a República Socialista Federal da Jugoslávia relativo à regulação de relações jurídicas em processos cíveis, de família e penais, assinado em Belgrado a 20 de janeiro de 1964,
- tratado entre a República Checa e a República Eslovaca relativo à assistência jurídica por parte de órgãos jurisdicionais e à regulação de determinadas relações jurídicas em matéria civil e penal, assinado em Praga a 29 de outubro de 1992;
- na Dinamarca, a convenção entre a Dinamarca, a Finlândia, a Islândia, a Noruega e a Suécia relativa ao reconhecimento e execução de decisões em matéria civil (Convenção das Sentenças Nórdicas), assinada em Copenhaga a 11 de outubro de 1977;

- na Alemanha:
  - convenção entre a Alemanha e a Itália relativa ao reconhecimento e execução de decisões judiciais em matéria civil e comercial, assinada em Roma a 9 de março de 1936,
  - convenção entre a Alemanha e a Bélgica relativa ao reconhecimento e execução recíprocos de decisões judiciais, sentenças arbitrais e atos autênticos em matéria civil e comercial, assinada em Bona a 30 de junho de 1958,
  - convenção entre a Alemanha e a Áustria relativa ao reconhecimento e à execução recíprocos de decisões e transações judiciais e atos autênticos em matéria civil e comercial, assinada em Viena a 6 de junho de 1959,
  - convenção entre o Reino Unido e a República Federal da Alemanha relativa ao reconhecimento e execução recíprocos de decisões em matéria civil e comercial, assinada em Bona a 14 de julho de 1960,
  - convenção entre os Países Baixos e a Alemanha relativa ao reconhecimento e execução recíprocos de decisões judiciais e outros títulos executivos em matéria civil e comercial, assinada em Haia a 30 de agosto de 1962,
  - convenção entre o Reino da Grécia e a República Federal da Alemanha relativa ao reconhecimento e execução recíprocos de decisões,

transações e instrumentos autênticos em matéria civil e comercial, assinada em Atenas a 4 de novembro de 1961,
- convenção entre a Espanha e a República Federal da Alemanha sobre o reconhecimento e execução de decisões e transações judiciais e de atos autênticos e executórios em matéria civil e comercial, assinada em Bona a 14 de novembro de 1983;

- na Estónia:
  - acordo relativo à assistência jurídica e às relações jurídicas entre a República da Lituânia, a República da Estónia e a República da Letónia, assinado em Taline a 11 de novembro de 1992,
  - acordo entre a República da Estónia e a República da Polónia relativo à assistência judiciária e às relações jurídicas em matéria civil, laboral e penal, assinado em Taline a 27 de novembro de 1998;

- na Grécia:
  - convenção entre o Reino da Grécia e a República Federal da Alemanha relativa ao reconhecimento e execução recíprocos de decisões, transações e instrumentos autênticos em matéria civil e comercial, assinada em Atenas a 4 de novembro de 1961,
  - acordo entre a República Socialista Federal da Jugoslávia e o Reino da Grécia relativa ao reconhecimento mútuo e execução de decisões, assinada em Atenas a 18 de junho de 1959,
  - convenção entre a República Popular da Hungria e a República Helénica relativa à assistência jurídica em matéria civil e penal, assinada em Budapeste a 8 de outubro de 1979,
  - convenção entre a República Popular da Polónia e a República Helénica relativo à assistência jurídica em matéria civil e penal, assinado em Atenas a 24 de outubro de 1979,
  - tratado entre a República Socialista da Checoslováquia e a República Helénica relativo à assistência jurídica em matéria civil e penal, assinado em Atenas a 22 de outubro de 1980, ainda em vigor entre a República Checa, a Eslováquia e a Grécia,
  - convenção entre a República de Chipre e a República Helénica relativa à cooperação jurídica em matéria de direito civil, de família, comercial e penal, assinado em Nicósia a 5 de março de 1984,
  - convenção entre a República Socialista da Roménia e o Reino da Grécia relativo à assistência jurídica em matéria civil e penal, assinado em Bucareste a 19 de outubro de 1972,

- acordo entre a República Popular da Bulgária e a República Helénica relativa à assistência jurídica em matéria civil e penal, assinado em Atenas a 10 de abril de 1976;

- em Espanha:

  - convenção entre a Espanha e a França relativa ao reconhecimento e execução recíprocos de decisões judiciais, sentenças arbitrais e atos autênticos em matéria civil e comercial, assinada em Paris a 28 de maio de 1969,
  - acordo de 25 de fevereiro de 1974, sob a forma de troca de notas de interpretação dos artigos 2.o e 17.o da convenção entre a Espanha e a França sobre o reconhecimento e execução de decisões judiciais, sentenças arbitrais e atos autênticos em matéria civil e comercial, assinada em Paris a 28 de maio de 1969,
  - convenção entre a Espanha e a Itália em matéria de assistência jurídica e reconhecimento e execução de decisões em matéria civil e comercial, assinada em Madrid a 22 de maio de 1973,
  - convenção entre a Espanha e a República Federal da Alemanha sobre o reconhecimento e execução de decisões e transações judiciais e de atos autênticos e executórios em matéria civil e comercial, assinada em Bona a 14 de novembro de 1983,
  - convenção entre a Áustria e a Espanha relativa ao reconhecimento e execução de decisões e transações judiciais e de atos executórios autênticos em matéria civil e comercial, assinada em Viena a 17 de fevereiro de 1984,
  - tratado entre a República Socialista da Checoslováquia e o Reino de Espanha relativo a assistência jurídica, reconhecimento e execução de decisões judiciais em matéria civil, assinado em Madrid a 4 de maio de 1987, ainda em vigor entre a República Checa, a Eslováquia e a Espanha,
  - acordo entre a República da Bulgária e o Reino de Espanha relativo à assistência jurídica mútua em matéria civil, assinado em Sófia a 23 de maio de 1993,
  - convenção entre a Roménia e o Reino de Espanha relativa à competência e ao reconhecimento e execução de decisões em matéria civil e comercial, assinada em Bucareste a 17 de novembro de 1997;

- em França:

  - convenção entre a Bélgica e a França relativa à competência judiciária, ao valor e execução de decisões judiciais, sentenças arbitrais e atos autênticos, assinada em Paris a 8 de julho de 1899,

- acordo entre o Governo da República Popular da Bulgária e o Governo da República Francesa relativo à assistência jurídica mútua em matéria civil, assinado em Sófia a 18 de janeiro de 1989,
- tratado entre o Governo da República Francesa e o Governo da República Socialista da Checoslováquia relativo à assistência jurídica e ao reconhecimento e execução de decisões em matéria civil, de família e comercial, assinado em Paris a 10 de maio de 1984,
- convenção entre a França e a Espanha relativa ao reconhecimento e execução recíprocos de decisões judiciais, sentenças arbitrais e atos autênticos em matéria civil e comercial, assinada em Paris a 28 de maio de 1969,
- acordo de 25 de fevereiro de 1974, sob a forma de troca de notas de interpretação dos artigos 2.o e 17.o da convenção entre a Espanha e a França sobre o reconhecimento e execução de decisões judiciais, sentenças arbitrais e atos autênticos em matéria civil e comercial, assinada em Paris a 28 de maio de 1969,
- convenção entre o Governo da República Socialista Federal da Jugoslávia e o Governo da República Francesa relativa ao reconhecimento e à execução de decisões em matéria civil e comercial, assinada em Paris a 18 de maio de 1971,
- convenção entre a República Popular da Hungria e a República Francesa relativa à assistência jurídica no domínio do direito civil e da família, ao reconhecimento e execução de decisões, à assistência jurídica em matéria penal e à extradição, assinada em Budapeste a 31 de julho de 1980,
- convenção entre a França e a Itália relativa à execução de decisões em matéria civil e comercial, assinada em Roma a 3 de junho de 1930,
- convenção entre a França e a Áustria relativa ao reconhecimento e execução de decisões judiciais e atos autênticos em matéria civil e comercial, assinada em Viena a 15 de julho de 1966,
- convenção entre a República Socialista da Roménia e a República Francesa relativa à assistência jurídica em matéria civil e comercial, assinada em Paris a 5 de novembro de 1974,
- convenção entre o Reino Unido e a República Francesa relativa à execução recíproca de decisões em matéria civil e comercial, acompanhada de um Protocolo, assinada em Paris a 18 de janeiro de 1934;

- na Croácia:

  - acordo entre a República Socialista Federal da Jugoslávia e a República Popular da Bulgária de 23.3.1956 sobre assistência jurídica mútua,

  - tratado entre a República Socialista Federal da Jugoslávia e a República Socialista da Checoslováquia de 20.1.1964 sobre a regulação das relações jurídicas em processos cíveis, de família e penais,
  - convenção entre o Governo da República Socialista Federal da Jugoslávia e o Governo da República Francesa de 18.5.1971 relativa ao reconhecimento e à execução de decisões em matéria civil e comercial,
  - acordo entre a República Socialista Federal da Jugoslávia e o Reino da Grécia de 18.6.1959 sobre assistência jurídica mútua e execução de decisões,
  - tratado entre a República Socialista Federal da Jugoslávia e a República Popular da Hungria de 7.3.1968 sobre assistência jurídica mútua,
  - tratado entre a República Socialista Federal da Jugoslávia e a República Popular da Polónia de 6.2.1960 sobre assistência jurídica mútua em matéria civil e penal,
  - tratado entre a República Popular da Roménia e a República Socialista Federal da Jugoslávia de 18.10.1960 sobre assistência jurídica,
  - convenção entre a República Socialista Federal da Jugoslávia e a República Italiana relativa à cooperação judiciária mútua em matéria civil e administrativa, assinada em Roma a 3 de dezembro de 1960,
  - tratado entre a República Socialista Federal da Jugoslávia e a República da Áustria relativo à cooperação judiciária mútua, assinada em Viena a 16 de dezembro de 1954,
  - tratado entre a República da Croácia e a República Eslovena de 7.2.1994 sobre assistência jurídica mútua em matéria civil e penal;

- na Irlanda, nenhuma;

- em Itália:
  - convenção entre a França e a Itália relativa à execução de decisões em matéria civil e comercial, assinada em Roma a 3 de junho de 1930,
  - convenção entre a Alemanha e a Itália relativa ao reconhecimento e execução de decisões judiciais em matéria civil e comercial, assinada em Roma a 9 de março de 1936,
  - convenção entre os Países Baixos e a Itália relativa ao reconhecimento e execução de decisões judiciais em matéria civil e comercial, assinada em Roma a 17 de abril de 1959,
  - convenção entre a Bélgica e a Itália relativa ao reconhecimento e execução de decisões judiciais e outros títulos executivos em matéria civil e comercial, assinada em Roma a 6 de abril de 1962,
  - convenção entre o Reino Unido e a República Italiana relativa ao reconhecimento e execução recíprocos de decisões em matéria civil e

comercial, assinada em Roma a 7 de fevereiro de 1964, acompanhada de um Protocolo assinado em Roma a 14 de julho de 1970,
- convenção entre a Itália e a Áustria relativa ao reconhecimento e execução de decisões e transações judiciais e atos autênticos em matéria civil e comercial, assinada em Roma a 16 de novembro de 1971,
- convenção entre a Espanha e a Itália relativa à assistência jurídica e ao reconhecimento e execução de decisões em matéria civil e comercial, assinada em Madrid a 22 de maio de 1973,
- tratado entre a República Socialista da Checoslováquia e a República Italiana relativo à assistência jurídica em matéria civil e penal, assinado em Praga a 6 de dezembro de 1985, ainda em vigor entre a República Checa, a Eslováquia e a Itália,
- convenção entre a República Socialista da Roménia e a República Italiana relativa à assistência jurídica em matéria civil e penal, assinada em Bucareste a 11 de novembro de 1972,
- convenção entre a República Popular da Polónia e a República Italiana relativa à assistência jurídica e ao reconhecimento e execução de decisões em matéria civil, assinada em Varsóvia a 28 de abril de 1989,
- acordo entre a República Popular da Bulgária e a República Italiana relativa à assistência jurídica e execução de decisões em matéria civil, assinado em Roma a 18 de maio de 1990,
- convenção entre a República Socialista Federal da Jugoslávia e a República Italiana relativa à cooperação judiciária mútua em matéria civil e administrativa, assinada em Roma a 3 de dezembro de 1960, ainda em vigor entre a Eslovénia, a Croácia e a Itália;

- em Chipre:
  - tratado de 1982 entre a República Socialista da Checoslováquia e a República de Chipre relativo à assistência jurídica em matéria civil e penal,
  - convenção de 1981 entre a República de Chipre e a República Popular da Hungria relativa à assistência jurídica em matéria civil e penal,
  - convenção de 1984 entre a República de Chipre e a República Helénica relativa à cooperação jurídica em matéria de direito civil, de família, comercial e penal,
  - acordo de 1983 entre a República de Chipre e a República Popular da Bulgária relativa à assistência jurídica em matéria civil e penal,
  - tratado de 1984 entre a República de Chipre e a República Socialista Federal da Jugoslávia relativo à assistência jurídica em matéria civil e penal (ainda em vigor na Eslovénia, entre outros),

  - convenção de 1996 entre a República de Chipre e a República da Polónia relativa à cooperação jurídica em matéria civil e penal;

- na Letónia:
  - acordo de 11 de novembro de 1992 relativo à assistência jurídica e às relações jurídicas entre a República da Lituânia, a República da Estónia e a República da Letónia;
  - acordo de 23 de fevereiro de 1994 entre a República da Letónia e a República da Polónia relativo à assistência jurídica e às relações jurídicas em matéria civil, de família, laboral e penal;

- na Lituânia:
  - acordo relativo à assistência jurídica e às relações jurídicas entre a República da Lituânia, a República da Estónia e a República da Letónia, assinado em Taline a 11 de novembro de 1992,
  - acordo entre a República da Lituânia e a República da Polónia relativo à assistência jurídica e às relações jurídicas em matéria civil, de família, laboral e penal, assinado em Varsóvia a 26 de janeiro de 1993;

- no Luxemburgo:
  - convenção entre o Luxemburgo e a Áustria relativa ao reconhecimento e execução de decisões judiciais e atos autênticos em matéria civil e comercial, assinada no Luxemburgo a 29 de julho de 1971,
  - tratado entre a Bélgica, os Países Baixos e o Luxemburgo relativo à competência judiciária, à falência e ao valor e execução de decisões judiciais, sentenças arbitrais e atos autênticos, assinado em Bruxelas a 24 de novembro de 1961, na parte que estiver em vigor;

- na Hungria,
  - acordo entre a República Popular da Hungria e a República Popular da Bulgária relativo a assistência jurídica em matéria civil, de família e penal, assinado em Sófia a 16 de maio de 1966,
  - convenção entre a República Popular da Hungria e a República de Chipre relativa a assistência jurídica em matéria civil e penal, assinada em Budapeste a 30 de novembro de 1981,
  - tratado entre a República Socialista da Checoslováquia e a República Popular da Hungria relativo a assistência jurídica e regulação de relações jurídicas em matéria civil, de família e penal, assinado em Bratislava a 28 de março de 1989, relativamente à República Checa e à República Eslovaca,

  - convenção entre a República Popular da Hungria e a República Francesa relativa à assistência jurídica no domínio do direito civil e da família, ao reconhecimento e execução de decisões, à assistência jurídica em matéria penal e à extradição, assinada em Budapeste a 31 de julho de 1980,
  - convenção entre a República Popular da Hungria e a República Helénica relativa a assistência jurídica em matéria civil e penal, assinada em Budapeste a 8 de outubro de 1979,
  - tratado entre a República Popular da Hungria e a República Socialista Federal da Jugoslávia sobre assistência jurídica mútua, assinado em Belgrado a 7 de março de 1968, relativamente à República da Croácia e à República da Eslovénia,
  - convenção entre a República Popular da Hungria e a República Popular da Polónia relativo a assistência jurídica em matéria civil, de família e penal, assinado em Budapeste a 6 de março de 1959,
  - tratado entre a República Popular da Hungria e a República Popular da Roménia relativo a assistência jurídica em matéria civil, de família e penal, assinado em Bucareste a 7 de outubro de 1958;

- em Malta, nenhuma;

- nos Países Baixos:

  - convenção entre a Bélgica e os Países Baixos relativa à competência judiciária territorial, à falência e ao valor e execução de decisões judiciais, sentenças arbitrais e atos autênticos, assinada em Bruxelas a 28 de março de 1925,
  - convenção entre os Países Baixos e a Itália relativa ao reconhecimento e execução de decisões judiciais em matéria civil e comercial, assinada em Roma a 17 de abril de 1959,
  - convenção entre os Países Baixos e a Alemanha relativa ao reconhecimento e execução recíprocos de decisões judiciais e outros títulos executivos em matéria civil e comercial, assinada em Haia a 30 de agosto de 1962,
  - convenção entre os Países Baixos e a Áustria relativa ao reconhecimento e execução recíprocos de decisões judiciais e atos autênticos em matéria civil e comercial, assinada em Haia a 6 de fevereiro de 1963,
  - convenção entre o Reino Unido e o Reino dos Países Baixos relativa ao reconhecimento e execução recíprocos de decisões em matéria civil e comercial, assinada em Haia a 17 de novembro de 1967,

- tratado entre a Bélgica, os Países Baixos e o Luxemburgo relativo à competência judiciária, à falência e ao valor e execução de decisões judiciais, sentenças arbitrais e atos autênticos, assinado em Bruxelas a 24 de novembro de 1961, na parte que estiver em vigor;

- na Polónia:

  - convenção entre a República Popular da Polónia e a República Popular da Hungria relativa à assistência jurídica em matéria civil, de família e penal, assinada em Budapeste a 6 de março de 1959,
  - convenção entre a República Popular da Polónia e a República Socialista Federal da Jugoslávia sobre assistência jurídica em matéria civil e penal, assinada em Varsóvia a 6 de fevereiro de 1960, atualmente em vigor entre a Polónia e a Eslovénia e entre a Polónia e a Croácia,
  - acordo entre a República Popular da Bulgária e a República Popular da Polónia relativa à assistência jurídica em matéria civil, de família e penal, assinado em Varsóvia a 4 de dezembro de 1961,
  - convenção entre a República Popular da Polónia e a República da Áustria relativa às relações mútuas em matéria civil, assinado em Viena a 11 de dezembro de 1963,
  - convenção entre a República Popular da Polónia e a República Helénica relativa à assistência jurídica em matéria civil e penal, assinada em Atenas a 24 de outubro de 1979,
  - tratado entre a República Socialista da Checoslováquia e a República Popular da Polónia relativa à assistência jurídica e às relações jurídicas em matéria civil, de família, laboral e penal, assinado em Varsóvia a 21 de dezembro de 1987, ainda em vigor nas relações entre a Polónia e a República Checa e entre a Polónia e a Eslováquia,
  - convenção entre a República Popular da Polónia e a República Italiana relativa à assistência jurídica e ao reconhecimento e execução de decisões em matéria civil, assinada em Varsóvia a 18 de maio de 1990,
  - acordo entre a República da Polónia e a República da Lituânia relativo à assistência jurídica e às relações jurídicas em matéria civil, de família, laboral e penal, assinado em Varsóvia a 26 de janeiro de 1993,
  - acordo entre a República da Letónia e a República da Polónia relativa à assistência jurídica e às relações jurídicas em matéria civil, de família, laboral e penal, assinada em Riga a 23 de fevereiro de 1994,
  - convenção entre a República de Chipre e a República da Polónia relativa à cooperação jurídica em matéria civil e penal, assinada em Nicósia a 14 de novembro de 1996,

- acordo entre a República da Estónia e a República da Polónia relativa à assistência jurídica e às relações jurídicas em matéria civil, laboral e penal, assinado em Taline a 27 de novembro de 1998,
- tratado entre a Roménia e a República da Polónia relativo à assistência jurídica e às relações jurídicas em matéria civil, assinada em Bucareste a 15 de maio de 1999;
- em Portugal, convenção entre a República Checoslovaca e Portugal relativa ao reconhecimento e execução de decisões judiciais, assinada em Lisboa a 23 de novembro de 1927;

- na Roménia:

  - tratado entre a República Popular da Bulgária e a República Popular da Roménia relativo à assistência jurídica em matéria civil, de família e penal, assinado em Sófia a 3 de dezembro de 1958,
  - tratado entre a República Checa e a Roménia relativo à assistência jurídica em matéria civil, assinado em Bucareste a 11 de julho de 1994,
  - convenção entre a República Socialista da Roménia e o Reino da Grécia relativa à assistência jurídica em matéria civil e comercial, assinada em Bucareste a 19 de outubro de 1972,
  - convenção entre a República Socialista da Roménia e a República Italiana relativa à assistência jurídica em matéria civil e comercial, assinada em Bucareste a 11 de novembro de 1972,
  - convenção entre a República Socialista da Roménia e a República Francesa relativa à assistência jurídica em matéria civil e comercial, assinada em Paris a 5 de novembro de 1974,
  - tratado entre a Roménia e a República da Polónia relativo à assistência jurídica e às relações judiciais em matéria civil, assinado em Bucareste a 15 de maio de 1999,
  - tratado entre a República Popular da Roménia e a República Socialista Federal da Jugoslávia (a cujas disposições a Eslovénia e a Croácia declararam considerar-se vinculadas) sobre assistência jurídica, assinado em Belgrado a 18 de outubro de 1960,
  - tratado entre a República Popular da Roménia e a República Checoslovaca (a cujas disposições a Eslováquia declarou considerar-se vinculada) sobre assistência jurídica em matéria civil, de família e penal, assinado em Praga a 25 de outubro de 1958,
  - convenção entre a Roménia e o Reino de Espanha relativa à competência e ao reconhecimento e execução de decisões em matéria civil e comercial, assinada em Bucareste a 17 de novembro de 1997,

  - tratado entre a República Popular da Roménia e a República Popular da Hungria relativo à assistência jurídica em matéria civil, de família e penal, assinado Bucareste a 7 de outubro de 1958,
  - convenção entre a República Socialista da Roménia e a República da Áustria relativa à assistência jurídica no domínio do direito civil e da família e à validade dos documentos e sua notificação, assinada em Viena a 17 de novembro de 1965;

- na Eslovénia:

  - tratado entre a República Socialista Federal da Jugoslávia e a República da Áustria relativa à cooperação judiciária mútua, assinada em Viena a 16 de dezembro de 1954,
  - convenção entre a República Socialista Federal da Jugoslávia e a República Italiana relativa à cooperação judiciária mútua em matéria civil e administrativa, assinada em Roma a 3 de dezembro de 1960,
  - acordo entre a República Socialista Federal da Jugoslávia e o Reino da Grécia relativa ao reconhecimento mútuo e à execução de decisões, assinado em Atenas a 18 de junho de 1959,
  - convenção entre a República Socialista Federal da Jugoslávia e a República Popular da Polónia sobre assistência jurídica em matéria civil e penal, assinada em Varsóvia a 6 de fevereiro de 1960,
  - tratado entre a República Socialista Federal da Jugoslávia e a República Socialista da Checoslováquia relativo à assistência jurídica em matéria civil, de família e penal, assinado em Belgrado a 20 de janeiro de 1964,
  - tratado entre a República Socialista Federal da Jugoslávia e a República de Chipre relativo à assistência jurídica em matéria civil e penal, assinado em Nicósia a 19 de setembro de 1984,
  - acordo entre a República Socialista Federal da Jugoslávia e a República Popular da Bulgária relativo à assistência jurídica mútua, assinado em Sófia a 23 de março de 1956,
  - tratado entre a República Socialista Federal da Jugoslávia e a República Popular da Roménia relativo à assistência jurídica mútua, assinado em Belgrado a 18 de outubro de 1960, e respetivo Protocolo,
  - tratado entre a República Socialista Federal da Jugoslávia e a República Popular da Hungria sobre assistência jurídica mútua, assinado em Belgrado a 7 de março de 1968,
  - tratado entre a República da Eslovénia e a República da Croácia relativo a assistência jurídica em matéria civil e penal, assinado em Zagreb a 7 de fevereiro de 1994,

- convenção entre o Governo da República Socialista Federal da Jugoslávia e o Governo da República Francesa relativa ao reconhecimento e execução de decisões em matéria civil e comercial, assinada em Paris a 18 de maio de 1971;

- na Eslováquia:
  - acordo entre a República Socialista da Checoslováquia e a República Popular da Bulgária relativo a assistência jurídica e relações jurídicas em matéria civil, assinado em Sófia a 25 de novembro de 1976,
  - tratado entre a República Socialista da Checoslováquia e a República de Chipre relativo a assistência jurídica em matéria civil e penal, assinado em Nicósia a 23 de abril de 1982,
  - tratado entre a República Eslovaca e a República Checa relativo a assistência jurídica por parte de órgãos jurisdicionais e regulação de determinados relações jurídicas em matéria civil e penal, assinado em Praga a 29 de outubro de 1992,
  - tratado entre o Governo da República Socialista da Checoslováquia e o Governo da República Francesa relativo a assistência jurídica, reconhecimento e execução de decisões em matéria civil, de família e comercial, assinado em Paris a 10 de maio de 1984,
  - tratado entre a República Socialista da Checoslováquia e a República Helénica relativo a assistência jurídica em matéria civil e penal, assinado em Atenas a 22 de outubro de 1980,
  - tratado entre a República Socialista da Checoslováquia e a República Socialista Federal da Jugoslávia relativo à regulação de relações jurídicas em processos cíveis, de família e penais, assinado em Belgrado a 20 de janeiro de 1964,
  - tratado entre a República Socialista da Checoslováquia e a República Popular da Hungria relativo a assistência jurídica e relações jurídicas em matéria civil, assinado em Bratislava a 28 de março de 1989,
  - tratado entre a República Socialista da Checoslováquia e a República Popular da Polónia relativo a assistência jurídica e relações jurídicas em matéria civil, de família, laboral e penal, assinado em Varsóvia a 21 de dezembro de 1987,
  - tratado entre a República Popular da Roménia e a República Checoslovaca relativo a assistência jurídica em matéria civil, de família e penal, assinado em Praga a 25 de outubro de 1958,
  - tratado entre a República Socialista da Checoslováquia e o Reino de Espanha relativo a assistência jurídica, reconhecimento e execução de decisões judiciais em matéria civil, assinado em Madrid a 4 de maio de 1987,

  - tratado entre a República Socialista da Checoslováquia e a República Italiana relativo a assistência jurídica em matéria civil e penal, assinado em Praga a 6 de dezembro de 1985;
- na Finlândia:
  - convenção entre a Dinamarca, Finlândia, Islândia, Noruega e Suécia relativa ao reconhecimento e execução de decisões em matéria civil e comercial, assinada em Copenhaga a 11 de outubro de 1977,
  - convenção entre a Finlândia e a Áustria relativa ao reconhecimento e execução de sentenças em matéria civil, assinada em Viena a 17 de novembro de 1986;
- na Suécia:
  - convenção entre a Dinamarca, Finlândia, Islândia, Noruega e Suécia relativa ao reconhecimento e à execução de decisões em matéria civil e comercial, assinada em Copenhaga a 11 de outubro de 1977,
  - convenção entre a Áustria e a Suécia relativa ao reconhecimento e execução de decisões em matéria civil, assinada em Estocolmo a 16 de setembro de 1982;
- no Reino Unido:
  - convenção entre o Reino Unido e a República Francesa relativa à execução recíproca de decisões em matéria civil e comercial, acompanhada de um Protocolo, assinada em Paris a 18 de janeiro de 1934,
  - convenção entre o Reino Unido e o Reino da Bélgica relativa à execução recíproca de decisões em matéria civil e comercial, acompanhada de um Protocolo, assinada em Bruxelas a 2 de maio de 1934,
  - convenção entre o Reino Unido e a República Federal da Alemanha relativa ao reconhecimento e execução recíprocos de decisões em matéria civil e comercial, assinada em Bona a 14 de julho de 1960,
  - convenção entre o Reino Unido e a Áustria relativa ao reconhecimento e execução recíprocos de decisões em matéria civil e comercial, assinada em Viena a 14 de julho de 1961, com Protocolo modificativo assinado em Londres a 6 de março de 1970,
  - convenção entre o Reino Unido e a República Italiana relativa ao reconhecimento e execução recíprocos de decisões em matéria civil e comercial, assinada em Roma a 7 de fevereiro de 1964, com Protocolo modificativo assinado em Roma a 14 de julho de 1970,
  - convenção entre o Reino Unido e o Reino dos Países Baixos relativa ao reconhecimento e execução recíprocos de decisões em matéria civil e comercial, assinada em Haia a 17 de novembro de 1967.

ÍNDICE